一宮ノオト

齋藤盛之

思文閣出版

一宮ノオト刊行を壽ぐ

福地　義之助

　このたび日本ベーリンガーインゲルハイム株式会社の社長、会長を勤められた齋藤盛之氏が「一宮ノオト」を思文閣出版から上梓されることを心からお喜び申し上げたいと思う。同社は医薬の世界ではドイツに本社を置く長い伝統を有する国際的製薬会社として知られている。特に私のように呼吸器を専門とする医師にとっては、この分野の主要治療薬の供給会社として馴染み深いものがある。その季刊誌であるインゲルハイマー誌はドイツの建築や歴史などに関する行き届いた紹介記事で私も折々愛読してきた。「一宮ノオト」と言う一風変わったタイトルの連載記事に格別の興味を持つようになったのは6年ほど前のことであったろうか。橋須賀収なる著者の格調ある文体と綿密な調査に基づいた探索的な内容は、美しい神社建築の写真とあいまって毎回強い印象を抱かせるものであった。最近になって同誌の編集長の関口行弘氏から橋須賀氏が実は齋藤盛之会長のペンネームであることを知らされ、一夕歓談の機会を得る幸運に恵まれた。闊達にして浩瀚な知識を秘められた温厚なお人柄はこの人にしてこの著ありと首肯したことであった。「老驥伏櫪　志在千里」という曹操の詩句をめぐっての歓談、一宮をめぐる会長業務の合間での執筆のご苦労を淡々と教えて頂いたことも記憶に新しい。最近は海外出張も多く、訪日の外国人研究者に接することも増えているが、その際最も多く受ける質問は禅と神道に関するものである。其のたびに自らの浅学を悔やむことになるが、今後は本書を熟読玩味することで確固たる自信を持って一宮に関しては正しい知識を語れるようになるであろう。真に有り難く得がたい著書であると思う。日本固有の自然観に密接に結びついた神道を一宮の由来を基点に、其のわが国における受容の過程に深く思いをはせる著者の真摯な姿勢が行間から迫ってくる感がある。真に蘇東坡のいう「惟有宿昔心　依然守故處」の境地に遊ぶ著者と読者が楽しみと学びをともにする悦びをもたらす本書を広く江湖の同好の士に推奨して止まないものである。

　　　　　　　　　　（日本呼吸器学会理事長・順天堂大学医学部呼吸器内科教授）
平成14年晩秋

おことわり

- このノオトは、学術書ではないから、いちいち出典を引用しないが、通説または多数説に基づいた。しかし、通説も多数説も存在せず、または、存在してもこれにより難い場合は、私説を掲げ、その旨表示した。
- 神様のお名前は、古事記と日本書紀でも表記が異なるが、このノオトでは、適当に選択し、カタカナも併用した。神社名表記は、通称によるが、社号は原則として、延喜式による。
- 古事記を「記」、日本書紀を「紀」、延喜式を「式」と略することがある。また、延喜式登載社を「式内社」、非登載社を「式外社」と記することがある。
- ノオトは、長年月にわたって作成したので、使用したデータに古いものがまじっているが、アプツデイトしていない。県別豊かさ指標のように、統計自身が廃止されたものがあるからである。
- 平成9年まで、私は、日本ベーリンガーインゲルハイム株式会社という製薬会社の社長、会長を勤め、この間、全国各地に出張した。出先で社長を迎える社員にとっては、気が重いことであろうが、社長とて、出張先では社内外にきちんと話をしなければならず、プレッシャーがかかる。このストレスを克服するのに、私は出張先一宮を巡詣した。普通、宮司さんからは、なかなか話を聞き辛いものだが、社運隆盛祈願の正式参拝者ならば、雑談の相手となってもらえる。その意味で、ノオトは、会社同僚諸君の絶大な支援と会社の寛容の賜物である。特記して謝意を表する。
- ノオトの骨格は、日本ベーリンガーインゲルハイム社の社外広報誌である季刊インゲルハイマーに、平成13年まで連載したものである。連載当初、現職だった為、橋須賀収のペンネームを用いた。今回加筆にあたり、実名とした。
- 私は備前一宮の近所の出身なので、備前の項では、筆が走りすぎた。宥恕を乞う。

目次兼索引

一宮ノオト刊行を壽ぐ..福地義之助

一宮ノオト総論

ノオトその1	一宮の成立	2
ノオトその2	一宮がある国の数	10
ノオトその3	一宮の数え方	15
ノオトその4	一宮の数	20
ノオトその5	一宮の次	26
ノオトその6	一宮の次の次	32
ノオトその7	一宮のオォソグラフィ	37
ノオトその8	一宮のターミノロジィ	44
ノオトその9	一宮のポリフォニィ	50
ノオトその10	一宮の地名	58
ノオトその11	一宮の社名	65
ノオトその12	一宮の神階	72
ノオトその13	一宮のポリセイズム	80
	一宮の神のお住まい	81
ノオトその14	一宮のロケイション	91
ノオトその15	一宮の論社	97
	一宮の廃絶なし	97
ノオトその16	一宮の座	106
ノオトその17	一宮のスタート	114
	一宮は制度なのか	115
ノオトその18	一宮の延喜式での扱い	121
	一宮の延喜式における無視	122
ノオトその19	一宮の延喜式での格付	129
ノオトその20	一宮の延喜式後の格付	137
	一宮の明治社格制度での格付	137
ノオトその21	一宮の社家	145
	一宮祭祀権者の権威	145
ノオトその22	一宮の式内社数	154
ノオトその23	一宮の行政データ	162
	一宮の国宝社殿	162
ノオトその24	一宮のデリヴァティヴ	170
	総社のデリヴァティヴ	170
ノオトその25	一宮の手鞠唄	177

一宮ノオト各論

近畿地方

山城一宮　賀茂神社……………………………………………………6
丹波一宮　出雲神社……………………………………………………10
丹後一宮　籠神社………………………………………………………11
但馬一宮　出石神社……………………………………………………13
　　もうひとつの一宮　粟鹿神社……………………………………14
播磨一宮　伊和神社……………………………………………………15
淡路一宮　伊弉諾神社…………………………………………………17
摂津一宮　住吉神社……………………………………………………17
　　もうひとつの一宮　坐摩神社……………………………………19
河内一宮　枚岡神社……………………………………………………21
和泉一宮　大鳥神社……………………………………………………23
紀伊一宮　日前国懸神社………………………………………………27
　　もうひとつの一宮　伊太祁曽神社　丹生都比売神社…………28
大和一宮　大神神社……………………………………………………29
　　もうひとつの一宮　大和大国魂神社……………………………31
近江一宮　建部神社……………………………………………………33
伊賀一宮　敢国神社……………………………………………………34
伊勢一宮　椿大神社　都波岐神社……………………………………35
志摩一宮　伊射波神社…………………………………………………37
　　もうひとつの一宮　伊雑宮………………………………………37

中部地方

尾張一宮　真清田神社…………………………………………………40
　　尾張二宮と三宮……………………………………………………41
三河一宮　砥鹿神社……………………………………………………42
遠江一宮　小国神社……………………………………………………42
　　もうひとつの一宮　己等乃麻知神社……………………………43
駿河一宮　浅間神社……………………………………………………44
伊豆一宮　三島神社……………………………………………………47
甲斐一宮　浅間神社……………………………………………………50
　　もうひとつの一宮　河口湖浅間神社　富士浅間神社…………51
信濃一宮　諏訪神社……………………………………………………52
飛騨一宮　水無神社……………………………………………………58
美濃一宮　南宮神社……………………………………………………59
若狭一宮　若狭彦神社…………………………………………………59
越前一宮　気比神社……………………………………………………60
加賀一宮　白山比咩神社………………………………………………62

能登一宮　気多神社	65
越中一宮　高瀬神社　気多神社　射水神社	67
もうひとつの一宮　鵜坂神社　雄山神社	70
越後一宮　弥彦神社	73
もうひとつの一宮　居多神社　奴奈川神社	74
佐渡一宮　度津神社	76

東北地方

出羽一宮　大物忌神社	78
陸奥一宮　都都古別神社	84
もうひとつの一宮　石都都古別神社　塩竈神社	85
あとから来た一宮　伊佐須美神社　駒形神社	85
一宮の先住の神々	85

関東地方

上野一宮　貫前神社	88
上野一宮から九宮	89
下野一宮　二荒山神社	91
常陸一宮　鹿島神宮	92
下総一宮　香取神宮	93
上総一宮　玉前神社	94
安房一宮　安房神社	95
もうひとつの一宮　州崎神社	96
相模一宮　寒川神社	98
相模一宮から四宮	98
武蔵一宮　氷川神社	99
もうひとつの一宮　氷川女体神社	103
武蔵総社の一宮から六宮	103

中国地方

美作一宮　中山神社	107
美作三宮から十宮	108
備前一宮　吉備津彦神社	110
式外の一宮	112
もうひとつの一宮　安仁神社　石上布都之魂神社	113
備中一宮　吉備津神社	115
備後一宮　吉備津神社	119
安芸一宮　厳島神社	122
安芸二宮と三宮	125
周防一宮　玉祖神社	125
長門一宮　住吉神社	126
石見一宮　物部神社	127

v

石見二宮 ……………………………………………………… 128
　出雲一宮　出雲大社 ……………………………………………… 130
　　もうひとつの一宮　熊野神社 ………………………………… 133
　　　出雲二宮 ……………………………………………………… 135
　隠岐一宮　水若酢神社 …………………………………………… 138
　　もうひとつの一宮　由良比女神社 …………………………… 138
　伯耆一宮　倭文神社 ……………………………………………… 139
　因幡一宮　宇倍神社 ……………………………………………… 140

四国地方

　讃岐一宮　田村神社 ……………………………………………… 142
　阿波一宮　大麻比古神社 ………………………………………… 143
　　もうひとつの一宮　忌部神社　一宮神社 …………………… 144
　土佐一宮　土佐神社 ……………………………………………… 147
　伊予一宮　大山祇神社 …………………………………………… 148

九州地方

　筑前一宮　住吉神社 ……………………………………………… 152
　　もうひとつの一宮　筥崎宮 …………………………………… 153
　筑後一宮　高良神社 ……………………………………………… 153
　豊前一宮　宇佐神宮 ……………………………………………… 154
　豊後一宮　西寒多神社 …………………………………………… 158
　　もうひとつの一宮　柞原八幡宮 ……………………………… 158
　日向一宮　都農神社 ……………………………………………… 159
　大隅一宮　鹿児島神社 …………………………………………… 163
　　もうひとつの一宮　多禰国一宮益救神社 …………………… 164
　薩摩一宮　枚聞神社 ……………………………………………… 165
　　もうひとつの一宮　新田神社 ………………………………… 166
　肥後一宮　阿蘇神社 ……………………………………………… 167
　肥前一宮　与止日女神社 ………………………………………… 168
　　もうひとつの一宮　千栗八幡宮 ……………………………… 169
　壱岐一宮　天手長男神社 ………………………………………… 171
　　もうひとつの一宮　住吉神社 ………………………………… 173
　対馬一宮　和多都美神社 ………………………………………… 173
　　もうひとつの一宮　海神神社 ………………………………… 176

一宮ノオト

ノオトその１　　一宮の成立

　一宮は、平安後期以来、国ごとのランキングで、ナンバーワンとされた神社である。
　この定義は相当不完全である。国ごとの、と言うが、国はいくつか。つまり、一宮はいくつ有るのか。ランキングと言うが、誰が、いつ、どうやって、なんの為に、決めたのか。判ってないことがかなりある。
　先ず、国の数であるが、この、あまりにもベーシックなデータが安定しない。ここではかりに、68として置いて、後日つめることにしよう。そうすると一宮は68有る。つまり、ランキングは、正確に国ごとになされ、一国のなかをわけてみたり、隣国と連合して代表をきめたりはしないのである。（別に、一宮神社と称するような、お宮もあるが、後に触れる。）
　次に、誰がきめたのか。国分寺は、741年、聖武天皇が「国々に建てよ」と勅命を発せられた。しかるべき予算措置も講じなかったが、奈良末期には曲りなりに68寺がそろった。遺跡はいまほとんど判ってきたが、創建時の寺々はことごとく消滅した。（東大寺を国分寺とみるならば、それは消滅の例外である。ノオトその24参照）これに対して一宮は、何天皇が指令したのか判らない。それなのに、68社すべて現存する！　こんな奇跡的対照性が、日本人の思想にはあったのである。
　ランキングのものさしとしては、神社の神領、神階、参詣数、それに昔の有力社なら朝廷

との通婚頻度、今なら国宝・重要文化財保有数など考えられるが、どうもそんな客観性にこだわった形跡はない。日本人は数値目標が嫌いだったらしい。

　そのくせ、ランキングは好きで好きでたまらない。業界別売上ランキング、芸能人所得番付、市町村の情報化度ランキング等々。神社ランキングだって、一宮のほかにもやたらある（後日紹介する）。キリスト教会にだってある。たとえばレジデントである司教座を置いた教会だけが、カシドラルと称する。カソリックのヒェラルキィが要請するランキングである。

　一宮は何が要請するランキングであろうか。国ごとの首長、すなわち国司の、国内神社参拝順を定める必要からきめたという説もある。この国司というのは、どうもよほど多忙な官職であったらしく、あろうことか、国内各社をまとめた総社をきめ、そこだけ参ってすませちゃう便法も、別に作った。当時68きめられた総社の現存率56％。民衆もこの程度には国司の便法を活用したことになる。一方一宮のケースでは、むしろ無目的のランキング、いわば、ランキングへの純粋情熱が千年の継承を支えたのではあるまいか。

　学説は誰が、どうやって、決めたのか、について直接答えない。そこで、学説の片言隻句に基づき、無理矢理次のように2分する。一宮の成立をトップダウンとみるのは、樋口清之博士、上田正昭教授ら。ボトムアップとみるのは、吉岡吾郎、佐野和史、梅田義彦ら各氏。

　後者の見解の弱点は、国々に洩れなく一宮が成立した事情を説明しにくいことである。私は、ここでも日本人の思想、すなわち、ランキング情熱のとなりの、もうひとつの情熱であるところの、あの、あくなきヨコナラビ精神、これで説明できると思っている。

近畿地方

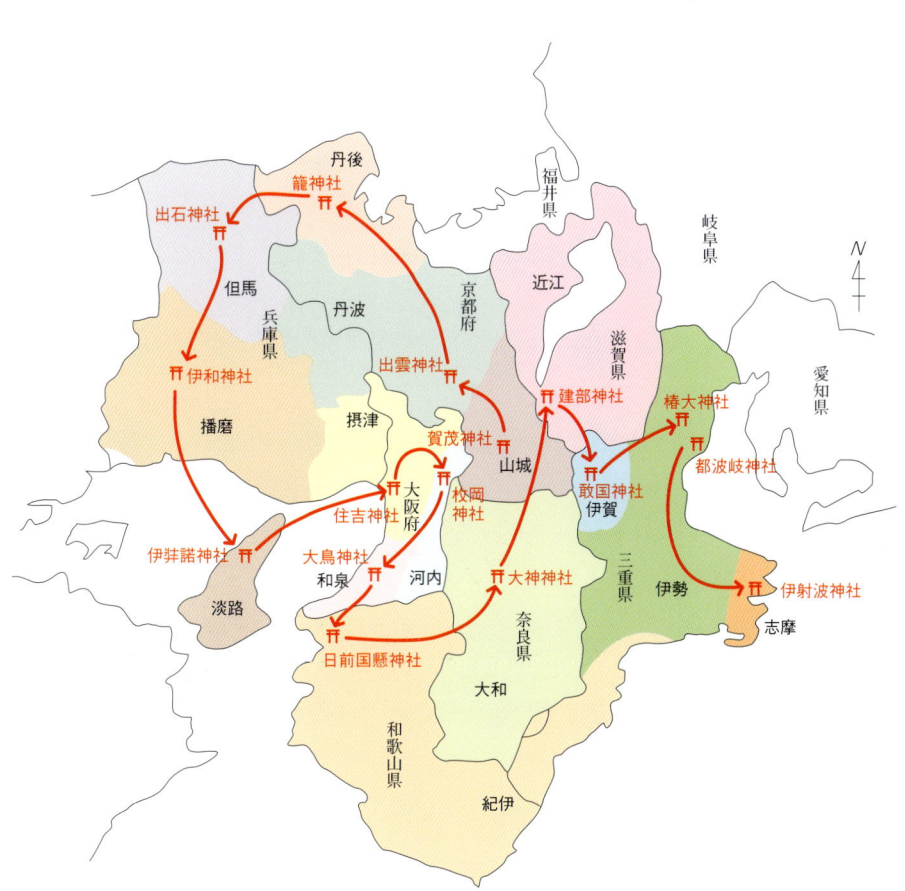

山城一宮　賀茂神社

上社と下社の微妙な関係

　一宮各社の案内は、都のあった山城国からはじめたい。

　京都の出町を境に、上流を賀茂川、下流を鴨川と区別する人がいる。これは上流の上賀茂神社と、3キロ下流の下鴨神社の社名に影響されている。上社が一宮とする説と、両社で一宮だとする説があるのみならず、下社を上社の分社とみる説（井上光貞氏の系図分析）もあり、なにしろ気の遠くなる昔の話で、曖昧模糊としている。

　実務上の処理は次のとおり。神事は同一期日。勅使は下社で先に祭文奉上、同一テクストの祭文を上社で「おさめ」とする。華麗なページェント葵祭の進路も同じ。平安中期制定の22社の制では、両社で1社にカウントされる。宗教法人としては、各々別人格である。

社家の今と昔

　上社門前に典雅な社家町が残っていて、国指定保存地区である。明神川に沿って土塀をつらね、低い門に土橋をかけ、棟の妻飾りはロウキイに押える。千年の静寂をこめた別世界である。

　社家というのは、世襲の神職を出す家格で、上社に191家、下社に57家を数え、他社に比し抜群に多い。創立以来の古い血統で、歴代神職のかたわら、宮廷歌作りの指導者でもあった。下社の社家鴨長明は、摂社河合神社の祢宜に昇進を望んだ。教えを受けていた後鳥羽上皇が彼の意を汲み、人事に介入したがだめ。同族にはばまれて、隠遁し、方丈記を書く。名調子「ゆく川の流れは絶えずして…」にカゲが感じられるのは、そのせいだろうか。

　賀茂の社家は多すぎて、本家筋をしぼれない。

上賀茂神社細殿前には「砂灘」がひらかれて「立砂」を盛る

上賀茂神社社家町、勅撰和歌集にしばしば
登場する宮廷歌人兼神主の住居群がある

それで明治のはじめ、由緒ある11社（11社のなかに一宮6社あり）の14社家に爵位（オール男爵であった）が与えられた時、授かることができなかった。華族になれなかった一族は、財団法人賀茂県主同族会を組織する。

この県主というのは国造の下の地方行政官職であるが、上田正昭教授は、国造と県主を、そのように上下関係で理解しない。いわゆる「国県制論争」である。松本清張が東大閥京大閥の論争例に引用した。とにかくカモ族は、794年、朝廷が奈良から遷都してきたチャンスに、その県主というものに任命され、宮廷用薪炭納入義務等を負うこととなった。一族にしてみれば、200年位住みなれたあたりに突然都ができて、うるおったかもしれない。もっとも、天皇家に服属する以上は、一族が祀ってきたカモの神とは別系統の、アマツカミと折合いをつけねばならず、神学上の止揚がはかられたのであろう。

奈良から引越してきた宮廷貴族は、この地で既にハタ族の建てた伏見稲荷が神威あらたかなることを、よくは知らなかったらしい。伏見稲荷は、9世紀初めには、祭神の地方遷祀にも応じ、はるか東北多賀城にすら、勧請されている。けれども桓武天皇は、カモ族の建てたお宮の方に引越挨拶のお参りに来られた（皇族派遣説あり）。一宮のステイタスがこれで確定したのだから、神学上の止揚の甲斐はあったのであろうが、しかし、既に一宮であったからこそお出でになったのかもしれない。かくして、先住カモ族の神は王宮鎮護の神となった。

カモ族はどこから来たか

アマツカミとの折合いと言っても、一族の方だ

カモ族の北走

って、更に先住の出雲族を統合した上で、カモの神を祀っていたのだ。その前はどうだったか。

社伝は、八咫烏の後裔だと云っている。上田教授は、日本神話に動物トーテムが無いところから、否定される。私は、9月9日の烏鳴きの神事に注目したい。この日、刀禰がカアカアと18回鳴くのだが、刀禰というのは、先住服属民の家柄だ。烏が先祖なら、県主みずから鳴いてもよかったのではないか。このことからしてカモ族は、神武天皇東征に随行してやって来た訳ではないとも考えられる。

いっそここで、民族の記憶の限界のむこう側に、読者をご案内してみよう。

葛城山東斜面に、高天という美しい名の集落がある。ここの高天彦神社に奈良県御所市教育委員会は標札を立て、高天原はこの台地にあると記した。その原っぱは、旧称高天寺、今は橋本院を名のるお寺の駐車場になっているが、葛城王朝の祖は、ここに降臨した。

葛城氏は、葛城山東麓の扇状地で農耕穀物神を奉じ、大和の項で後記する三輪王朝に先立って、大和と吉備を支配した。三輪に主導権がわたった後も、この豪族はたとえば、仁徳天皇に妃をいれ、妃の3子は、3子とも次々に天皇となった。ところが妃は、天皇と喧嘩して、葛城に帰ったり、天皇の吉備の愛人をいじめたりしている。葛城氏はそういうポジションにあった。

この王朝内の祭祀を分掌したのがカモ族で、彼等が残したカモ神社が市内に少なくとも4つある。のち、葛城氏が雄略天皇の時代に三輪方面から圧力を受けた時、カモ族は北にはしって、京都府加茂町に至り、舟で木津川をくだり、鴨川をさかのぼった。先住の出雲族は、船による運搬テクノロジィをみて抑天、爾来、8月16の大文字で、西賀茂山に船形の送り火を焚き、当時の記憶を聖化してしまうのだとも言われる。

先住神への気くばり

縁あって、本社境内（ときに境外）に祀られる別の社殿を摂社と云う。賀茂神社の摂末社は、とても多くて、上社24、下社29を擁するが、なかには927年の延喜式神名帳にリストアップされた名社もある。上社の楼門前に鎮座する片岡御子神社もそうで、先住神を祀る。本殿に奏上する祝詞の中で、あの神様におそなえは、ちゃんと先にすませましたからね、と言及するならいがある。相

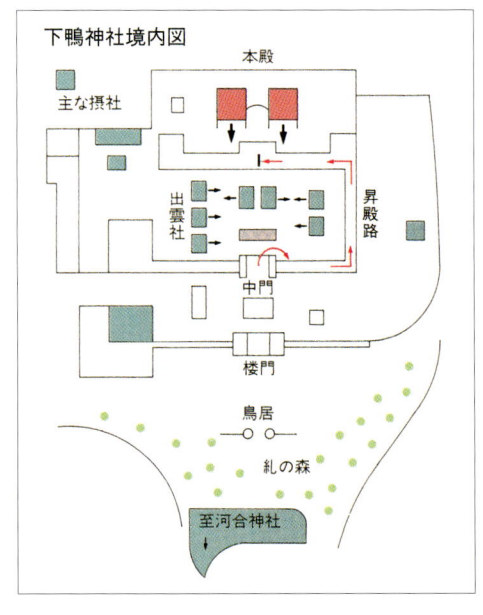

下鴨神社境内図

流造

当な気くばりだと言えよう。

　下社も気くばりしてる。本殿まん前という破格のロケーションを占める出雲7神殿（いずれも重要文化財）は、大国主命を祀るとされているが、元来は個々にアイデンティファイされた先住7神だったのであろう。7つのミニ社殿は、てんでに勝手な方角に向きながらも、仲良くくっつき合っている。キリスト教やイスラム教と違って、先住神を放逐せず、包みこむ日本神道思想の、非対決型の、はやり言葉でいうと共生の、ヴィジュアルな真髄がそこにある。

社殿は流造の原型

　祭神は、上社が賀茂別雷命、下社が賀茂建角身命と玉依媛命、どちら様も神系不祥で、社格が高いわりには、事蹟が伝えられていない。しかし広大典雅な神域には、王城の地山城国一宮の風格が浸みこんでいる。

　両社の国宝本殿は、流造の古式を継承している。流造というのは、棟から前後に流れ落ちる切妻屋根の、特に前面カーヴを、ゆるやかに前方に張り出させたデザインである。文化庁構造物課編の国宝重文リストによれば、該当の神社本殿全424棟のうち、56％（見世棚造など流造デリヴァティヴを含む）を占める代表的な神社建築様式である。流造勾配のフォルムは、世界の他のいかなる宗教（仏教を含む）建築物の屋根といえども、これにまさるゆかしい感動をひとに与えない。多分それは、檜皮葺独特の、ソフトなテクスチュアが、造型のセンスに完璧にマッチした、いわば文字どおりの「神の演出」のせいではなかろうか。

　さて、屋根を支える駆材であるが、黒塗りのように拝されるが、実は、1863年建立の素木造が、都の夏の苛酷な陽光に灼けたまうたのである。

　両社とも本殿は2棟が並ぶ。下社のは右主神、左父神。これに対して上社の左殿は、権殿といい、右殿遷宮の際、かりに神を移す為の空の建物である。これが神道の古式に沿っているのである。神は祭の前に、上社北2キロの神山に降る。県主と神人（先住民の5家系が決っている）が迎え、浄闇裡の秘儀を奉持し、右殿に神幸される。

　お還りをお送りする手続きは無い。神はご自分でドア（正殿後扉が昔あった）をあけて去り給うと信じられている。不思議な思想である。

　もっと不思議なことがある。正殿はカメバラに井桁を組んで社殿を置き、留めない。国宝だから、さすがに今は仮留柱を立ててはいるが、先例を踏み、本留はしない。こんなに美しい工作物を、場所に固定せず、ただ置くままにした古代カモ族は、建築物イコール不動産というコンセプト（民法第86条）に毒された現代人に、一体、いかなる象徴主義のメッセージを送っているのだろうか。学説（福山敏男氏、稲垣栄三教授ら）は収斂しない。

ノオトその2　　一宮がある国の数

　一宮は、国ごとのランキングで、ナンバーワンとされた神社である。だから、一宮はいくつあるか、という問いには、先に、国の数を決めておかないと、答が出てこない。

　国は、時代により離合し、数が増減する。たとえば、現福島県の磐城、岩代両国は、8世紀に陸奥国に合併（国数マイナス2）したが、なんと明治元年、再び独立、同時に陸前、陸中も分立、陸奥は東北太平洋岸の大国から、一挙北端の小国になり果てた（プラス4）。どうも日本人は、よほど組織をいじるのが好きで、廃藩置県を僅か3年後にひかえ、物情騒然たる中で、こんなカケコミをやっている。だから陸前一宮が存在しても、事実存在するが、本稿の一宮は平安後期成立と考えるので、一宮がある国の数にはカウントできない。

　日本六十余州と一般に云うが、平安後期以降の国の数は66だと思われていたらしい。祇園祭にははじめ、鉾66本を立てた。平家物語は、「日本はわずかに66国、平家の知行30余国、すでに半国をこえたり」とうたい、西国守護大名山名氏は、66国のうち、11国を領して「六分一殿(ろくぶいちどの)」とよばれた。外様領に潜入するお庭番は、「六十六部(とざま)」姿に変装したが、これは66国巡拝行者(ぎょうじゃ)の称である。六十六部を略して六部といい、藤沢周平は『ふるさとへ廻る六部は』を書いた。それなのに『六十余州名勝図会』という浮世絵は、70枚構成で、国が68プラス江戸、大日本である。たしかに私が数えていくと、68になってしまう。そこで皆さん、ツジツマ合せに苦労した。室町時代にあらわれた『大日本国一宮記』ではどうしたかというと、吉備国が備前、備中、備後の3国に分解した時期は、もう判らない程大昔であるのに、3国を吉備1国に扱い、それなのにその後713年、備前から分立した美作(みまさか)はちゃんと1国に数えて、計66国にむりやり圧縮した。安芸、備前両国をしらん顔でとばして、計66とした一宮資料もある。

　66は、68から壱岐、対馬を除いたのかもしれない。しかし、では何故、淡路、佐渡、隠岐は除かれないのか。もちろん対馬にもちゃんと国府を置き、国司を派遣し、国分寺を建てた。藩主宗(そう)氏が江戸城内で詰める座敷は、国持大名並の待遇を受けた。日本人は、国の数を過少申告するという、世界でも珍しい思想にとらわれた民族だったのかもしれない。妙な謙遜癖にまどわされず、ここは68でゆこう。そうすると一宮は68だ。ただ現実はもっと複雑な数になる。後日述べる。

丹波一宮　　出雲神社

　京都府下には、山城、丹波、丹後3国の一宮がある。丹波一宮は、亀岡の出雲神社であるが、今は出雲大神宮と称する。元来延喜式が「宮」号を与えるのは、伊勢関係7社のほか、香取、鹿島、筥崎(はこざき)、宇佐の4社（いずれも一宮）に限り、明治の太政官布告もこの線に沿った。戦後フリーにな

ると、自ら宮号をとる神社があらわれた。

それにしても、何故「出雲」神社か。出雲族の東端が亀岡に栄えたからである。彼等は出雲地方に興り、出雲文化を奉じる集団に成長し、西は九州へ、東はここ迄やって来たところ、保津峡にはばまれて、亀岡に充満した。更にその突端は、後世源義経、足利尊氏、明智光秀の軍馬が疾駆した老ノ坂を越え、京都出雲路橋に達し、出雲井於神社を建て、出雲郷を置いた。ただし勢力は限定的だったようだ。他方、桑田郡（現亀岡市）で神名帳がリストアップする19座の内訳では、秦族、カモ族、アマツカミと並び、優勢な出雲系が混在している。こんなところから、出雲神社が一宮に推されたのであろう。

大国主命は遷られたのか

8世紀創建の古社である。古いお宮によくあることだが、祭神がハッキリしない。ハッキリしない神様を、1200年間、祀り継いできた日本人の、おおらかな宗教思想は、世界に卓越する。当然、祭神数もハッキリしない。2柱説、4柱説のほか、3柱説もあり、これは大国主命、三穂津姫命の左右2柱のあいだに、空座の中央座があって、しかしその神名は伝わっていない、というものである。

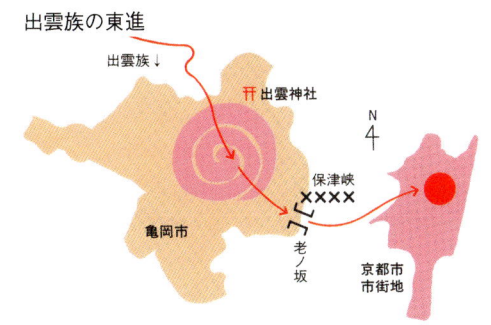

なんとすばらしい伝承であることか。そこへもってきて、丹波国風土記は、祭神のうち大国主命のみを、和銅年間に出雲に遷した、故に当社を元出雲という、と記するものだから、引算の考え方次第で、祭神数3説すべて正解となってしまう。出雲の出雲大社では、元出雲説にコメントなさらない。

本殿は、尊氏造営の流造。狛犬は、徒然草第236段に出てくる。「丹波に出雲という所あり。大社をうつして、めでたくつくれり」しかし狛犬が後向きなので、感銘を受けた上人が神官に尋ねたら、「其の事に候。子供のいたずらで…」と答えたので、「上人の感涙いたずらになりにけり」と、吉田兼好は、たあいもないことを淡々と記録している。出雲族の盛衰については関心がない。

丹後一宮　籠神社

籠という字は、普通カゴと読むが、古代にコと訓じた。万葉集巻頭の第一首、雄略天皇の「籠もよ、み籠持ち、ふくしもよ、みぶくしもち、この岡に、菜摘ます児」のコである。

昭和51年に指定された国宝「籠名神社祝部氏係図」は、紙を竪に書き継いでいった本邦最古の系図（後世横系図となった）で、祭神彦火明命を始祖とする海部氏の家系を、847年迄記録する。

その後も海部氏は、籠神社神職を世襲し、当主第82代、連綿たる稀有の家柄である。更に昭和62年、秘蔵2千年の神宝たる伝世鏡2面の製作が、2050年前と、1950年前であったことを、京都大学の樋口教授が鑑定した。

鑑定が出た時、わが国古代史学界に衝撃がはしった。史家は、安曇氏（後日ふれる）が古代潜水漁業の技能グループを統率し、海部氏は、各地に

国宝「籠名神社祝部氏係図」

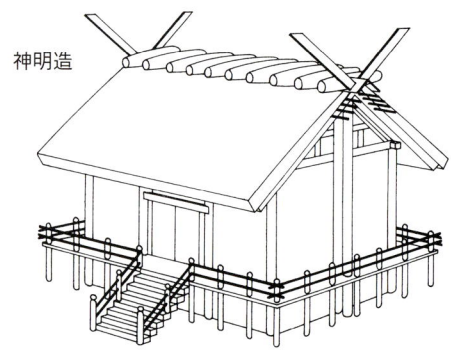

神明造の籠神社

神明造

拡散したローカルの首長と考えていたのである。もっとも、早稲田大学の水野博士は、インドネシア起源の宗像（むなかた）系海士（あま）集団が、丹後に勢力を伸ばしたとの主張であった。再検討を要するのだろうか。

衝撃は更に、史実に非ずとされていた伊勢の遷宮伝説の見直しに及んだ。すなわち、天照大神は、BC90年ごろ、または4世紀はじめ、宮中を出て、三輪山に33年、籠神社に4年、紀伊に21年、更に5ヵ国20宮を転々ご遷座のあと、はじめて五十鈴川をさかのぼられた。それで当社を元伊勢（もといせ）とよび、社殿を伊勢と同じく、神明造（しんめいづくり）とする。もっとも、丹後の4年間は、当社南20km、大江町内宮（ないく）にある皇大神社であったとする、同社の由緒書があるが、式外社である。

神明造は古代の心を映す

神明造というのは、切妻平入で、軒のカーヴを排し、萱葺（かやぶき）、掘立（ほったて）とし、棟持柱（むなもち）を壁から離す様式である。例数は少なく、神明造本殿棟の出現率は多分、1％以内であろう。最古例は、信濃大町の仁科神明宮で、1636年を最後に、20年ごとの建替えを廃絶した為、国宝になった。文化財専門家達は、建替え（遷宮）を継続する限り、国宝にしないつもりなのだ。どこかをかしい。建築史では、神明造は流造（ながれづくり）のあとから成立した様式だと説くが、古式をアピールする力はむしろ、神明造にある。それは古人が、もっと神を恐れて生きた時代の精神を、素直に写しとって、そうすることで、

後世の人々が宗教建築に加えたところの、もろもろの装飾、威容、高揚感覚などとは無縁であるからである。それ故屋根の勾配は、流造の曲線のゆかしさをあえて捨てて、直線を選んだ。ドイツのブルーノ・タウトが「世界の建築の王座」と評したのは、かえって不適切な形容だと思う。むしろ人が、神にどういうスタンスで臨み、神になにを見ていたのかを、思いめぐらすことができる、そういう建築であるように感じられる。

丹後一宮籠神社はなにしろ、天下の名勝天の橋立の付根の、股覗（またのぞ）きの山頂行の、ケーブル駅の横にあって、観光客のざわめきを横切ってお詣りをする。アクセスはミスマッチである。

但馬一宮　出石（いづし）神社

京都府から兵庫県にはいる。兵庫県には6つもの国があって、普通1県1国、せいぜい2、3国であるから、これはとびきり変った県だと言わねばならない。さすがに、うち3国は隣県と共有、なかでも備前は、県南西端にちょっぴり入りこんでいるだけで、これらの一宮は全部県外にある。残り3国の一宮が県内にある。

さて、但馬一宮から始めよう。出石にある。この町は、山陰本線の開通を忌避した。それで、鉄道は西南10kmを迂回し、沿線3駅から出る出石ゆきバスは、どれも約30分かかる。このため繁栄を豊岡に譲ったが、当時の頑固な長老のおかげで、しっとりとメルヘン風な城下町の雰囲気が残った。どのくらいメルヘンチックであるかと云うと、全町1万人そこそこの人口に供するソバ屋がなんと、45軒も営業している。そのソバは城主仙石氏がもたらした。その仙石氏は江戸末期、お家騒動で3万石に減封をくらった殿様であった。

新羅王子の開拓事業

BC30年ごろ、または4世紀はじめ、来日した新羅の王子は、出石北20km、現津居山漁港に盤踞していた岩山を開削、濁流を日本海に押し出し、一帯を沃野と化して、出石神社の祭神天日槍命（あめのひぼこのみこと）となった。爾来、津居山の漁民は、立春に海草を供えにくるし、開拓事蹟は、建設業界の尊崇をあつめる。でも、但馬一宮の神様は新羅人である。日本の神道思想の非国粋的側面をあらわす。それと、前述の各一宮と異なり、地域密着型の業績が明確な神を祀（まつ）っている点にも注目したい。神道思想の幅広さである。

神道のコスモポリタニズムに話を戻すが、平成14年W杯会場で、神道青年協議会が日の丸を配って話題になった。ところが神道は、日の丸はおろか、国家よりも古いのである。だから日本には、新羅、百済、道教、インドの神様を祀る神社がある。出羽弘明氏は、全国に58社の新羅神を確認された。出雲から能登にかけては、渡来神または渡来人の祖廟のいくつかが式内社とされ、朝廷からの奉幣を受けた。ただし、一宮の座にのぼったのは、出石神社だけである。渡来神のお社の創立者は原日本人と渡来氏族が混在した。式内名社の松尾神社や伏見稲荷は、渡来ハタ族が創建したが、日本の神様を祀るから、話は別である。

さて、但馬一宮の神様の来日動機であるが、古事記に説明がある。先に渡日した夫人を追って来たものの、雉波（彼女は雉波の式内社比売許曽（ひめこそ）神社の祭神となっていた）に上陸できず、出石に来た。日本書紀では、夫人を追って来日したのは、ツヌガノアラシト（越前一宮の祭神。後述する）

出石神社

で、同神異名かもしれぬが、両神とも、来日後の行動が女神と無関係のシリキレトンボである。この不完全燃焼型ラブロマンスは、日韓神話学者間で好個の論争テーマとなり、韓国側蘇在英、金宅圭、日本側松前健、滝川政治郎等の各氏が参加されている。

また古事記は、新羅王子が8種の神宝を携え来日したとし、これらのモノ8個を神社で祀る、と読めるような文脈になっている。多分そんな背景があるので、延喜式の奉幣は8本と規定された。神名帳は普通1社1座で、ときに2，3座を要請する。たとえば伊勢内宮が3座である。しかるに1社で8座というのはたいへん珍しい。おかげで神社財政上「昔は助かった」と宮司は述懐される。実際は、中を見たこともない櫃ひとつに奉幣される由である。

創建不祥。大正期、社務所が境外から類焼、火はこれを伝って檜皮葺本殿を灼いた。以後銅板。祭神の末裔長尾氏が神職を世襲されるが、途中記録の断絶があって、今何代目か不明である。

もうひとつの一宮

さて出石神社から南へ30余km、但馬山地の小峠を3ツばかり越えた山里に、式内粟鹿神社が鎮

出石神社の位置

まっていられる。大国主命の御子と、四道将軍のうち、丹波但馬若狭担当の、開化天皇皇子を祀る古社である。

大日本国一宮記は、他の一宮文献と異なり、この粟鹿神社を但馬一宮とし、出石神社に言及しない。13世紀の文献には、一宮出石大社、二宮粟鹿大社とあるが、9世紀迄の神階は、常に両社同時同格に進んでいる。いずれを一宮とすべきや、この頃既に朝廷でも途方に暮れていたのであろう。但馬の国人又は国司には、多分、一宮特定よりも優先して、情熱を注ぐべきプロジェクトが、他にあったのだろう。ただし国人が、但馬牛飼育事業に熱中するには、更に千年の歳月を要した。

ノオトその3　　一宮の数え方

　国の数68と、一宮の数は一致するだろうか。
　一宮は、遠い昔、明確な制度的裏付けなしに成立したのだから、国によっては、一宮がどこか判らなくなってしまっているだろうと、普通は考える。事実、川村二郎氏『一宮巡歴』によれば、元禄時代の旅行家橘三喜は、あちこちで「一宮知れず。」とか、「村々里々を巡り、尋ぬるに確かならず。」と記録した。しかるに今や、68国すべてに現存することが判明した。伝統尊敬の日本人の思想が、世界宗教史に示した、これはほとんど信じがたい奇跡である（当然ながら、68国の外の、北海道と沖縄には存在しない）。
　このこととは逆に、国によっては、複数の一宮が伝えられ、これにどこまで付き合うかで、一宮の総数が変動する。その変動幅は、文献上の最小値67（『大日本国一宮記』）から、最大値96（入江孝一郎『一宮巡拝の旅』）、この間多数の説がある。
　混乱のある部分は、私が思うに、カウントの姿勢がぐらぐらしていることに因る。つまり一宮は、いや、神社の「ひとつ」というのは、いったいどこで区切るのか。世のすべての文献は、そこを整理せず、たとえば、賀茂の上社と下社をふたつにカウントする一方で、諏訪の上下社をひとつに数えたりする。朝廷ですら、平安中期の22社の制で、賀茂上下社をひとつとし、延喜式ではふたつとする有様である。
　いま神社を、宗教法人登記件数で数えることは可能である。これでゆくと、山城一宮はふたつあることになるが、私には、こんな数え方は面白くもなんともない。
　神社は、物的施設だから、境内単位で数えることも可能である。紀伊一宮は、ひとつの境内に2社あるが、一宮としては、ひとつと数えよう（ノオトその13参照）。
　さらに、境内が連続していなくても、近接しているケースで、名称と神事が共通していれば、ひとつと数えてもよいのではないか。神事を共に斎行する場合は、境内のロケーションがウォーキング・ディスタンスであることが望ましい。神事の外形が、しばしばプロセッション（行列）で代表されるからである。そうすると、上社と下社が3km離れた山城一宮や、彦社と姫社間2kmの若狭一宮、それから信濃一宮は4神域5境内あって、一番遠いのが13km、出羽一宮は15kmの強行軍だが、これらすべて、ひとつの一宮とカウント致したい。
　最後に、名称が同一で、境内は近接しているが、神事を共に斎行しない陸奥、伊勢、志摩などの複数の一宮をどう数えるか。後日ふれさせていただく。

播磨一宮　伊和神社

　播磨の中心は今も昔も姫路である。国府、国分寺、總社、みんな姫路にあった。神社も、たとえば市北の丘上、広峯神社は、本殿正面が日本最長の11間。しかもこれぐらい長くなると、左右対

称性などとは言っていられない。宗教殿堂設計におけるシンメトリック常識を破壊した、堂々たる存在感で、播磨を代表する神社である。しかし、この国の一宮は、僅か1間の、すなわち、これ以上小さく設計することが不可能であるところの、ミニ社殿を本殿とする伊和神社である。

最小社殿は、最長社殿を北にへだたること45km、中国山地の背梁に近い僻陬の地にある。もよりのJR播但線寺前駅まで、東へ山越え20km、全国一宮のうち、交通不便のトップクラスにはいる。9世紀初頭の文献に登場する古社であるが、江戸時代このあたりは小藩に分封され、有力パトロンが出ず、社運が振るわなかった。

祭神のお仕事と喧嘩

祭神は大己貴命（おおなむちのみこと）とされるが、播磨国風土記では、単に伊和大神である。中央神系とは独立した地方神で、当国ご到着が前項の但馬一宮祭神に遅れ、「はからざるに先に到りしかも」とぶつぶつぼやきながら、土地を取返していかれた。だから普通神社は南面するのに、ここは珍しく北向きで、出石に対する構えという。但馬側にその伝承はない。

伊和大神は、但馬のほか、奥様とも喧嘩なさった。農作のタイミングと水の分配についてである。息子もその妻と争った。この喧嘩好きの神様のために、播磨の人々が一宮を建てるとき、既にスモール・イズ・ビューティフルの思想を会得していたかどうかは別としても、極小の本殿サイズを代償する仕掛けは整っている。広大な神域、鬱蒼た

伊和神社の本殿は僅か一間四方である

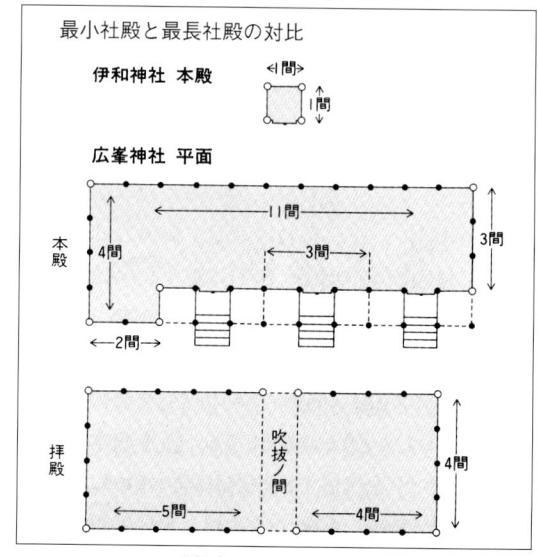

る老杉、入母屋平入1間社の小さな小さな御本殿に大庇（おおびさし）をかけ、床を高々とあげ、入母屋造だが今度は妻入（つまいり）の拝殿床も高く組み、その前殿としては一転、平床平入入母屋に破風（はふ）を付け、計3連各棟が流れるような律動感を演出する。ここにこの一宮を建てた伊和族は、出雲族の支族であるのか否か異論があるが、ユニークなリズムのセンスを研ぎ澄ませていた集団であったに違いない。

淡路一宮　伊弉諾（いざなぎ）神社

竹下内閣のふるさと創生基金1億円の配分を受けた津名郡津名町は、結局金塊を買った。しかし、隣の一宮町は、町内に、日本の全国土創生の神様を祀（まつ）っているのだ。ふるさと創生どころの話ではないのである。

伊弉諾尊（いざなぎのみこと）が伊弉冉尊（いざなみのみこと）とともに、国土を創生した

時の手法は、よく識られているように、著しく詩的であり、暗示的であった。但馬一宮の祭神が但馬の沃野を造成した手順が、具体的であり、技術的であったのとは大違いで、神道思想の融通無碍ぶりを示す。ともあれ国作りの仕事を終えたイザナギは、日本書紀独特の文学的表現によれば、「既におえたまひて…ここを以てかくれの宮を淡路のくににつくり、しずかに長く隠れましき。」とあって、このおかくれどころが淡路一宮伊弉諾神社(いまは神宮と称する)となった。

イザナミの方はどうなったかというと、大仕事のあと、イザナギと激しいいさかいの状態となり、そのせいであろう、女神は長年お祀りされていなかったが、昭和7年にいたり、配祀OKとなった。ときの内務大臣が「配祀として増加の件聴届く」と重々しく通達したのである。

松前健博士は、イザナギもイザナミも、本来、淡路漁民のローカルな神にすぎなかったのを、政治がオオヤシマ創造神に格上げしてしまった、と説かれる。津田左右吉博士の、記紀神話体系は、

伊弉諾神社幣殿と中門は、上反屋根と下反屋根の組み合わせが美しい

天皇家の権威付けの為に人為的に作出されたものとする史観の延長線上の説で、そうであるならば、上記内務省通達は甚だ滑稽だ。

社は白砂の明るい境内に、俗臭を避け、とりすましていられる。桧皮葺平入本殿に、二重の向拝(こうはい)を長々と突き出して、それで妻入のように見えるが、実は、上反屋根の幣殿と、下反屋根の中門を組み合わせ、快よい階調を奏でている。宮司に伺ったところ、これは昔からこうなっている、とのことであった。さきの阪神淡路大震災で大被害があったと聞いている。

摂津一宮　住吉神社

大阪府には、摂津(西半分は兵庫県)、河内、和泉の3国があって、一宮は3つである。摂津からはじめる。

古代日本の海の神、海の民については、おびただしい文献と異なる学説が発表されている。うち、比較的他論文に引用頻度が高いのは、上田正昭編『宗像と住吉の神』と思われるが、ここでは各主張まぜこぜにして、次のように仮定しよう。わが海人に4系統あり、1.は、北アジア寒流系縄文文化の原日本人。2.は、北九州から宗像(むなかた)神を奉じて東遷したグループで、男女共漁し、潜水ノウハウを積む。3.は、インドネシアおよび南中国苗族(びょう)起源、南九州を経て、大山積神(おおやまずみのかみ)(伊予一宮の祭神)を奉じ、または綿津見3神を奉じ、瀬戸内から全国に拡散する。男漁女耕。4.は、北九州から瀬戸内を東遷した民で、住吉神を祀り、釣・網漁法を開発、半農半漁。やがて漁撈から遠ざかり、航行の民となるもの多し。このうち、宗像族は外洋航型で、5世紀には宗像神の祭祀伝承が確立していたが、住吉神の沿岸航型祭祀は、遅れて6世紀以降、中央政治権力と連携しつつ成長する。住吉神社の社家津守氏は、政府派遣の北回り遣唐使船に乗る程で、延喜式が数える住吉神社は7社(うち一宮3社)から、なんと全国2069社へ発展

した。

　總本社が摂津一宮で、いま住吉大社を称される。明治の神仏分離令は、22町に及ぶ広域境内から、12町を住吉公園に、5町を民地に割愛した。割愛前は、すぐ前が海で、源氏物語澪標図に、源氏の住吉神社参詣風景があって、17世紀の鳥居前が海だとわかる。いま、1810年建立の国宝本殿一帯は、むしろ明朗豁達、独特の雰囲気があって、西日本最大の初詣客300万人を惹きつける。その明るさの発信源は、実は社殿からではないかと私は思っている。そこのところをご説明したい。

御本殿の整列は船団のイメージ

　社殿に鎮まります住吉神は、底筒男命・中筒男命・上筒男命の3神で、神名のツツは、航海の目印となるオリオン3星を意味するとの主張がある。なるほどオリオン座は、冬の夜空の王者ではあるが、20時ごろの子午線通過は2月初のことだ。他の季節で夕刻の目印にするには、ロマンチック過ぎるのではないか。

　摂津住吉神社では、この住吉3神に加えて、神功皇后を祀るので4座である。それ故本殿は4つ並ぶ。その並び方であるが、西面してタテに3つならび、うしろから順に、第一、第二、第三本宮ととなえる。第四本宮だけは、第三本宮の右ヨコに並ぶ。神が2座以上の場合、普通は南面してヨ

住吉神社の本殿は他に類例をみないユニークなタテ並びである

コに並ぶのに、ここのタテ並びは、カタ破りである。そこへもってきて、4殿同型のタテ長（第一本宮のみやや大きいが、それぞれ梁行2間、桁行4間）の妻入だから、この整列の姿はどう見ても、準備ととのって、いざ西方の海へ出航せんとする、堂々たる船団を連想せずにはいられない。

ところでいま、梁行2間と申し上げたけれども、普通、宗教建築の正殿正面は、偶数間を避ける。そうしないと、中央に柱がきて、正面の開口ができなくなるからである。出雲大社のように、堂々と正面開口のアイディアを捨ててしまうのも一法であるが、ここでは、小脇柱を建てて、中央性を貫徹した。船大工のテクニックの応用であろうか。

なお、4殿は真西に向いているのではなく、少し北にぶれている。大和岩雄氏は立春の朝日を拝するよう、東南東をうしろにしたと解釈されている。

こうして、タテに整列した住吉造の4殿は、それぞれ独立し、切妻平入素木拝殿を接続するが、自らは軸部朱塗の白壁で、切妻妻入桧皮葺の屋根をいただき、直線構成の明快なデザインである。廻縁をめぐらさず、すぐ低い瑞垣が囲み、その外を間隔を広くとった貫4本だけの、玉垣が囲む。だから、ほとんど神殿周囲のスペースは開放された感じで、人は神殿のすぐ近くまで、自由に歩きまわることができる。

のみならず周辺一帯、摂末社の、瓦葺あり桧皮葺あり、向き様々、大小色々、連棟あり独立棟あり、気楽な神域をつくっている。こんなさわやかな祝祭のパラダイムを他社にみることはない。

この摂社群のなかに、大海神社という式内社がある。これが実は、社家津守氏の氏神であり、その旨、式に珍しく注記がある。住吉神自体は九州からお出でになった神様で、東遷の間、住吉族の氏族神たる神格を脱して、ひろく海の神としての信仰をあつめておられた。そこで浪速の津に鎮

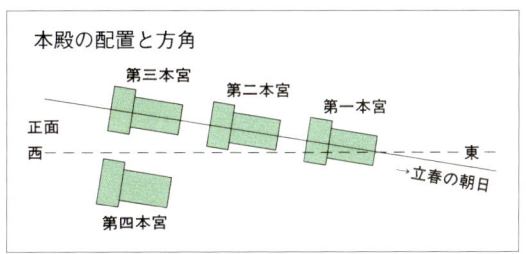

祭するにあたり、在地豪族の津守氏が祭祀権を掌握した。津守家嫡子は、祖神の大海神社の方の宮司になり、二、三男がむしろ国家機関的に住吉神社に出仕したのである。社域の上記さわやかさは、その反映かもしれない。

もうひとつの一宮

坐摩神社とは、見慣れない振り仮名であるが、宮中神36座のうち、座摩巫祭神5座がある。全国渡辺さんの氏神で、源頼政のころ、摂津渡辺党を組み、5柱5殿（戦後5柱1座）の威容を誇る当社に拠ったので、これを摂津一宮とする文献がある。氏神では、全国佐々木さんの沙沙貴神社（在安土町）も名高いが、坐摩神社のアドレスは「大阪市中央区久太郎町4丁目渡辺」といって、丁目のうしろに地名がくる特異なもの。従って全域を当社のみが占め、社家は57代渡辺氏。式内大社だったが、いまは高速道路に覆われてしまった。

ノオトその4　　一宮の数

　平成8年5月23日、乃木神社に集合した全国一の宮会は、101社をリスト・アップする。本稿では、主に平安後期に成立したと思われる一宮を扱っており、また、その数え方については、境内が近接していて、名称・神事が共通したケースを、ひとつの一宮とカウントすることにした（ノオトその2とノオトその3で前に触れたとおりです）ので、それでもって数え直すと91社になる。

　このうち、49社が1国1社で、全68国の72％をしめる。残り19国には、ふたつ以上の一宮があることになる。本来一宮は、国ごとのランキングでナンバーワンとされた神社であるから、1国1社の筈であるけれども、1社への絞込みに苦労した国もある。政治的に解決したと思われる例（尾張）、解決先延ばし例（相模）もあるが、一宮といっても、国司の国内諸社参詣順にすぎないから、といって、二宮以下を説得した国もあったであろう。絞込みに熱心でなかったと思われる例（但馬、越中）もある。

　1国に複数の一宮がとなえられる原因としては、上記数え方の問題と、絞込みの問題のほかに、もうひとつ、デヴィエーションの問題がある。つまり、一旦は絞り込んでも、一宮1000年の長い歴史を経る間に、文献・伝承・信仰が、政治権力の介入・社勢の盛衰・なんらかの拍子・などによって、デヴィエーションを生じ、1国複数一宮となった。このなかには、神社名相似（伊勢、甲斐、下野）で、しかも境内近接例（志摩、陸奥）もあるが、神事を共に斎行しないから、一宮としてはひとつとみる訳にゆかない。また、一旦成立した一宮が、後来の新興信仰に押されて、一宮の座をあやうくする例（九州八幡信仰各社）が認められるが、これらは当然、神社名相似せず、境内近接でもない。すべては、国ごとの一宮をご案内の際に、「もうひとつの一宮」の見出しをつけたりしながら、ご紹介して参るつもりである。デヴィエーションについても、私の憶測をそこに付記させていただく。一宮を誰が、どうやって、決めたのか、について、学説が存在しない以上、憶測は、許されるであろう。

　それにしても、伊勢と陸奥（一宮ふたつ）および越中（一宮みっつ）では、はたして歴史のデヴィエーションがあったのかどうか、私の憶測すら許さない。学者は、たとえば平松暢氏は、本来の伊勢一宮が2社のうちのどちらであるかを論考される。しかし福島県棚倉町では、僅か5km隔てて、ふたつの都都古別神社が同一の祭神を別々に祀り継いできた。極めて特徴的な、しかし全く同一の神社名だから、当然のことではあるが、延喜式神名帳を含めて、諸史料がどちらのお社のことを言っているのか判らない。明治5年、新政府から届いた都都古別神社奉幣1社分を、どちらに奉るべきか、県は苦慮した。これを契機に、学者の調査がはいったが、両社を関係づける伝承は、結局発見されていない。

　現在、ふたつの陸奥一宮を巡詣すれば、その不思議な重複存在感に圧倒され、はてさて夢か幻か。あまりに不思議であるから、人々の信仰思想が1000年の間にたどった道筋を知る手

掛かりは、今は全く消え去ったことに、むしろ安らぎすらおぼえるであろう。

それ故に、一宮の総数は68プラス伊勢1、越中2、陸奥1の計72である。

河内一宮　枚岡神社

　天孫瓊瓊杵尊の高千穂降臨に先立って、彼の兄（異説あり）饒速日尊も、河内国哮峯に天降り坐した。ニニギノ尊がどういう風に降臨したかと言うと、それは「八重にたなびく雲を押し分けて、険しい道を切り拓いて、天の浮橋を渡り、噴煙絶えることなき日向の高千穂の峯に降臨した」（大祓祝詞）のである。これに対して、ニギハヤヒの方は、河内への天降り用具が特定しているのが特色である。それは、天磐船という飛行物体であって、着陸地点としては、河内富田林東方平石と、JR学研都市線河内磐船駅南方の2箇所が比定されている。双方に磐船神社があり、境内に、神話の夢の痕跡、すなわち、岩がある。後者は畳10帖大で、1689年貝原益軒は「かくの如く大石……いまだ見ず」と驚いた。しかしそこは、清滝街道へ乗り越えるせまい谷で、およそ着陸にふさわしくない。岩も、天から転落したかのように、大地に突きささっている。そこへゆくと平石の方は、南河内平野をゆったり見渡す葛城の西緩斜面で、気持ち良く降りられたこととご推察申し上げる。

ニギハヤヒの奮戦

　降りたニギハヤヒは、在地豪族ナガスネヒコと提携して、難波に上陸した神武東征軍を迎撃、東大阪市日下で撃破した。やむなく東征軍は熊野から大廻りして大和にはいる。今度は生駒を越え、東から河内を攻める。ニギハヤヒの子可美真手尊

枚岡神社本殿

ニギハヤヒは河内に降臨する

は天皇に降参し、物部氏の祖となる。そのウマシマジの銅像が、どうしたことか都内浜離宮恩賜庭園にあって、そこの説明板には、神武東征のみぎり功あったと、サラリと書いてある。

ニギハヤヒは、日下の南、石切神社の祭神となった。腫物に神効ありとのことで、信者の大群が砂煙を舞わせ、怒濤のようにお百度石を廻る。近代医療技術では救い難い病に悩む親族・縁者をもつ人々は、こんなに多いのかと胸をつかれる。その意味での信仰を、本邦では最も厚くあつめた神社であろう。

春日大社との関係

しかし河内一宮は、先住神ではなくて、東征軍側にあった中臣氏祖先神を祀る枚岡神社である。のち、一族から出た藤原氏が中央で成功し、朝廷からの祭祀を受けていたので、一宮とされたのであろう。768年、祭神を春日大社に分祀したので、本春日と称する。分祀は史的事実であり、伝承によって丹波一宮を元出雲と称し、丹後一宮を元伊勢と称するのとは、性格が異なる。分祀10年後に、今度は枚岡神社の方が、春日大社にならって、鹿島、香取の神を合祀、計4柱となった。

そういう次第であるので、春日大社と同じく本殿4宇を横に並べる。その並べ方は、配祀の歴史的先後によって、第1殿を天児屋根命、第2殿を比売命（以上中臣氏祖先神）、第3、4殿を合祀の鹿島、香取神とし、向かって右から2、1、3、4と並ぶ。奉幣はこの順序にしたがう。神道における右上座のプロトコオルをあてはめると、3、1、2、4と並ぶべきだが、なにか訳があって、そうなっていない。これに対し春日大社では、第1、2殿を先祀の鹿島、香取神にあて、第3、4殿が分祀を受けた祖先神で、向かって右から1、2、3、4と並んでいる。

このように並び方が違うものの、両社とも春日

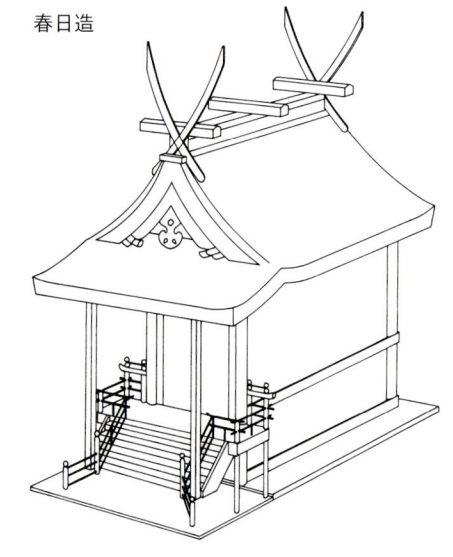

神社正殿の並び方の順序

山城一宮			2	1
摂津一宮			1	
			2	
			3	4
河内一宮	4	3	1	2
春日大社	4	3	2	1
プロトコオル	4	2	1	3

春日造

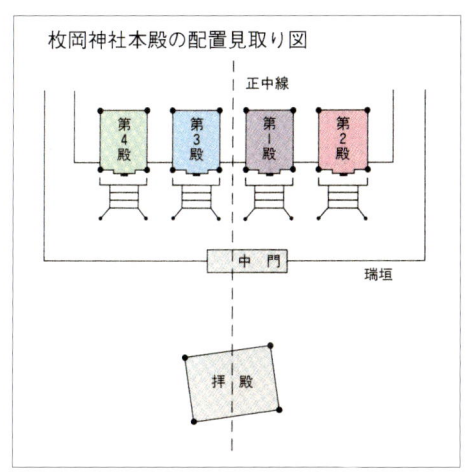

造とよぶ様式の4宇の本殿をもつ。春日造というのは、切妻の妻入で、正面扉前の階段の上に庇をつけ、その庇屋根が母家の切妻屋根とまじわるところを、縋破風にして連結する。連結した屋根の全体に、後世のアール・デコ調の曲線を優美にかける。国宝・重文級での出現率は20％、流造に次ぐ。

当社の春日造は、江戸末期の檜皮葺で、中門と瑞垣をめぐらし、拝殿から離れて数段の高みに坐す。それは生駒山系西急斜面に社地を営むからで、中門が本殿4宇の正中線から少しずれており、拝殿の向きは、もっとずれている。この入母屋吹抜の拝殿であるが、楼門あとに明治に新設されたもので、本来枚岡神社は無拝殿であった。これは、とても古いご由緒を示すもので、実は前項の摂津一宮の拝殿も後補だし、伊勢神宮と熱田神宮にも無い。一般の人は、本殿前の外玉垣御門を拝殿と心得、そこから拝礼するのである。

豊臣秀頼の贈りもの

このあたりから西北に1キロ半、眼下に石切神社の巨大でユニークな形の石切鳥居が、白々と宙天高くそびえ立つのを、ひとは見たであろう。いまは東大阪市の殷賑が観望を許さない。そしてこの、河内から左手和泉、紀伊にかけては、桃山時代に建てられた多くの名社が散在し、各種の建築技巧をこらして、自由奔放な装飾を非抑制的に展開する。それらは豊臣秀頼が、豊臣家の財力を疲弊せしめるための、家康の策略に乗せられたのだと言われるが、いずれ争乱のコストに消尽される位なら、だまされようが、だまされまいが、慶長6年以降、秀頼の直轄領たりし一帯に珠玉の社寺をのこして、訪れる後人に美の恍惚を贈ってくれるのだから、私はたいへん良かったと思います。しかしそれぞれの一宮は、ずっとずっと古いので、この地方的特色とは縁がない。

和泉一宮　大鳥神社

日本武尊は、日本の古代史上、人気最高の英雄で、戦塵洗う隙なき倥偬ぶりは、ガリアに転戦したジュリアス・シーザーを想起させる。しかしシーザーが戦闘経過、戦術構想、軍団編成等、克明な記録を残したのに対し、4世紀おくれて歴史の舞台に登場したヤマトタケルは、かかる実用性とは全く無縁である。それがローマと大和朝廷の文明度差かもしれない。しかし文明とはそもそも、何であろうか。シーザーが残さなかった詩を、ヤマトタケルは詠った。詩句は歳月を超えて、現代人の肺腑を衝き、哀傷は各地の神社伝承に今なお息づくのである。

白鳥3陵の伝説

ヤマトタケルは九州熊襲征伐から山陰に転戦、すぐ関東に下る時、JR草薙駅近くで火難にあう。

白鳥陵。河内古市の人は、白鳥がおりたところに土を盛り、濠をうがち、ヤマトタケル第3陵を築いた。しかし、白鳥は、羽を曳いて、みたび飛び去った。そこで、この地を羽曳野と名づける。

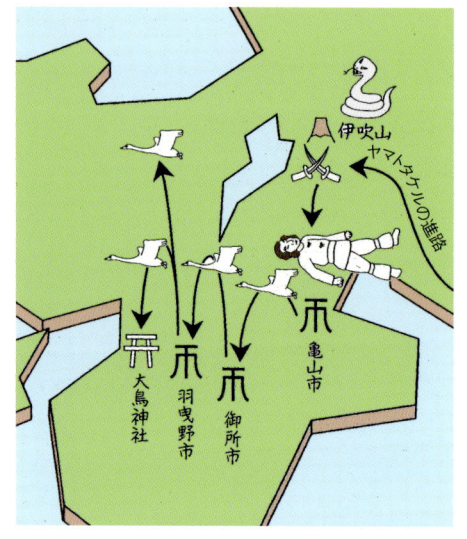

ヤマトタケルは白鳥に化して3度飛翔する

ついで防衛大学校キャンパスの鼻先、走水(はしりみず)で水難にあい、弟橘姫(おとたちばな)が入水(じゅすい)。姫は、

　　さねさし　相模の小野に　燃ゆる火の
　　火中(ほなか)にたちて　問いし君はも

と遺詠して沈んだが、何故に駿河草薙が、歌では相模になっているのか。この問題は、本居宣長が解いた。それから足柄に登って、

　　「吾妻(あづま)はや…」

と三度叫ぶ。伊吹山で毒蛇に噛まれるのであるが、この山は蛇の名産地で、水上勉によれば、蛇取り夫婦は1日200匹をとる由。タケルは当然、噛まれて「吾が足は三重の勾(まがり)の如く」(三重県名の語源)になって亀山市に辿りつき、薨ずる。死に臨み、

　　倭は　国のまほろば　たたなづく
　　青垣　山ごもれる　倭しうるわし

と絶唱する。その陵(みささぎ)から白鳥に化して飛び立ち、御所市(ごぜ)におりる。ひとは改めてそこにも陵を造る。また飛び立って羽曳野市におりる。そこにみたび陵を造る。さらに、みたび飛び立って「高く翔(かけ)りて天に上り」(日本書紀)、行方知れずとなった。

　そういうことでは、哀惜の念が納得しない。なにしろ縁もゆかりもない金沢市ですら、高岡市に頼んで8トンの銅像を製造し、兼六園に据えたいくらいである。いわんや神霊が白鳥に化して飛びきたったと伝える神社など、ヤマトタケルゆかりのお宮は、岩手県南を北限として香川県白鳥町まで、全国2000社。愛知県作手村にいたっては、村内22社中、11社が白鳥神社である。

ヤマトタケルの御帰還

　堺市鳳(おおとり)所在の和泉一宮大鳥神社(大社と称される)社伝は、みたび飛び立った白鳥は、当社におりて留まったとする。それでヤマトタケルを祀っていたのに、一体全体どうしたことか、明治9年、祭神は大鳥連だと公定された。爾来、度々祭神変更願を出したが、明治29年には、祭神リストが既に天皇に提出ずみ故、駄目ですとの官僚的回答に接した。宮司富岡鉄斎は、むしろ日本画家として著名で、日本のゴヤともセザンヌとも称されるが、この間私費を投じて大鳥神社の復興造営に努めたものの、在任中に朗報は届かず、昭和32年にいたり、やっと合祀が公認された。

　神社では、大鳥連と御同座いただくこととし、ヤマトタケルが向かって右の上座に坐したまう。

この本殿は、無反の切妻妻入、2間四方、同形の無反屋根をいただく1間向拝の階段を中央につける。この、中央というのが大事で、出雲大社は、ここと同形の無反切妻妻入2間社ではあっても、中央棟持柱を温存して、階段を右に片よせた。それが進化して、2間正面であっても、中央性を貫く住吉造に発展してゆく中間プロセスが、この大鳥造である。神社建築史では、そういうことになっている。中門と拝殿に檜皮葺が残るが、本殿は銅板葺に変わり、さらに阪神大震災で、内垣がかなり傾いた。

平清盛Uターン

1159年、熊野参詣途上の平清盛に、六波羅から早馬が追いついて、源義朝のクーデタを報じた。清盛は駿足をとばして帰洛、直ちに態勢を整え、源氏に大勝する。都にとって返すとき、大鳥神社に戦勝を祈願し、歌を詠んだ。史上遺された唯一の彼の歌で、境内に歌碑がある。いわく、

　　かいこぞよ　帰りはてなば　飛びかけり
　　はぐくみ立てよ　大鳥の神

ほとんど意味不明ではないか。井伏鱒二の強引な訳が『日本の古典14』におさまっているが。ちょうどその前年の源頼政の名歌がある。

　　むらさきも　あけもつらなる　庭の面に
　　まだ緑なる　玉柳かな

名将清盛の、第2首目以降が世に伝えられなかった訳が判る。

ノオトその5　　一宮の次

　一宮の次は二宮である。当たり前である。当たり前は、しばしば屈折することがある。
　ランチェスタの法則は、市場ランキング2位の地位のヴァルネラビリテイを証明するが、新製品に関し、市場への最初の提供者となるよりも、二番手で参入する方が有利な場合もある。それのアンチテーゼとして、ハーバードBSでは、ニイル・アームストロングの仮説を教える。仮説は、市場ランキングで2位からトップへ這いあがるための、非正常なコスト増を容認する目的で、次の現象を強調する。それは、人類で最初に月面に降り立ったアームストロング船長が、歴史に不滅の名を刻んだのに、彼にすぐ続いて2番目に降りた宇宙飛行士の名は、急速に忘れられた現象である。
　一宮が全68国すべてに現存するのに対し、二宮の伝承は僅か29国に残るにすぎない。それとても、文献上の残存例（異説多し）である。少なからぬ二宮は、むしろ一宮であると主張され、あるいは少なくとも二宮であることを積極的には言明なさらない。ところが、そうであるにもかかわらず、アームストロングの仮説に反して、ランキングのナンバー・ツーであるステイタスを律儀に守りぬいているお宮もある。このうち、伝承継受のための、特別の仕掛けをもっているケースを、ふたつ御紹介する。
　謡曲「淡路」は、淡路二宮（神社名を「大和」大国魂神社とされる）を舞台とし、国土創造の有様を謡い舞う雄渾壮大な曲（徳永照正氏『謡曲行脚』による）であるが、このなかに、

　　　〽さては当社二の宮にてましまさば
　　　　国の一の宮は何処にてましますぞや〽

というフレーズがある。二宮の記憶は、演じられるつど、更新、固定されてゆく仕掛けである。

神奈川県無形文化財　こうのまち関係図

無形文化財「国府祭(こうのまち)」では、神奈川県大磯の神揃山(そろい)に、相模一宮、二宮、三宮、四宮と平塚八幡宮の計5社の神輿がかつぎあげられる。近年は麓近くまでトラックで、運ばれるそうだが。山には各社の磐座(いわくら)があり、夫々の神は夫々の磐座に下り給うので、神輿の登り路は別々だし、神事も、別々に斉行される。しかし祭典後は5社合同し、「座問答(ざもんどう)」神事に移る。そこでは、一宮と二宮が虎の皮を交互に進めて、上座(しょざ)を譲らない。無言で3度所作をくり返す。その時三宮が介入して、「いずれ明年まで」と発声し、四宮も対座して無形文化財神事がおわる。先送りによる問題解決の日本的手法の原点は、ははあ、ここにあったのかと、感銘を受ける。こうして、川勾(かわわ)神社は、1年のばしを1千回くり返して、ずっと相模二宮であり続けた。この先もくり返されることであろう。

紀伊一宮　日前国懸神社(ひのくまくにかかす)

　紀伊は大国で、和歌山県だけにはおさまらず、隣の三重県にだいぶはみ出している。和歌山のように、1国の1部だけで1県をたてる例は、他に埼玉、佐賀があるのみだ。東京は伊豆島部をとりこんで、この例に加わらない。

　南海電鉄貴志川線は、すべての南海本支線から孤絶しているが、その日前宮駅(にちぜんぐう)の目前に紀伊一宮がある。古来尊貴の宮で、皇室も、伊勢神宮と当社だけには、一切の神位神階を贈らなかった（明治政府は、古例に憚りなく、官幣大社に格付けしたが）。それでいつしか神宮と呼ばれる。

　日前(ひのくま)と国懸(くにかかす)は、同一の境内に並ぶ（日前が左）ふたつの、別々の、神宮で、こんなお宮は他に無い。先住の豪族紀氏が、大昔から紀ノ川鎮守神を奉斉していたらしく、その後神武天皇によって、紀伊国造(こくぞう)に封じられた時、この古い宮司家は、やっと神話の世界から、歴史の微光に映りはじめた。だから起源はよく判らないままで、以来、81代2千年を閲(けみ)する。この間武内、葛城、大伴諸氏とつらなり、10世紀には、かの紀貫之を出した。

　天孫降臨の際、携行された3鏡のうち、宮中に入った鏡を除く2鏡を、両社それぞれに祀り、祭神名は、日前大神と国懸大神である。社頭の掲示

日前国懸神社は古来尊貴の宮とされてきた

にもそう書いてあるが、日本神話学の系統上孤立した神様で、2鏡との結び付きは説明できない。紀氏の祭祀は神武天皇の東遷よりも古いのだから、2鏡を入れるためにツインとなったのではなく、ツインであったから、2鏡信仰が成立したのではないか。しかしそれでは何故ツインであったのか。今ではもう、何人も解けない謎となってしまった。

横むきに坐し給う神々

　大正期建立の、素木入母屋平入赤銅板葺(しらきいりもやひらいり)本殿がふたつ、それぞれ切妻吹抜拝殿のうしろに鎮まります。2室本殿である。摂津一宮と和泉一宮も、本殿を外陣と内陣(げじん)の前後2室にわけるが、ここで

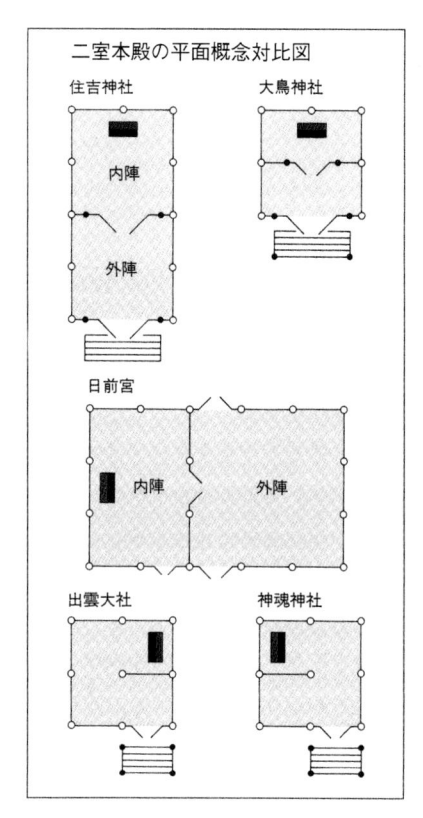

二室本殿の平面概念対比図

住吉神社／大鳥神社
内陣／外陣

日前宮
内陣／外陣

出雲大社／神魂神社

は、正面5間のうち、中央1間を含む右3間が外陣、左2間が内陣という風に、横にわけ、神は右横むきに坐し給う。

井沢元彦氏のベストセラー『逆説の日本史』は、出雲大社の祭神が拝礼者にむき合わず、左に横むいて本殿奥間に坐し給う意義について、独特の見解を寄せた。すなわち、神話の「国譲り」は、実は、強奪のユーフィミズムで、被奪者の復讐をおそれたあまり、大国主命は神殿奥深くまつりこめられたのだ。大社の拝礼は、通常の2拍手ではなく、4拍手であるのは、死のメタファだ。このように論じて、著者は、出雲大社が縁結びの有難い神様を祀ると信じている善良な大衆感情を、逆撫でしてしまったのである。

しかしである。祭神の横むき座は、確かに珍しいにしても、なにも出雲大社に限らない。神魂(かもす)神社も、当社も、右横むきに坐し給う。また、宇佐神社の作法は4拍手、伊勢神宮の神官にいたっては、8拍をうつ。井沢説は到底首肯し難い。

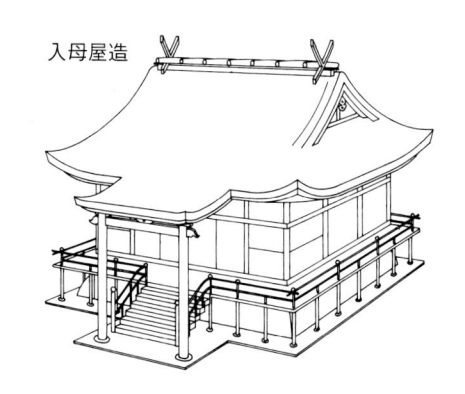

私は素直に解釈して参りたい。紀伊の人が祭神を敬して、神殿正面を大きくしようとすれば、平入横長となる。そうすると、縦よりも横に2室をわける発想となり、内陣の神座は横むきになる。横2室の長所は、内陣が直接正面外気に接し得る点だから、神様は、外の様子をお覗(のぞ)きになりたいであろう。中央左1間目にあけられた当社独特の小窓は、きっと神様のそんな御役に立つためではあるまいか。

もうひとつの一宮

貴志川線日前宮駅から、神前(こうざき)、竈山(かまやま)、吉礼(きれ)と神々しい駅名をつらねて、伊太祁曽(いたきそ)駅まで来ると、ひとはもう、古代の言霊(ことだま)がひしめくここらの里に降りてみずにいられない。駅前の、古色蒼然たる伊太祁曽神社を一宮とみる説は、当社がBC1世紀に日前宮に社地を進じ、自らは山東に遷り給うたとする文書があって、混線が生じたのであろう。

更にもうひとつの一宮

更にもうひとつ、別の一宮がある。紀ノ川から高野山に荷をあげる時、それがそこにあるので迂回せざるを得なかった高野街道と、西高野街道が、

入母屋造

両側からはさむ山塊が、標高400mの天野盆地を抱きこんでいる。ゲンジボタル10万匹が6月、乱舞する桃源郷に、丹生都比売神社が、春日造4宇プラス若殿計5棟横並びで鎮座する。日前国懸神社があまりに尊貴の宮で、一国の一宮とするにはおそれ多しと考える人々が、この別天地に威儀をととのえた当社を推したのではなかろうか。祭神の姫は、播磨国風土記逸文によると、高野山からこの天野桃源郷に降りて来られた由、つまり高野山の地主神であるとの主張である。何故それが播磨国の文書に出てくるのか、権限逸脱ではないか。さては高野山勢力の手がまわったか。

大和一宮　大神神社

　大和1国は、ちょうど奈良1県にあてはまる。延喜式神名帳が掲げる神社数は、全国最多の286座（続いて伊勢253座、出雲187座）を擁し、このなかから一宮に推されたのは大神神社で、大和盆地東南三輪山、標高467mを西から拝む。ふり向けば、国道169号をこえ、二上山に正面する。

　祭神は大物主命。この神様は、大国主命と同神であるとされ、出雲を退かれた時、その和魂を三輪山にとどめ、祀った。つまり、御自分で御自分の魂を祀った訳で、そこのところが神学的には難解であるが、近世垂加神道の始祖山崎闇斎だって、生前、自らの霊を神として祀り、自らそれを拝した（相当変わった人だ。）ところをみると、こういうことは可能なのだろう。もっともこの神学的難解は、出雲国造（後記）でさえ、心配だったらしい。それ故、新任の国造は、代がわりのつどはるばる上京して、出雲国造神賀詞と称する挨拶を天皇に述べるのを例としたが、そのなかで、大和のオオモノヌシはわが大国主命ですよ、と強調してきた。

　あるいはこの神様は、西北2kmにある巨大古墳箸墓に葬られたヤマトトトヒモモソヒメを訪れるため、三輪山にとどまったとも伝える。しかしほんとに出雲から、はるばる姫を訪ねて来られたのだろうか。梅原猛氏は『神々の流竄』において、出雲発三輪着ではなく、三輪発出雲着のミスであるとし、オオモノヌシは、大和三輪先住民の王であったが、大和朝廷に敗北「国譲り」をしたあと、出雲に流されて、出雲大社に祀られたと説かれる。どうも苦しまぎれのようにもみえるが、こと程左様に、国のまほろば大和一宮の祭神が、出雲系であることの謎は、学者を当惑させてやまないのである。

　4世紀の天皇家は、大和各地に割拠する諸豪族に、三輪から支配力を浸透させていた。先住民による三輪の祭祀は一旦絶えていたのを、崇神天皇が復活したらしい。この時オオモノヌシは、天皇の夢にあらわれ、わが子孫をして我を祭らしめよ、と神託された。そこで探したら、和泉国陶邑に、神様から9代あとの子孫がいた。名をオオタタネコという。上記ヤマトトトヒモモソヒメ同様、名の執拗な同音重複が気になるが、なにか訳がある

大神神社境外摂社の檜原神社、三ツ鳥居を拝観できる

667年額田王(ぬかたのおおきみ)は、激情を大和三輪山にあずけて、万葉集を代表する絶唱をえた。
三輪山を　しかも隠すか　雲だにも　情あらなも　隠さふべしや
しかしこの時彼女は、大和一宮の大鳥居を見ていない。

のだろうか（谷川説は、ヤマトで切り、トトヒは鳥飛びで、シャーマンダンスの由）。ヒメには、ヒミコ説と、崇神天皇の伯母説がある。崇神天皇は、ご自分の伯母が仲良くしたオオモノヌシの、9代あとのオオタタネコを探し出した訳だから、神話は当然、超現実的八方破れだ。

それ故ひとは、三輪先住民が天孫族に先立って、出雲神を祭祀していた事実の存在を認めねばならない。後来天孫族は、出雲先住神の祭祀復活を見ながら、自らの祖神の宮中祭祀は、宮外奉遷（前記丹後の項）に変更するのである。

なお、上記陶邑は、酒器の生産地で、酒造技術伝播の神話化と考える説もある。神社は酒造業の守り神となり、また、医薬の神様でもあって、4月18日の祭に奉納される医薬品は、2万点をこえる。

人と神の境に三輪鳥居

大神神社は、三輪山を御神体と仰ぎ、従って本殿をもたない。河内一宮の項で、無拝殿について御説明したが、無本殿も希少である。もっとも、神体山をもつ神社は、はじめはみな、本殿を欠いていた。その後、各社とも本殿を後補し、たとえば石上神宮(いそのかみ)が本殿を造営したのは、大正期である。当社も明治にいちど、本殿設立プランがたてられたのに、神社当局に容れられなかったいきさつがある。

拝殿は、切妻造平入檜皮葺桁行(けたゆき)9間梁間(はりま)4間の豪快な西向き重文で、前面に裳階(もこし)状の張り出しをつける。ただ神道では裳階と言わず、角屋(つのや)と正称する。この角屋は、正面に突き出した千鳥唐破風(からはふ)付の向拝があったのを、昭和28年、増加する参拝者を容れるため、両横に延長したもので、それが今では古びて、もとの向拝と一体化したのである。17世紀建立で、いたみが烈しく、解体修理の予定がある。

うしろに三輪鳥居がたち、これを覆う深い庇(ひさし)がつけられている。拝殿は、正中割拝殿と言って、

中央にせまい通りぬけがあるが、そのほかの拝殿後部は、すべて閉じられている。故に、拝殿昇殿者といえども、通りぬけの狭い開口部をすかしてみても、鳥居の全容を拝観することはかなわない。拝観したければ、境外摂社の檜原神社に、昭和40年に建てられた三ツ鳥居がある。ただしここでは、後述の御簾のかわりに、格子をはめている。

三輪鳥居は、明神鳥居を横に3連結した重文で、三ツ鳥居のうち、正面は御簾(みす)を垂らし、左右には瑞垣をはめこんで、鳥居の向こう側を不見とする。デザインが神秘的であるのみならず、機能もユニークである。つまりこれは、門であって門ではない。人と神の境、前方ご神体三輪山禁足地への通路標識であって、大祭の時も不開とする。1月1日午前1時、ご神火を鑽(き)り出す一刻だけ開ける。

この時、不見不開の向こう側は、すぐお山の斜面ではなく、一寸平坦な空間があって、磐座(いわくら)群を拝する祭祀場のようであるとのことである。

もうひとつの一宮

169号線をはさんで、6km北西に、大和(おおやまと)神社があり、祭神大和大国魂大神(おおやまとおおくにだまのおおかみ)は、はじめ宮中に奉斉されていたが、天照大神と同殿共床はおそれ多しとて、崇神天皇が宮外に奉遷したと伝える。大和一宮と、もしくはその祭神と、なんらかの関係があり、かつては当社が格上で、9世紀初めの神戸数は、伊勢神宮に次いだ。その後春日大社、興福寺に神領を侵蝕され、神田(しんでん)8反のみに急衰した。戦艦大和は御分霊を祀っていた。艦と運命を共にした英霊3721柱を境内末社に合祀する。

ノオトその6　　一宮の次の次

　一宮の次は、二宮で、次の次は、三宮である。当たり前である。

　一宮がある全68国のうち、29国に二宮の伝承が残る。この29国のうち、16国には更に三宮がある（異説多し）が、そのほか、二宮が失われたのに三宮を伝える国がひとつあり、また、複数の三宮をもつ国がふたつあり、足し算していくと、計19の三宮がある。

　ランキングのことであるからして、トップの一宮はともかく、ランキングの後順位となるほど、記憶が急速に薄れていく現象は、ノオトその5で考察しておいた。だが、ずうっと先の、九宮の伝承が残っている偶然もあるから、歴史はとても、一筋縄ではない。

　三宮のしっかりした伝承は、たとえば和泉聖(ひじり)神社が受け継いでいて、社頭の掲示にも和泉三宮と明示してある。JR阪和線北信太(しのだ)駅東方に、慶長の名作、3間社檜皮葺、千鳥破風唐破風二重向拝付極彩色の重文を、白々と明るい神域に建てて、10月10日に、この地方の名物だんじりの急坂落しを演じ、阪南通勤団地家族の喝采を浴びる。なお、伊賀三宮後記。

　三宮といえば、神戸だ。実はこれは、本稿で扱う一宮のランキングとは全く関係がない。どういう風に関係がないか、以下ご説明して参りたい。

　神戸の地名は、生田(いくた)神社の神に仕え、支える人々の住戸群の意味で、このお宮の勢力は圧倒的であった。明治5年、湊川神社創設にあたり、氏子の一部を生田から「割譲」させようとした当局は、地元から反撥をくらっている。95年1月の阪神大震災で拝殿が崩壊した御惨状は、被害の全容把握にさきがけて、早いタイミングでテレビに映され、全国に衝撃を与え

生田裔神8社所在図（ただし六宮は八宮に合祀される）

た。今は修復された。その生田神社の氏子区域内に、古来、生田裔神(えいしん)8社と称して、一宮から八宮まで、番号を振りわけたお宮が8つある(六宮は八宮に合祀されているので、境内は7つである)。ここで一宮とか、二宮とかいうのは、たとえば四国88ヵ所第一番霊山寺などと称するのと同様、ランキングの意味はなくて、単なるナムバリングだと思われる。

8社の成立を、神功皇后説話と結びつけた解釈もあるが、それぞれのお宮は、旧矢田部郡など諸村の村社であったのを、神戸ができたとき、生田神社が傘下に招いたのであろう。その後、港神戸守護神厄除(やくよけ)8社と唱える信仰が発達、巡拝、ないしスタンプラリーなさる人々がいる。その三宮の坐す(います)地名が神戸三宮である。高層ビルに囲まれた境内に、神戸開港の時、備前藩士が外人を襲った三宮事件の史蹟碑がある。

近江一宮 建部(たけべ)神社

近江1国は、ちょうど滋賀1県にあてはまる。

琵琶湖の水は、瀬田の唐橋をくぐって、宇治に流れ落ちるが、国府、国分寺は瀬田の丘陵地にあった。近江一宮建部(たけべ)神社(大社を称される)もすぐ近くである。祭神は日本武尊(やまとたけるのみこと)。タケルの戦没を哀惜した父帝が、建部(たけべ)を創設、この部(べ)に属する部民を統括した建部氏の子孫が神職を世襲した。流造檜皮葺本殿が、同形の権殿(ごんでん)と並び、瓦葺入母屋拝殿を前置する。地味な一宮である。

宗教美術愛好家に言わせると、近江は神社建築の宝庫である。事実、近江路を歩けば、あちこちで、里人が大事に守り続ける美しいお社(やしろ)に出逢える。国道8号線の設計者は、無神経に三上山(みかみ)を境内から切り離してしまったが、それでもなお、近江三宮御上(みかみ)神社の方3間国宝本殿は、静謐な陶酔を人に与えるだろう。またたとえば、神域内山王21社、全国分祀3800を擁する近江二宮日吉(ひえ)神社では、東西両本宮の国宝本殿が、山王信仰の力をみなぎらせる。これらに比較して、建築美においても、信仰のポピュラリティにおいても、ほとんど無名の、地味な建部神社が、なぜ一宮であるのか。

近江三宮御上神社国宝本殿

一宮が地味なわけ

この問いが、実は、一宮を考えるキィになる。一宮が国司の管内神社参拝順を定めたものだとする説は、近江を例にあげる。なるほど近江一宮は、国府のそばだから、国司が先ず拝礼するのは妥当である。しかし播磨では、国府のそばに大社があっても、山間45km僻陬の地に、一宮を選んだ。また相模では、一宮から四宮までの配置(ノオトその5の絵地図参照願いたい)に従って巡拝すれば、国司は右往左往、到底順路となし難い。右往左往は当国でも同じ。それ故一宮は、国司の参拝順で決めたのではない。国司都合とは別の観点、すなわち国ごとのランキングで決まった。決まってしまえば、その順で巡拝する国司は、いたであ

ろうが。

では、誰が、どのようにして、ランキングを決めたか。私の答は本稿の冒頭で暗示してあるが、途中で再度提示されるかもしれない。建部神社が近江でのランキングトップに立った当時は、あまりに平和で、わが国の中央政府はとうとう軍隊を廃止してしまった位である。そのあとで俄然、歴史が、累次の戦禍を建部神社に強いた。源頼朝少年が伊豆配流の旅の第2夜に、当社社殿に参篭を乞うた時は、戦乱が神殿をこわす以前だったであろうが、やがて一転、源義仲は当社に陣を敷き、源範頼旗下3万の軍は当社一帯を狼藉し、北条泰時も、足利直義も、はたまた山名某も、当社に放火し、または、放火の教唆を傍観した。たしかに往来の軍勢も、兵糧物資も、湖上を滑ろうが、湖岸を趣ろうが、東西交通の要衝を扼する瀬田を迂回できない。戦乱が一宮からやすらぎを奪い、神殿をこわし、信仰の発展を制約したのである。だからといって、近江の国人は、ランキングの見直しをたくらんだりはしなかったようである。

伊賀一宮　敢國（あえくに）神社

　三重県は大県で、伊賀、伊勢、志摩3国と紀伊東部より成る。県内に、紀伊を除く3国の一宮がある。

　本能寺の変を、堺で識った徳川家康は、いそぎ浜松の家臣団に合流すべく、光秀の勢力圏を避けて、伊賀越えを敢行する。この時、伊賀者の護衛を獲た連想から、伊賀の国は忍者の里視されるが、本来は県西の盆地で、一帯を敢氏（あへ）（のち阿部氏）が開拓したので、伊賀一宮は、アへの国の神の社（やしろ）、すなわち敢國（あえくに）神社である。ところが祭神は、隣国美濃一宮からの勧請神とも、忍者の守護神とも唱えられるうちに、本来の氏神性と混乱が生じ、遂には神社が自身を見失った。ときの宮司は当社の祭神がどなたにおわすか、教部省に伺いを立て、明治7年、答議を得ている。

　混乱は1581年天正伊賀の乱で、社殿と文書（もんじょ）を失ったことにも因（よ）る。この時織田信長は、伊賀に攻め入ろうとするたびに、高熱を発した。これぞ、敢（あえ）の国津神の霊異ならむと、陰陽師卜部朝臣（おんみょうじうらべのあそん）は信長の意を受け、白布数百反をかつぎこみ、これでもって敢國神社の神殿をぐるぐる巻きにして、神を封じ込めたと言われる。横長入母屋造で、さりげない風情の邸宅風拝殿のうしろに、17世紀津藩主藤堂氏造営の、美しい3間社流造本殿がある。

三宮の手水舎水盤

　一宮から、国府、国分寺の置かれた上野市に向かって西へ除降すると、盆地中央にせりあがった丘に建てられた上野城のシルエットが、農耕地の緑のかなたに望まれる。城に寄り添って丘上に発達した上野市は、あたかも南欧型山頂都市のようにもみえる。右手に、盆地の北縁を限る山麓集落が、東北東から西南西にかけて、一直線につらなり、そのひとつ土橋（つちばし）の波太伎（はたき）神社には、「三之宮（ちょうずや）」と彫った手水舎水盤がある。

伊賀三宮の手水舎水盤

当社の名は、既に9世紀の三代実録にあらわれるが、二宮に言及した文献はない。しかし波太伎神社の新居宮司は、同じく上野市の式内小宮神社が二宮であろうと、父君から聞いた記憶がある由。三宮は一宮と僅か2kmをへだてるが、共通の神事はない。独特の行事「しゅうし」（漢字はない）を守る。周辺5集落の氏子が年2回、ささやかな境内の参篭所に、各自ととのえた膳を持ち込んで、「しゅうし」するのである。このような古式に従う氏子の経済力では、当然ながら神社経営を支えきれない。新居氏は普通の日は、当式内社を無人として、市央の天神社に通勤なさる。式外社である。

伊勢一宮　椿大神社（つばきおおかみのやしろ）　都波岐神社（つばき）

　伊勢神宮は超越した神社で、諸国一宮と同列に並ばない。伊勢一宮は鈴鹿市にある。

　古代伊勢国の中心はどこにあったか。津でもなければ、松阪でもない。四日市を出た近鉄特急が、津迄の間に停るのは、白子（しろこ）駅だけで、昔の国府所在地に敬意を払っているのであろう。昭和17年、軍需産業都市建設の大号令が、白子（しろこ）の一帯に鈴鹿市を創設し、あおりをくらって一ノ宮村は消滅した。いま、四日市から鈴鹿川を南に渡って、左手の田園に、一宮小学校の名を残す。しかし伊勢一宮がここに鎮座することを知る市民は少ない。でも、地名は地名である。村の鎮守様のような小さな都波岐（つばき）神社であっても、これが一宮であることを否定するのは困難である。

　この困難に平松暢氏は挑戦した。江戸中期、当社は椿大神社と一宮を争い、当時神道の総元締めであった都（みやこ）の吉田家は、安政の裁定を出して、都波岐神社有利としたのに、平松氏は、昭和49年に論文を発表し、椿大神社所蔵大般若経奥書等の一級史料を渉猟して、椿大神社が伊勢一宮であると考証した。三重県神社庁編三重県神社誌全650頁では、都波岐神社を一宮とするが。

深い森に囲まれた椿大神社拝殿

私が思うに伊勢国では、神宮の神威が超越していて、国内諸社のランキングトップを、1社に特定することに、エネルギィを配分しなかったのではないか。もちろんこの場合、都波岐神社と椿大神社とは、社名の発音が同じだったことが余計にファジィな気分にさせたであろう。私は、伊勢一宮はふたつと勘定いたしたい。

　さて、正称は都波岐奈加等神社である。珍しく2社相殿(あいどの)(2社相殿は一宮に他例がない。当社が何故2社相殿かはわからない)2間社2扉本殿を銅葺神明造にたてる。右は猿田彦命、左は奈加等社で、旧中戸村の中跡(なかと)氏が宮司相伝、現58代。中跡氏によれば、椿大神社と発音が同じであるのも、祭神が同じであるのも、すべて偶然、同じ鈴鹿市内であっても、15km離れていて、両社に特殊な関係はない由。不思議なことである。雄略天皇23年の創立、式内大社だったが、信長の伊勢攻めで焼失、以後社勢は沈潜した。

サルタヒコの神裔が祀る

　これよりずっと鈴鹿山脈寄り、東麓に坐(いま)す椿大神社(つばきおおかみのやしろ)は延喜式に既に「大」の字がある。この「大」は規模の大小ではなくて、偉大な神に対する美称であって、伊勢神宮創祀の翌年鎮座した。兵火のためか、社殿は一時小さくなって、江戸前期の『一宮巡詣記』には、6×5.5 尺と記録がある。現在神明造の御社殿は、杉木立に聳え、豪壮雄大、参詣客ひきもきらず。宮司山本家は、祭神猿田彦命の神族として、神世相伝、96代は平成14年逝去されたが、全国一の宮会を創設された。

　猿田彦命は天孫瓊瓊杵尊(ににぎのみこと)降臨の際、迎えて先導役をはたした神で、迎えた地点は、天八衢(あめのやちまた)である。山本宮司によれば、ヤチマタは岐(わか)れ道である。何故に、伊勢の先住神サルタヒコがわざわざ迎えに行ったと言うのに、天孫を自国の伊勢ではなくて、高千穂の方へ道案内なされたのか。これは日本史の岐(わか)れ道ではなかったか。神武東征が日向発であるのは、ご先祖が高千穂に降臨したからにほかならない。既に文化圏の成立していたらしい北九州ならいざ知らず、南九州高千穂には熊襲(くまそ)や隼人(はやと)がいて、彼等はその後数世紀にわたって、中央政府に「まつろわぬ」勢力であった。そんな所へ案内したのは、一体これは、どうしたことであろうか。

　学者はこの問いに答えない。日本神話の謎だ。私が思うに、ニニギノミコトは降臨に際し、高天原のコケット天宇受売命(あめのうずめのみこと)を伴っていた。アメノヤチマタにサルタヒコが立って待っている姿を認め、天孫は「これをあやしみ」、アミノウズメノミコトに異神と最初のコンタクトを命じた。彼女は敵意なきことを示す為、サルタヒコにむかって胸乳を開き、「裳裾(スカート)をほどいた」が、どうみてもこれはやりすぎではなかったろうか。度肝をぬかれて伊勢の神は、岐れ道のあらぬ方を指してしまう。古事記にいわく、サルタヒコは伊勢湾で漁をしていた時、貝に手をはさまれ、溺れて死す、と。よほど大きな貝であったに違いない。

ノオトその7　　一宮のオォソグラフィ

　一宮は、イチノミヤと発音する。それが一般的である。一部、甲斐などでイチミヤと読み、備後などでイッキュウと読む。土佐ではイックと発音する。JR高知駅の2駅手前に「とさいっく」駅があり、近くに土佐一宮が鎮座する。
　以上すべての発音に対する正書法を、本稿では「一宮」とする。もっとも全国一の宮会では「一の宮」である。志摩一宮の宮司は「一乃宮」である。石柱などにしばしば「一之宮」と刻される。「一ノ宮」も時に現れる。これは三宮の例であるけれど、神戸三宮は、神社名、町名、バス行先名、阪急阪神地下鉄モノレール、ことごとく「三宮」であるのに、ひとりJRは、超然として「三ノ宮」を正書法とする。頑として固執するから、たとえば阪急駅構内の案内標示板に「JR三ノ宮駅」方面と記される。自駅の標示は「三宮」なのに。

阪急三宮駅の案内標示板、「JR三ノ宮駅」「地下鉄三宮駅」と使いわけている

志摩一宮　伊射波（いさわ）神社

　志摩は小国で、式内社も3座しかない。全68国中の最少数は、薩摩の2座だから、まあブービー級と言えよう（トップは大和の286座）。
　3座のうち、2座は粟嶋坐（あわしまにいます）伊射波（いさわ）神社に祀るとして、リストアップされている。この2座が、現在の伊雑宮（いざわのみや）と伊射波（いさわ）神社の2社をさすのか、どちらかの1社2座を意味しているのか、判らない。いずれにせよ、志摩一宮はどちらかである。何故ならば、式内3座目は、現伊雑宮所管社になっているからである。
　どちらが本来の一宮なのだろうか。明治以降おびただしい研究があり、大部分は伊雑宮に傾きながらも、伊射波神社を一宮に非ずとも断定しかねている。
　先ず、伊雑宮から拝観しよう。このお宮は、伊勢神宮に14ある別宮のひとつで、本宮と同じ唯一（ゆいつ）神明造、樫木（かつお）が全色燦然と輝く萱葺本殿の前に、板葺妻入吹抜のシンプルな幄舎（あくしゃ）を置く。神韻に凛然たるものがあって、神職は、当社は伊射波神社と無関係だと断言なさる。神宮司庁も又、皇大神宮の別宮たる当社を、一宮だとはお認めにならない。
　神宮当局がお認めになっていないのに、勝手に多数学説および一宮紀行類書がこぞって伊雑宮を志摩一宮だと紹介するのはいかがなものであろうか。いかがなものであっても、大林太良東大教授もまた、伊雑宮説である。教授は、2001年出版の近著『私の一宮巡詣記』で、伊雑宮のあとに、「実はイザハという式内社がもうひとつある。そしてかつてはそちらの方が一宮だと言われていた」とされる。しかし「かつて…一宮だった」のか、「かつて…言われていた」のか、明らかでな

別表・明治政府の格付による一宮の分布

区　分	1国1社	複数社	計
官幣社	23	—	23
国幣社	40	2	42
県　社	2	2	4
村　社	2	—	2
無格社	1	—	1
計	68	4	72

い。教授は、伊雑宮には何回も詣っているが、イザハは神職不在で朱印を押してもらえないので、詣ってない由。しかし神職はいらっしゃる。

　私は思うに、全68国で、一宮なりと主張なさる神社は数多いが、逆に一宮だと主張なさらないケースは極めて少ない。だから私は、いまは無名の小社であっても、伊射波神社を一宮とみるのが穏当だと思う。どんなに無名の小社であるかと言うに、こころみに、明治政府の格付で、一宮72社を分類してみよう。別表をご覧いただきたい。さすがに一宮だけあって、上位に格付が集中するなかで、最下位の無格社が1社だけある。当社である。

車でゆけない一宮

　無格社である位だから、一宮のうち、伊射波神社だけには、車でアクセスできない。安楽島(あらしま)の集落内で、車道がとぎれる。あとは、「右一之宮」の石の道しるべをたよりに、畦道をたどり、小さな浦を抱く岬の丘を3つ越え、雑木原始林を直登30分、突然椎(しい)と櫟(くぬぎ)に埋もれて、小振りの板葺神明造社殿が出現する。明瞭に棟持柱をみせた腰高本殿で、前の板葺平入吹抜幣殿とともに、自然の一部と化してしまっていられる。

　電気も通じてなかったが、近年中村禰宜(ねぎ)さんが、篭堂に自家発電機をかつぎあげて、灯はつく。禰宜さんというのは、里人(さとびと)の間の通称で、本来は安楽島の鎮守満留山(まる)神社宮司である。96年7月、1億3千万年間眠った恐竜化石が、偶然発見された対岸の、弁天旅館前に居宅をかまえられ、一宮の祭神は不明です、と平然とおっしゃる。しかし禰宜さんを中心として、満留山神社の漁村氏子が一丸となり、この国の一宮を守り伝えようとする気概は感じられた。伊雑宮一宮説は、一笑に付された。

伊射波神社は里から2kmの山頂にある

伊射波神社への山道に「右一之宮」の標示がある

中部地方

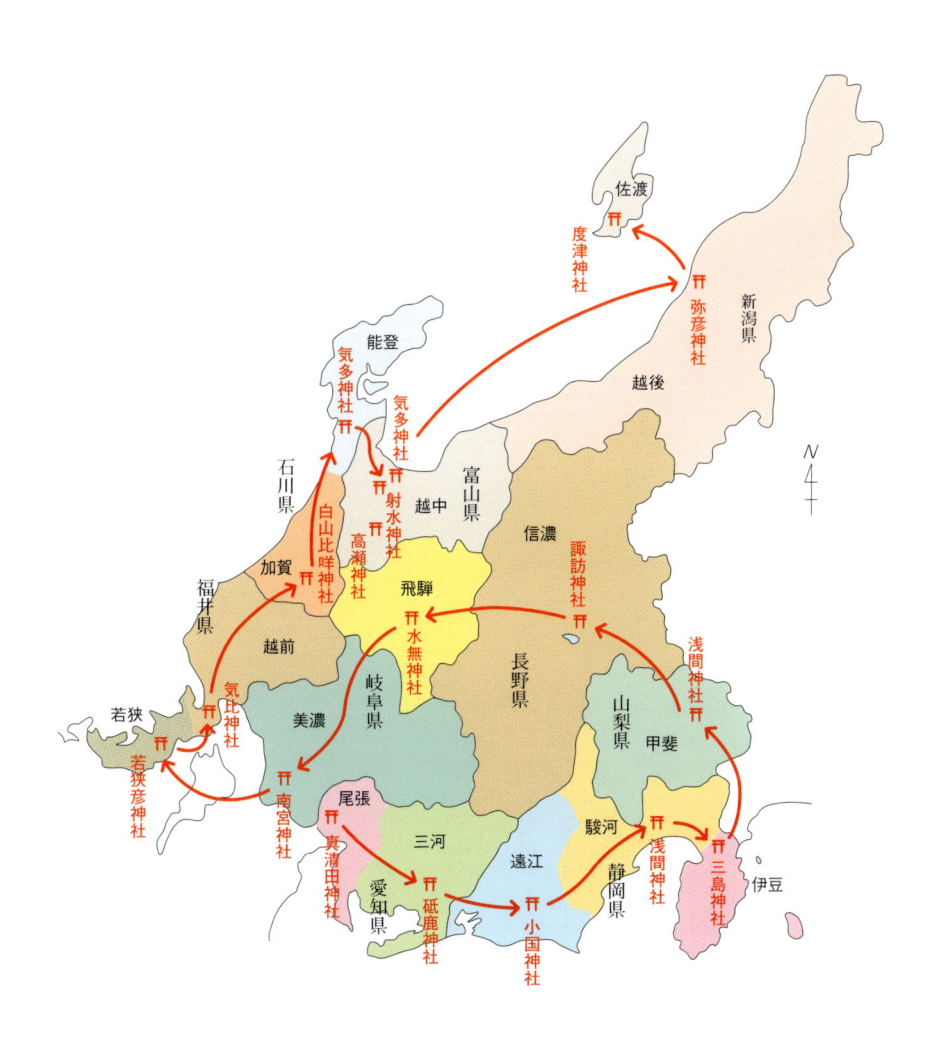

- 度津神社（佐渡）
- 弥彦神社（新潟県・越後）
- 気多神社（能登）
- 気多神社（富山県・越中）
- 射水神社
- 高瀬神社
- 白山比咩神社（石川県・加賀）
- 水無神社（飛騨）
- 諏訪神社（長野県・信濃）
- 浅間神社（山梨県・甲斐）
- 気比神社（福井県・越前）
- 若狭彦神社（若狭）
- 南宮神社（岐阜県・美濃）
- 真清田神社（愛知県・尾張）
- 砥鹿神社（三河）
- 小国神社（遠江）
- 浅間神社（静岡県・駿河）
- 三島神社（伊豆）

尾張一宮　真清田（ますみだ）神社

　近畿地方の一宮でだいぶ手間どったが、これより中部地方にはいって、東海道を東上して参ろう。

　先ず愛知県である。西半分が尾張、東半分が三河の２国から成る。尾張の一宮は、一宮市にある。一宮を名のる地名は多いが、市名としているのは、ここだけで、だから一宮市長は平成３年、全国の一宮町村に呼びかけて、一宮サミットを招集した。

　真清田神社の祭神につき、室町以降、諸論がある。明治以降は、尾張地方の開拓祖神天火明命（あめのほあかり）におちついた。しかし『新編一宮市史』は、なお４説を紹介したうえ、結論としては、「…祭神推定は、いま、われわれはそれを思い止るほかない。」と述べ、要するに、歯切れ悪くあきらめたのであった。地元の市史だというのに、その編集態度には、謙虚な抑制がみられる。

　ただし、当社祭神を祖神とする尾張氏に、別段謙虚な抑制はない。尾張氏の一族は、５世紀から７世紀にかけて、近畿、濃尾に勢力を張り、尾張国造（こくぞう）を出し、当国三宮熱田神宮の祭祀権も掌握し、葛城氏や、摂津一宮宮司家、丹後一宮宮司家ともつながりを作った。名族である。

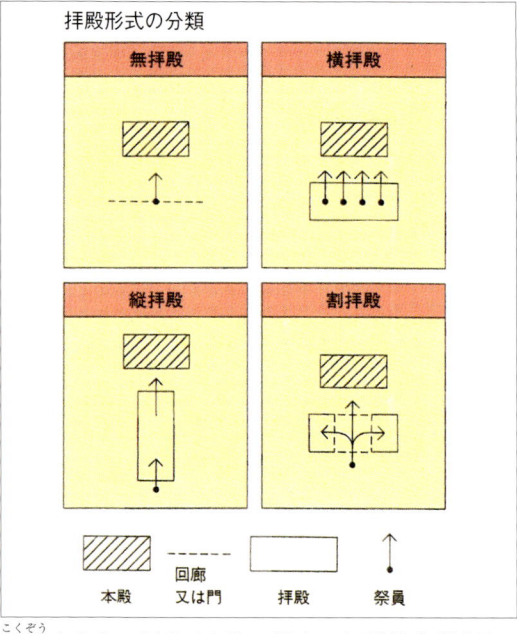

　社頭を、中世の幹線道路であった鎌倉街道が横

お祭りでにぎわう真清田神社

切る。11世紀更級日記の著者がここを過ぎ、13世紀には十六夜日記の作者も通って、「一宮といふ社を過ぐるとて　いちのみや　名さへなつかし」と拝んだ。この未亡人（現冷泉家の実祖）は、先妻の子とわが子の相続争いを、鎌倉に訴えるために旅をしていたのであるが、筆致に高雅の趣きが含まれ、さして思いつめた心情はうかがわれない。

　昭和20年の空襲で焼失した本殿は、昭和32年、再建された。尾張造と称しているが、その概念は、本殿、祭文殿、拝殿のセットの総称で、特に縦拝殿（当然妻入となる）に特色がある。横拝殿（この方が普通である）なら本殿に対置し、祭員は本殿にむかって着座できるが、縦拝殿ではそうはゆかない。だから拝殿といっても、拝む場所というよりも、本殿へ到達するための通路としての性格が濃い。では、到達するのは、何か。私は祈りだと思う。尾張造は、神の座まで、祈りを届ける通路を用意しているのであろう。

尾張二宮と三宮

　真清田神社が尾張一宮の座に就くまで、曲折はあったのであろうか。同じ一宮市内の大神神社は、大和一宮と同名の式内大社で、一宮の伝承を有したが、中世戦火で灰燼に帰してからは、それをとなえない。いま神職無住の小境内がある。

　それよりも、犬山の大縣神社の神位であるが、それは、9世紀まで真清田神社とシーソーゲームのようにしてすすみ、一時は大縣神社の方が格が高かった。結局尾張二宮の座に就き、名鉄楽田駅東方、重文尾張造の社殿に鎮まる。

　更に、熱田神宮である。明治26年、尾張造を神明造に改装して、全国的に一層の社勢伸張をみたが、本来は尾張の名社として、草薙剣を奉祀してきた。剣は、スサノオ─アマテラス─古代天皇

尾張の惣社と国司巡拝路

（特に景行天皇）─ヤマトタケル─ミヤズヒメ─尾張国造─当社のルートで現存する（とされる）もの。ヤマタノオロチの尾から出たアメノムラクモノツルギと同一説と、後者はサルベージのきかない壇ノ浦に水没したから別物とする説がある。当社の境内摂社のうち3社までも式内名神大社とされ、しかも勅祭社で、当然尾張一宮より格上だ。それでも尾張三宮にとどまるのは、『新編一宮市史』の解釈では、その方が、国司巡拝の地理的順路にかなうからで、例によって謙虚である。

　しからばどこから出発したのか。国司は、一宮市の南隣稲沢市に在庁していたが、すぐそばに、やはり式内大社の尾張大國霊神社があった。ここを国司はスキップして、先ず北の一宮へ詣ったのであろうか。それは、とても難かしかったのではなかろうか。結局は、この社を惣社とし、旧正月14日午前3時に、一宮、二宮、三宮を招神祈願することとしておさめたらしい。一宮と惣社（總社とも綴る）の関係を考えるヒントになる。お宮は今も堂々たる尾張造社殿群をもち、市民の通称は国府宮で、名鉄駅名も、市名の稲沢ではなく、国府宮だ。名鉄一宮と名古屋の間で、特急が停る唯一の駅である。

三河一宮　砥鹿(とが)神社

　三河国府が置かれた豊川市には、豊川稲荷がある。三河一宮はこの寺(豊川稲荷は神社ではなく、寺である)の東北4kmだ。

　中央アルプス南端の、本宮山標高789mの山頂に、当社奥宮を置く。8世紀に南7kmの現社地へ遷座したというが、砥鹿の神は現地先住神であったのを、後世山岳修験道の影響下に、奥宮起源の信仰が発達したのかもしれない。奥宮には当社神職が交代勤仕する。自動車道が開通するまでは、人夫を連れ、登路2時間半をかけた。そういう山なので、境内面積はなんと27万坪もある。しかししまり屋の徳川将軍家は、朱印領たったの100石を認めた。おひざ元駿河東照宮は3000石だ。

　祭神は大己貴命(おおなむち)。つまり大国主命で、三河に出雲の神様が坐(いま)すのが不思議である。伴信友はこれを後世の附会とし、砥鹿神社の祭神は砥鹿の神でよいと主張する。でも境内摂社に大国主命の2子もお祀りしていて、伴説をただちにいれ難い。

　昭和34年、伊勢湾台風の猛威におかされ、修復に3年を要した。

砥鹿神社

遠江一宮　小國(おぐに)神社

　静岡県には、西から遠江、駿河、伊豆3国の一宮がある。

　1498年、地峡が切れ、浜名湖は遠州灘とつながった。その前にも、この湖は変化し、東海道も移動し、敬満(きょうまん)神社と、もうひとつの延喜式大社は、「流亡」し、または衰退した。だから、9世紀までは神階も授からなかった延喜式小社の小國神社が、遠江一宮になったのである。なったと言っても、遠江一宮の名の初見は南北朝で、だから他国にかなり遅れて、鎌倉期に成立したのであろう。

　国府の置かれた磐田市の北隣、森の石松の森町で天竜浜名湖鉄道をおりる。ふたつ先の遠江一宮駅は無人で、タクシーもいないからだ。このあたり、南アルプスが遠州灘に近づき、多くの丘陵脈を南へ並走させるが、そのいくつかを西にこえる。すると茶畑がひらけ、地元ではオクニと発音する一宮がある。

　もしも三河一宮からまわって来たならば、誰でも既視感(デジャヴュ)にとらわれる。その感覚が極めて濃密であるのも道理、先ず祭神が同一である。それから両社とも、延喜式の小社でありながら、境内が広く(24万坪)、北6kmに本宮山(同名)をもち、のち現社地に遷ったとする。前記の尾張二宮にも本宮山があり、修験道に附会した信仰の側面がうかがわれる。

　武田信玄が天竜を南下したとき、徳川方の当社神主は、社殿を砦に利用させじと、自らの手で焼き払った。当然家康が寄進再建、更に明治に縮小再建の檜皮葺切妻妻入大社造(大社造につき出雲の項)本殿がある。懸廊高欄付入母屋舞殿が、唐破風拝殿に北面する。美しい配置である。

　2の鳥居手前に全国一宮等合殿社がある。古文書

小國神社境内中央に張り出した吹抜舞殿が神域をひきしめている

に、全国一宮等御祭神73柱を境内社として祀るとあり、これらは焼失等したので、明治に境内末社に仮合祀していたのを、平成1年復興鎮祭した由。

もうひとつの一宮

ことのおこりは、大日本国一宮記である。この大袈裟な題名の室町文書は、遠江一宮を己等乃麻知神社とし、小國神社を無視した。小國神社では、コトノマチは、古来の当社別称なり（データ有）として片附けようとなさるが、神名帳の位置が随分離れているから、そう片附けるには難点がある。

掛川東1号線沿いの旧東海道宿駅日坂から、金谷をめざして山にはいる坂が、佐夜の中山である。のぼり口の事任八幡宮が「神名帳のコトノマチは、この社なり。」と主張なさる。ただ当社は、鎌倉以降の八幡信仰の発展に呑みこまれ、中世に社名の「事任」を失い、単に「八幡宮」と称した。17世紀、小國神社と神官同士親戚となり、八幡宮修復の際、ご神体を小國に遷した。小國のコトノマチ別称説は、そこからきたのかもしれない。いずれにせよ、当社が事任を復したのは、やっと

事任八幡宮社殿

昭和22年のことである。

当社社頭に「遠江国一の宮」の標示はあるが、以上の経緯のせいか、他に一宮のご主張はない。しかし東海道沿いである。鴨長明、源親行、冷泉大納言ら名士の紀行にあらわれ、これよりさやの中山にかかる（鎌倉、江戸方面ゆき）として、社前にぬかずき、歌を捧げている。圧巻は西行。当時の超高齢69才（50才台との異説あり）で、当社では詠せず、一気に山道をのぼって、有名な一首をのこした。

年たけて　また越ゆべしと　重いきや
命なりけり　さやの中山

現在の峠は楽々とのぼり、西行の深々と染む思い入れは、どうも場違いである。

ノオトその8　　一宮のターミノロジー

　国分寺は国分寺である。間違いっこない。一宮はそうはいかない。一宮、二宮……という言葉は多義的に用いられ、デリヴァティブがいろいろある。ここらへんが、国分寺と異なり、ボトムアップで成立した（異論あり）一宮の特長であって、ターミノロジィにおいて、世の中には、およそ節度というものがないのである。それは、以下のような具合である。

① 一宮は、平安後期以来、国ごとのランキングで、ナンバーワンとされた神社である。ところがその「国」が、ずっとあとで、明治になってできた場合でも、一宮が成立する。

　例　陸中一宮駒形神社。

② 国より小さな単位でも、ランキングをとることがある。

　地方の例　津軽は国のなかの一地方だが、一宮は岩木山神社である。

　郡の例　北九州市の遠賀郡一宮。高知県幡多郡一宮は、いっく神社と発音する（ノォトその7参照）。

　郷の例　新居浜市の西条藩新居郷一宮。佐久36郷一宮新海神社。

③ ひとつの神社のなかで、たとえば、

　三河一宮　主神の2子を一宮、二宮として摂社に祀る。

　多田神社　ご祭神の配祀による。一宮は源満仲公、二宮はその長子、三宮は一宮の第4子、四宮はその長子、五宮はその長子であられる。肥後一宮でも近親12神に一の宮から十二の宮の称を奉る。

　浅草神社　三社祭に出る大神輿（おおみこし）3基を一之宮、二之宮、三之宮と呼ぶ。

④ ランキングではなくて、ナムバリングとして一宮、二宮……がある。

　例　神戸三宮（ノォトその6参照）

⑤ ランキングでも、ナムバリングでもないと思われるケース

　例　横浜子安の一宮は、武蔵一宮の分社。

⑥ さらに二宮については、

　小田原二宮神社　二宮尊徳の高弟たちが1894年建立した。

駿河一宮　浅間神社

　静岡市は、市内に国府跡をもつ幸福な県庁所在地である。でも駿河一宮は、50kmを隔てた富士宮市の浅間神社で、アサマまたはセンゲンと読む神社は、全国1300を数えるが、その総本宮として、富士山本宮浅間大社を称される。富士の神木花之佐久夜毘売命（このはなのさくやひめのみこと）を祀る。

　紀元前から、鳴動常なき富士の山霊を鎮める祭祀があった。800年の大噴火で埋没、祠を移して（移したのは確かだが、どこから移したかは不明）当社を創立した。山頂に奥宮を置き、噴火口を大

内院と称して、浅間大神の幽宮と考える。だから、その後も噴火のたびに神威はいや増し、やがて噴火が間遠になると、こんどは、霊峰に祈りを捧げる意味での信仰の深化があった。それはひろく人心に浸透したので、この地に覇を競う北条、今川、武田各氏が随時干渉、徳川幕府にいたっては、奥宮の境内地として、当社に富士山頂支配権を与えた。以後、甲斐側からの介入は許されなかった。（駿河側の須走(すばしり)浅間神社とは登山者木戸銭折半の習いがあった。）

　戦後当社は、8合目以上の山頂所有権を国と争う。最高裁は、やっと昭和49年、当社に勝訴判決を与える。これによって境内地全域は125万坪に達したものの、山梨県との県境が、山頂を横切って約6km確定せず、登記できない。かくして平成9年なお、徳川朱印状の効力を公示できないのである。

　拝殿と本殿を幣殿でつなぐ権現(ごんげん)造の重文社殿は、家康が関ヶ原戦捷後に寄進した。まだ大阪夏の陣に臨む前である。彼もいろいろ忙しかったし、懐具合もたっぷりとはゆかなかったのだろう、材質が特上でないのを、朱塗で覆ってすましているのを看取できる。

浅間造の重層本殿

　当社殿で特筆すべきは、本殿を2階建にした全体構想の卓抜さである。そもそも神社の建築パラダイムは、楼門を重層にすることはあっても、あとはみな1階建なのである。世界の宗教は、仏教伽藍にしても、ゴシック教会にしても、モニュメンタルな建築を指向して、何層にも上空へ、上空へと積み上がってゆく傾向がある。神道は、それに背を向け、一貫して平屋建を好んだ。どうして

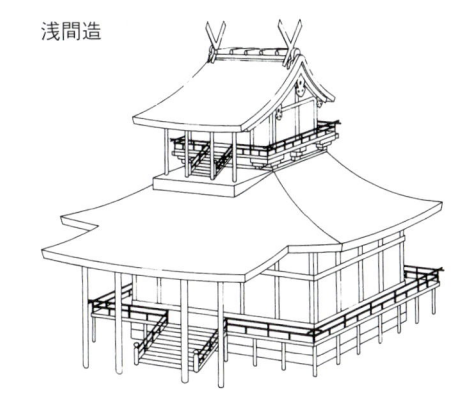

浅間造

駿河一宮浅間神社拝殿および2階建本殿

浅間神社の新宮の2階建拝殿

も高くしたければ、平屋建のままで高楼を作った。古代出雲大社は48mという、ほとんど信じられない高さに達したが、それでも1階建であった。飛鳥の談山神社は、13重の塔という、けたはずれに多層の建築施設をもつが、もと仏塔を神社が統合したにすぎない。それ故、当社と生國魂神社の重層本殿は確実に例外なのである。

寄棟風檜皮葺初層屋根の上部4角錐を水平に切り取って、そこへ、流造上層をのせる。上層には、斗組でせり出した勾欄をめぐらし、正面に階段をつけ、初層屋根上のテラスに無造作におりる。そうすると、上層にはどうやってあがるのだろう。少くとも、上層のお掃除はどうやるのだろう。

実は、内部にも階段があって、外のテラスにおりる階段は飾りである。もと、本殿に神座を置かず、上層で遥拝形式の神事を斎行していたらしい。維新動乱の時、親幕とみられた富士大宮司の帰還が許されず、上層神事は途絶した。爾来、初層に神座を置く。

本殿背面にドアがあるので、神体山信仰だと説く書がある。しかし背面の開口は、いわゆる裏門信仰の俗信に配慮したにすぎず、それに、富士山頂は右約20度にずれている。だから、本殿そのものが、富士山をあらわしていると観念すべきであろう。それよりもここでは、楼門をくぐったとたん、拝殿屋根うしろに、本殿上層が鳥のようにひらりと舞い上がってみえる感覚がだいじであろう。現在の出雲大社は1階千木尖端まで24mある。それに比較して当社の2階は僅か15m。それなのに当社の方が高いと感じる。昔のデザイナーは、高揚感を創造するスキルに恵まれていたのだと感心する。

浅間神社の山宮

北へ7km、日蓮正宗総本山大石寺の手前にある。現在割拝殿を建ててしまったが、本来は参道の突き当りを少しあがって、石組だけがあり、石は富士大宮司の着座位置を示すとされた。つまりこの神社は、一切の建築的施設をもたなかった。

大和一宮の項で無本殿につき、及び、河内一宮

の項で無拝殿につき、ご説明したが、無拝殿かつ無本殿は、更に原始的な祭祀場例である。山宮の長い杉参道は、聖別された神秘のスペースへの導入部であり、磐座状の石組は、降神の指標である。古代日本人は、アニミスティックな感受性が鋭くて、仏教のように七堂伽藍がなくても、自然のよりしろに神の気配をとらえて、祭祀ができた。山宮は、古代象徴主義が遺した現代への贈り物のように思われる。

浅間神社の新宮

10世紀、国府に分霊を遷して新宮とした。家康が、関ヶ原の戦塵を払いつつ寄進した本宮に対し、新宮には、駿府が落ちついてから財力を投入したので、絢爛豪華、入母屋勾欄付上層を高々とのせた重層拝殿は、立川流最高の傑作という。本殿は単層だが、石積を高くして、拝殿上層のレベルに押し上げ、バランスをとる。

本殿又は拝殿の2階建を浅間造と称するが、実は、例数はごく少ない。都内東急線多摩川駅前に、1973年建立の浅間造浅間神社がある。社頭から、多摩川のむこうに富士が望める。もし当日、天気晴朗にして風強ければ。

伊豆一宮　三島神社

　一宮が、国司の国内諸社参拝順を定めたもの(多数説)にせよ、ボトムアップのランキングであった(私の説)にせよ、いったん一宮が成立すれば、それが出発地国庁からの地理的順路にかなつても(尾張の例)、かなわなくても(播磨の例)、国司は、一宮から順に参拝することになる。もし一宮が遠ければどうするか。伊豆の国司は、播磨と違って、相当思い切った対応に出た。というのは、伊豆第一の名社は、現下田市にあった三島神社だった。とても遠い。で、国府近くにお遷ししたと伝えられる(はじめから現在地にあったとの反論あり)。それで国府所在地が三島の地名を得た。三島にあるから、三島神社を名のる(現在の正称は三嶋大社である)のではない。では、三島とは何か。

　昔、物部氏族が、伊予一宮のある大三島から、大山積命を下田に迎え祀ったと説くのが、北畠親房、伴信友、林道春らである。しかし梅田義彦教授は、オオヤマツミ説は、三島と大三島との共通発音部位に附会した憶説にすぎないと反対しているる。

明治6年教部省は、祭神を事代主命に訂正した。コトシロヌシは大国主命の子で駿河一宮の祭神の父神であるオオヤマツミとは別系の神だ。でも、コトシロヌシでは、三島とは何か、の答にならない。そこで……三島は御島である。往古、伊豆半島(古い日本語では半島も島であった)及び伊豆7島(7島も伊豆国だったが、今は東京都に属する)に噴火相次いだとき、国人は、造島の業を進める御島大神をイメージし、神は諸妃に島々を生ませ、最後に正妃イコナヒメと相並んで、下田市白浜に鎮まりましたと信じた。これが式内三島神社で、のち三島に分祀した。

以上の3説がとなえられているが、三嶋大社の宗教法人届では、オオヤマツミとコトシロヌシの合祀になっている。そして神社では、これを「富士火山帯根元の神」と説いていられる。

ところで三島分祀である。前記のように、分祀説自体に異論もあるが、こちらは、駿河一宮の静岡分祀におくれて11世紀、それも伊豆総社とし

伊豆一宮　三島神社

ての分祀であった（これにも異論あり）。さらに14世紀の一書に伊豆一宮と見える。前後して、伊豆二宮、三宮、四宮、更には国分寺も吸収し、神仏混淆の時代を通じて神社がヘゲモニイを失わなかった。（三宮は、もと伊豆国であった沼津の狩野川左岸に坐したのを、今川氏が奪って駿河に編入した時、当社神域内に遷し奉ったと伝える。このようにして、当社への統合が逐次すすめられたと思われる。）

海道一の総欅

一遍上人は13世紀、全国を遊行し時宗を開いた。時宗のもとの浄土宗は、神祇不拝をルールとしたが、一遍は委細構わず、神社を参詣した。国宝一遍聖絵全48場面中、一宮5社が登場するが、三島神社のものが最も著名である。男女僧俗多数がゾロゾロとたのしげにつき従い、神仏渾然たる信仰の躍動を写している。これでみると、朱塗檜皮葺社殿を権現造に配置しているようである。

1854年東海大地震で倒壊したのを復興するにあたり、銅板瓦棒葺に変えた。これが今では一面に緑青をふいて、緑釉瓦と見まがうばかりに豪勢である。総欅素木造（透塀のみは檜使用）は驚嘆すべき木肌をあらわし、打った金紋が映える。欅の強度は檜の2倍で、数百年経過後に檜より弱くなるが、それはセルロースの結晶領域増加と、分子崩壊速度の樹種差に因るものと理解されている。木肌の金紋がキラキラしていても、禁欲的に社相がひきしまっているのは、多分、源頼朝が平家打倒の挙兵に際し、祈願をこめて以来、武家崇敬が続いたためだろうか。

頼朝は、1180年8月、当社祭祀の夜半、伊豆目代を討って旗挙げに成功。鎌倉幕府草創の基を樹立したのであった。それはひとえに「三嶋大明神」の加護によるものと崇敬したので、北条、足利、徳川の幕府もこれにならい、当社はやがて日本総鎮守と仰がれるにいたる。

白浜の三島神社

　三島分祀後、下田市白浜に残った三島神社は、交通の要衝の利をいかした先方の隆盛の途をたどることはなかった。現在は白浜神社（正称伊古奈比咩命神社）に一殿合祭されて式内社の格式を伝えていられる。

　海辺に盛り上がった丘があって、そのピークに近く、5扉の本殿を建てる。中央扉にイコナヒメ、右隣に三島大神、残る3扉は、大神とともに水軍をひきいて白浜に上陸した3陪神にあてられる。宮司の伝承解釈では、南海から八重の潮路を乗りこえて、やって来た水軍が、伊豆7島を北上、半島を平定する。リーダー（もと天竺の王子説あり）は先住民首長家と通婚、夫婦神としてこの式内社に鎮まる。その三島大神が後世北遷したので、イコナヒメが当社主神となり、三島大神は御分霊を残されたと言う。

　海からあがった神々の神殿は、摂津一宮、安芸一宮、対馬一宮など、みな海を向いて建つが、このお宮はそうでない。海に背を向けていらっしゃる。理由は判らない。北遷の前は、海を向いていたのかもしれない。半島南端白浜に寄せる波は、識っているに違いない。

白浜神社

ノオトその9　　一宮のポリフォニィ

　一宮は、神社関係だけの用語ではなくて、皇子、皇女をさす用法がある。たとえば、後水尾天皇諡号というものを見てみると、文徳天皇は、一宮を皇位につけたかったのに、四宮に譲位しなければならなかった、とさも残念そうに書いてある。ここで一宮、四宮は、皇子の出生順であるが、ときとして性別を付す。たとえば、源氏物語若菜の巻に、女三の宮が登場する。97年2月、佐久間良子が扮して帝劇で公演した。

　前回ご説明したように、神社関係だけでも、やたらに多種用法が混在しているのに、さらにこういうような別系統の用法があるとなると、それらは交錯し、響き合い、しまいには訳がわからなくなることがあっても驚くにはあたらない。

　京都河原町通を走る四宮行き市バス終点に、諸羽(もろは)神社がある。琵琶湖の水を京に送る疎水路が、山科盆地北縁を縫うあたりの神域で、神社辞典は当社を山科郷第4の宮とする。神官のご子息はしかし、仁明天皇第4皇子がこの地に山荘を営んだのにちなんで、地名を四宮といい、四宮の地にある故、四宮神社と呼ばれることはあっても、当社が第4の宮であるわけはないと言われる。ところが社頭の掲示は、既にポリフォニィを奏でている。いわく「古来山科18郷中の四の宮」なりと。

甲斐一宮　　浅間神社

　山梨県は甲斐1国から成る。富士の神を祀る浅間神社は、静岡県側だけでなく、山梨県側にもたくさんある。そのうちでは、一宮町の浅間神社が、甲斐一宮とみられている。町内の桃20万本、周辺合わせて100万本、生産量は全国の1／3を占め、4月後半、天地一面桃色に染めあがる。この時節、一宮の祭神木花之佐久夜姫(このはなのさくやひめ)はまさに花の神だ。富士山の神でもあることを忘れさせるほどの景観となる。

　はじめ女神は、父大山積(おおやまつみ)と、夫君ニニギ命(のみこと)とともに、現在地東南2kmの、沢を分けのぼった山宮に鎮祭されていた。864年、富士の2回目の大噴火で河口湖が出現したとき、古人は、この沢から女神を里におろして、現社地をひらいた。あとには舅と婿、男神2柱だけが残されて、それが居心地として好ましいと国人は考えたのだろうか。苔むした春日造が時の襞をきざみ続けている。

　現社地には、変型流造銅板葺本殿を建て、しかし山宮にも、富士山にも、向いておられない。そもそも、ここから富士山は、御坂(みさか)峠が邪魔して見えないのである。

　大神幸祭(おおみゆき)は、本邦では、珍しく水防祈願の祭である。一宮発の神輿は、甲斐二宮、三宮と順に行列を組み、延々24km（信じ難い）を練って、甲府市西郊の竜王三社神社に赴いた。今は交通事情が長丁場を不可能にした。三社合同の神幸(みゆき)も廃され、一宮の氏子区域外は車載となる。ターミナルの三社神社前には、釜無川が豊かに南流する。そこを信玄が制御に苦労した。祭列は、彼の作堤を踏み固めさせるための、巧妙な仕掛けだったといわれ

る。さて、ヒトの体重位で効果があるものだろうか。

もうひとつの一宮

　式内社は古い。だから、ひとつの式内社の後裔とみられる現在社が、ひとつに限らないケースがある。甲斐の式内社は20座、うち7座については、それぞれ2社以上の比定がなされる。つまり、甲斐の式内社伝承分裂率は、35％に達し、全国的に異常に高い。お隣駿河の分裂率はゼロで、ということは、式内社各社に現在社1社ずつがキチンと対応している。それと比較すると、一体、甲斐の人々はどうしちゃったのか。それはほんとに、並たいていの分裂ではないのであって、たとえば、式内穂見神社の現在社は、甲斐国内に5社もあるという始末。だから、県内3つの浅間神社が、甲

浅間神社の社殿のむき対比概念図

甲斐一宮　浅間神社

大神幸祭の祭列は一宮、二宮、三宮の順に並ぶ。いつの頃からか女装での参加になったが、宝暦年間の絵巻には男装が描かれている。

斐国式内浅間神社に比定されていても、もう驚かない。うち1社が、前記一宮町の一宮である。

2社目は河口湖にある。湖を隔てて富士を仰ぐ地点にあるこの浅間神社は、杉に覆われた銅板葺の大拝殿をもつ。大日本史や、『甲斐国古社史考』は、式内社は当社であって、一宮町の浅間神社に非ずとする。もっとも当社では、式内浅間神社を掲げるが、一宮を表示なさらない。しかしそうすると、一宮町の一宮は、式外社たる一宮という、大変稀なケースになってしまう。

3つ目が市川大門の一宮浅間神社で、こちらはその名称からして既に、一宮のご主張である。しかし一宮は、国内の第1社が推されるものであって、推される前から、一宮浅間神社と名乗る社が存在していたとは考えがたい。市川団十郎を生んだ市川大門の町はずれ、かの上九一色高原を経て富士を背負う地点にある。この朱塗の小社が一宮を称されるのは、あるいは甲斐源氏発祥が、この地であることにかかわるか。

更にもうひとつの一宮

以上、式内社比定3社と別に、北口本宮富士浅間神社と称するお社（やしろ）がある。式外社ながら、ご由緒は古くて、ヤマトタケルが、御山（おやま）は北方より登拝せよ、と仰せられ、富士北麓に祠を建てたのにはじまる。門前町富士吉田は、全体が北に傾いた町並で、ここに、近世富士登山講をリードした吉田御師団（おし）が成立した。堂々たる本殿・脇殿は、16世紀末の重文で、南西南に山を拝する。8月に有名な富士の火祭を斉行し、社勢は隆盛で、それで、当社を甲斐一宮とする類書がある。

信濃一宮　諏訪神社

長野県は信濃1国から成る。国府、国分寺は上田にあったが、8世紀末、松本に引越した。一宮は、それとは関係なく、当初から諏訪地方にある諏訪神社である。諏訪湖をはさんで、南に上社本宮（ほんぐう）と前宮（まえみや）、北に下社秋宮（あきみや）と春宮、計4宮を擁し、正称を諏訪大社とされる。全国に分祀9000、たとえばおくんちで有名な長崎諏訪神社もそのひとつである。

延喜式に諏訪神社の名は見えない。南方刀美神社（みなみかたとみの）2座としてリストアップされている。この2座

というのは、上社と下社のこと（岡田米夫氏）だろうか。そうではなくて、主祭神建御名方富命と、妃神八坂刀売命で2座であり、上社に主神、下社に妃神を祀ると解する説がある。諏訪湖御神渡の伝承は、結氷した湖上を、上社から下社へ男神がわたるイメージであるから、この説によらないといけない。しかし現実は、ロマンチシズムに協力しない。上社本宮で男神、前宮で妃神、下社両宮で両神を祀るのである。近年温暖化で結氷もなくなった。

　主神タケミナカタは、大国主命の次男で、父の国譲りに反対、タケミカヅチと戦って敗れ、出雲から長駆諏訪へ逃げ、そこにとどまり給うた、と古事記は述べる。しかし日本書紀は、この高天原へのレジスタンス神話に言及しない。そこで津田左右吉博士は、タケミナカタはもともと、諏訪に居た神で、古事記が伝説にこしらえあげたのだ、と主張した。

信濃一宮　諏訪神社位置図

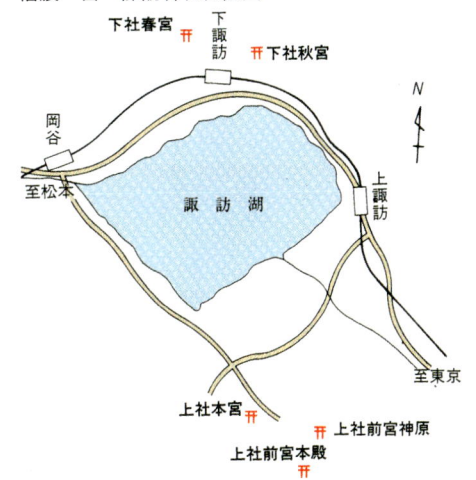

古代諏訪へのアクセス

　伝説は、出雲系文化の、諏訪への流入を象徴していると思われるが、さて、当該流入の経路はどうであったろうか。

　藤森栄一氏は、伊那谷北上説である。氏によると、越後の諏訪神社密度は日本一で、これからす

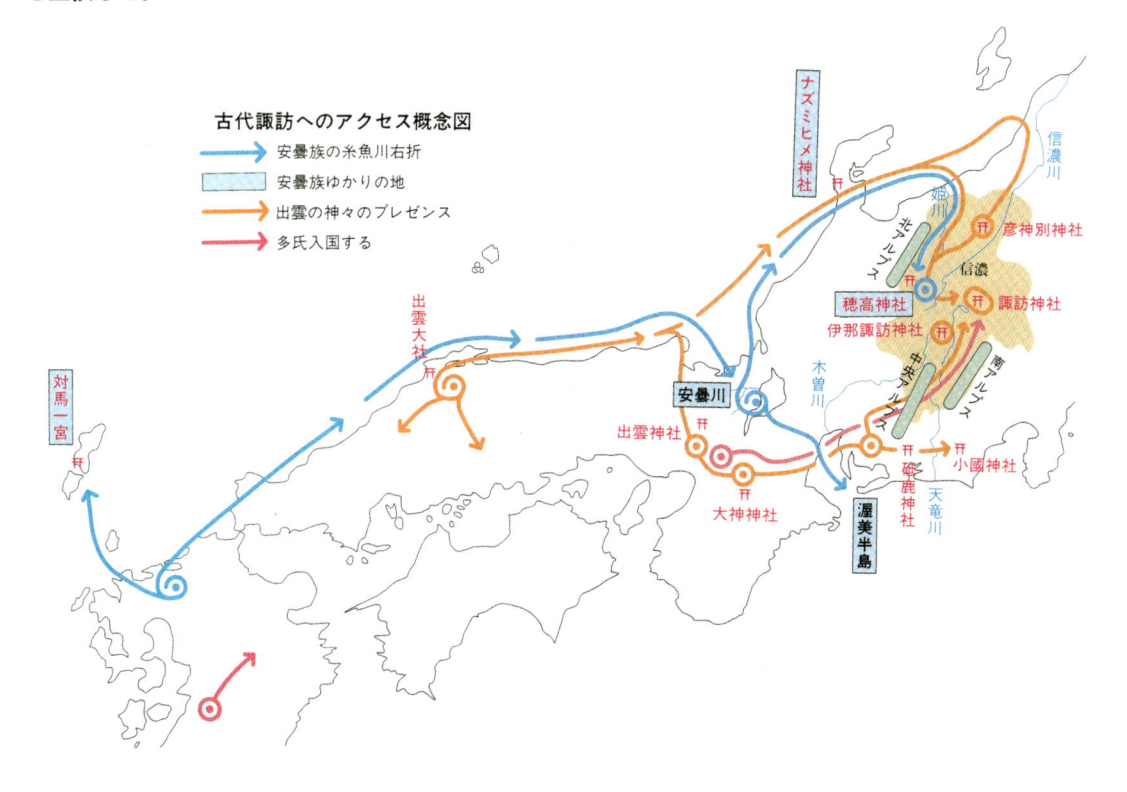

穂高神社には1間社流造3宇が並ぶ。穂高見命を祀る中殿だけが凹んだ変型勝男木をもつタケミナカタ妃のお里である。

ると、諏訪は、北につながっているようにみえるが、ヒスイ、黒曜石などの考古学的出土状況は、千曲川下流において袋小路であり、さりとて、姫川筋も時代的に段落があって、うまく北へぬけない。これに反して、天竜川筋は、縄文期こそハッキリしないが、弥生期の搬出路跡は「タイコバン」であるとして、伊那谷説を推される。既にわれわれは、三河一宮、遠江一宮の項で濃美平野における出雲の神々のプレゼンスを見てきたが、その先端は、木曽谷から中央アルプスの峠を東へ越え、南伊那に入り、天竜川をさかのぼった。この川は、江戸時代の記録で氾濫90回を数える暴れ川だ。道は川から遠く離れて、東の山々を伝ったであろう。それは天孫降臨前後の頃であったろうが、4世紀（一説に6世紀）にもなると、信濃に、大和朝廷とのつながりができる。すなわち、ヤマトタケルは、天竜左岸の泥床を伝い歩いたが、6世紀にひとは馬を使い初めたから、右岸砂礫を道にした。その前後に信濃の国造となった阿蘇の名族多氏の、入国経路の痕跡も考証されている。前記藤森姓は、ペルー大統領もそうであるが、熊本と諏訪だけにあると言われる。国造入国の名残りであろう。

このようにして、出雲族、天孫族相次いで、諏訪へ北上した。ところが、これより先、安曇族は逆に、北から信濃に南下していた。この海の豪族は、北九州に発し、日本海沿いに東進、一時琵琶湖の安曇川沿いにとどまったりするが、どうしたことか、突如糸魚川を右折、本邦フォッサマグナの地溝帯に吸い込まれてゆく。やがて信州安曇平を安住の地とみて、陸の民と化し、3世紀末繁栄を遂げる（定着6世紀説あり）。西に仰ぐ穂高岳の名は、彼等が奉じきった祖神、穂高見命を祀る式内穂高神社による。アルピニストは山岳神と解しているが、海人族の神であって、神社本殿は、1間社流造3宇、うち中殿だけは、棟木の上に凹んだ「スズメオドリ」をかける。釣竿のシンボルといわれ、隠岐惣社の宮司居宅（重文）の棟にも置かれているが、海人族の故郷インドネシアのスラウエシ島に同型の屋根が現存する。見たひとは、古代の海の民の遠い旅路の歴史の証人となり得た気分がするであろう。ともあれ安曇族は、後来のタケミナカタに妃神を出した。

そこで、タケミナカタも出雲から日本海沿岸を東進、姫川または信濃川を南下したと考える説（藤森照信東大教授は、この説を紹介していられる）があって、前掲の北上説と対立する。長野の式内建御名方富命彦神別神社の社伝は、タケミナカタは出雲から来て、ここで出雲文化を教え、のち「故あって」終焉の地諏訪に移動した、と言う。もっとも、辰野町の伊那諏訪神社でも、タケミナカタがしばしこの地を「経営」してから、諏訪に去ったと伝えるから、要するに、南北双方から、数次にわたる流入があったということではないのか。古事記が書き落としたタケミナカタの敗走経路は、このように、来し方の時の迷宮に沈んでしまった。

上社と下社の関係

流入の次第はこういうことであるからして、何

故上社と下社が別々に成立したかについては、定説がない。出雲文化流入前、古代信濃の土俗神の祭主は、1年神主で、任期満了時に殺されて神になったと、柳田国男は驚くべき考察を残している。この異様なシャーマニズムは、後来の出雲族によって、タケミナカタ神格へ昇華融合され、上社最高の祠官である大祝（おおはふり）が、神と同一視されるというかたちで、遺（のこ）った。8〜15歳の不犯の童子を聖別して大祝に立てた時期がある。8世紀前半、大祝は、信濃から一時独立した諏訪国の首長として、祭政一致の安定期にはいった。

一方、下社の大祝は、信濃国造家から出たが、11世紀に上社とともに、一党は武士団化し、聖性を失って、大名諏訪氏に変貌する。15世紀、上下両社は抗争をかさね、下社大祝家は断絶する。そのこともあってか、家康が安堵した社頭や、諏訪歴代藩主の寄進高でみてみると、上社10対下社5〜6で、序列は明確である。支持層の区分は明確でない。後述の神事御柱祭を奉仕する村々の分布状況でみてみると、江戸期は信濃一円に広がっていて（今は湖周だけに縮小）、おおむね東に上社、西に下社の傾向が読みとれないでもないが、いりくんでいる。

現在上社と下社は、湖をはさんで13kmを隔てながら、ひとつの宗教法人にまとまっていられる。信仰の統一性が、世俗の事務処理にみごとに反映している。

第201回御柱祭は平成10年に斉行

代表的神事は御柱祭（おんばしら）で、天下の奇祭である。多くの本に、7年ごとと書いてあるが、正確には、前祭から6年経過後の年の4〜5月に執行される。平成10年、第201回にあたる。

17mの樅（もみ）の巨木、各10t超計16本を、上下の4宮4隅に曳（ひき）建てる。このために、上社は八ヶ岳から、下社は東俣国有林から、約20kmを曳く。山中の木落しは猛烈危険で、小林秀雄は、これこそ本物の祭だと嘆声を発した。折角の嘆声に悪いけれど、御柱祭は諏訪神社の専売特許ではない。特に北信濃で斎行する。小川村の式内小川神社など、

御柱祭

人気なき山中に鎮まりながら、御柱はきちんと取り替えていらっしゃる。

　御柱を何故建てるか。神体説、よりしろ説、神域表示説、造営代替説などがあるが、はじめの2説は謬ではないか。後述のように、神木が別にあるからである。

下社の社殿構成は神秘

　諏訪4宮のいずれにも、普通の概念での本殿は無い。下社から拝観しよう。

　下社の秋宮と春宮は、湖北の山麓段丘上に坐す。神は、冬、山に居て、春、里にくだるとの古い信仰が、両宮を建てた起源だと説く人がいる。しかし両宮は、僅か1kmしか離れてないし、両宮を神が遷るのは、毎年2月と8月である。遷された御霊代（みたましろ）は、両宮それぞれにある2棟の宝殿のひとつに置かれる。他のひとつは、交替で予備的機能（バックアップ）をつとめる。つまり古人は、崇敬の念篤きあまりに、ひとつの御霊代のために、同型の宝殿を計2つも用意したのである。そこで、いまのひとは、季節に構わず、両宮それぞれにお参りするけれども、『木曽路名勝』にはこう書いてある。「神、春宮にましますとき、秋宮は空社なり。秋宮にましますとき、春宮は空社なり」

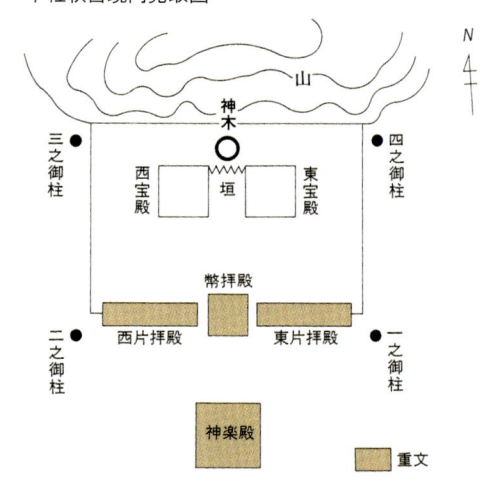

　秋宮での正式参拝は、立川流重文の神楽殿（かぐらでん）で行なう。それは、幣拝殿（へいはいでん）と称する建物が、床を張らず、実際は門であるからだろう。この門が、一之御柱から時計廻りに建てられた4柱でもって4隅をかためた浄域への、正面入口となる。そこから、紗幕をすかして、簡素な宝殿2棟をのぞくことができる。その中奥に、御神木を拝する。イチイの生木（せいぼく）である。貴人の持つ笏（しゃく）がイチイであるが、種子に猛毒があり、アガサ・クリステイが殺人のトリックに使用した。いったい、その、イチイの御神木には、生木である以上、代（だい）がわりがあるのか、そのとき社殿構成がえをするのか、等々、俗人の抱くであろう小ざかしい疑問は、諏訪信仰の神秘

下社秋宮境内見取図

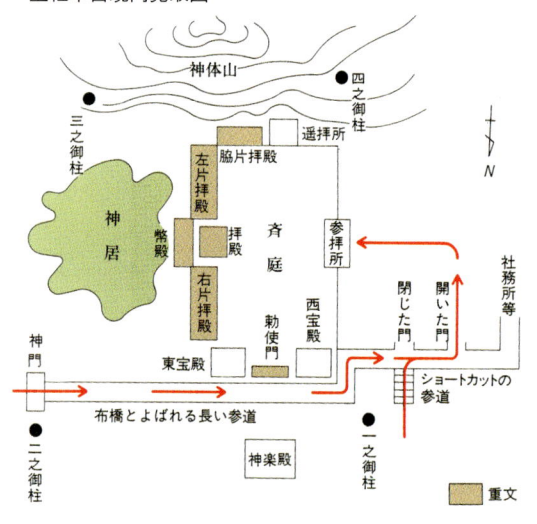

上社本宮境内見取図

信濃一宮　諏訪神社上社本宮

の過去を湛える深淵に沈みこんで、反響が帰ることはない。

春宮は、秋宮と同じ図面で建てられたというほど、似ている。ただし御神木は杉である。

上社の社殿配置は特異

壮麗な下社に対して、こちらは、原始の信仰エネルギィが結晶し、溢れて、社殿配置を奔放にする。本宮の御柱（おんばしら）は、いびつな4角隅を無造作に占め、それらが結界する神域へ、東から参進した参拝者は、見取図に示すように、長い回廊参道を経るうち、いつのまにか東面してしまって、参拝所に達する。その奥、「斉庭」と称するスペースに、巧緻な彫刻で荘厳された立川流重文社殿群が建ち並び、東へ向けられた礼拝軸を受けとめる。これと斉庭内で直角に交差する礼拝軸が別にあり、それは斉庭外の北、茅葺古神楽殿から、重文勅使門を貫き、南、神体山へ向かっている。勅使門両脇の東西茅葺宝殿は北面するので、斉庭には背後をみせて平気である。日々の神事は、拝殿に東面したのち、勅使門を出て、宝殿を北から拝する由である。かかる礼拝軸の交差は、なんらかの重畳的な信仰を受容したおおらかさであったのかもしれない。

幣殿は主柱2本だけの建築物である。それ故、不安定で、拝殿によりかかるようにして立っていて、下社の幣拝殿同様、機能は門であろう。ところが門の奥には、しかし、なにもない。本殿も、神木も、神体山すらも、無い。イスラム教は、偶像崇拝を禁ずるが、それでも礼拝の方角には、メッカという意味が与えられた。幣殿が示す礼拝軸の先は、神居と名付けられているが、そこにはど

上社前宮の二之御柱

のような意味が与えられているのか。諏訪の信仰は神秘で、強力で、意味を説く必要もないのであろう。

本宮の1.5km東南に、前宮があって、そこは高遠（たかとお）に通じる杖突峠東北緩斜面である。境内を「神原」（ごうばら）と称し、かつては生きて祭られた神「大祝」（おおはふり）の宮居「神殿」（ごうどの）を置く。ここから神は、左の、長い吹抜の「十間廊」に出でまして、古中世諏訪の祭政を執行した。神原にはほかに、内御玉殿（うちみたまでん）とか、聞きなれない名の殿舎を配置するが、大祝が既に神であるからして、拝殿も、本殿も、宝殿すらもない。

神原に、古く附属の祠（やしろ）があった。今、境外地約200ｍを横切った上段に、普通の境内を構える。普通の、というのは、銅葺流造本殿をもつからで、御柱（おんばしら）4本も、こちらの神域4隅に建つ。二之御柱のあたりから北望すれば、眼下に扇状地がのびやかにくだり、蓼科から諏訪盆地の豊穣をなめた風が這いあがってくる。濃密な歴史を吸った重い風が。

ノオトその10　　一宮の地名

　ノオトその9まで考察してまいったのは、普通名詞の一宮である。本項では、固有名詞の一宮に触れてみたい。

　先ず、人名である。一宮姓は、二宮姓と違って極めて少ないが、大相撲高砂親方が一宮姓である。松江には、400年間、イチミヤを称した家系がある。

　次に、地名である。一宮を名のる市町村は、既に終戦前から消滅をはじめ（伊勢一宮の項参照）、戦後加速し、現在まで生き延びたのは、たった1市（尾張一宮の項参照）6町だけだ。ただし、一宮を名のる字は結構残っている。又、一宮を直接名のらないかわり、一宮所在地であることを間接表示する地名は、沢山ある。たとえば宮津市、大宮市、宮島町、宮村、（以下字で）宮内、宮前、宮下、宮浦などである。

　鉄道駅名はどうだろうか。全68国中、一宮所在地を鉄道が通過するのが60国。このうち、20国では、鹿島神宮駅のように、神社名そのものを名のったり、あるいは、神社名が地名を経由して駅名になる。阪和線鳳駅（和泉一宮）、桜井線三輪駅（大和一宮）などがそうである。一宮を駅名にするのは、このほかの11駅で、飯田線三河一宮駅、高山本線飛騨一宮駅など。原則として、国名プラス一宮だ。原則として、というのは、JR以外の私鉄は、原則にとらわれないからで、たとえば名鉄新一宮、上信電鉄上州一宮、そして琴電は単に「一宮」である。勿論そこに、讃岐一宮が所在する。

　二宮になると、JRも原則を捨てて、相模二宮は単に二宮駅とする。だが、能登では能登二宮駅となる。

飛騨一宮　水無（みなし）神社

　岐阜県は飛騨、美濃2国から成る。両国の境のあたり、本州南北の分水嶺「宮峠」の、飛騨側が「宮村」で、北流する「宮川」に臨んで一宮がある。地元でスイムと音読する水無（みなし）神社である。美しい山里である。

　創始、祭神ともに不詳。不詳というよりも、本社の祭神14柱、摂末社の祭神88柱とおびただしくて、自然と主神名が確立しなかったのではないか。明治の神祇官は、「祭神の不分明なるは社号のみ相唱候儀然るべき事」と通達（あととなえ）した。それで水無神（みなしのかみ）を祀るとする。

　飛騨の式内社は、小社ばかりの僅か8座で、一宮が総社を兼ねたとも云う。ただ、アルプスを東に越えた木曽谷にも、当社の分社がある。島崎藤

雪の水無神社

村の実父は、明治7年、当社宮司となったが、木曽の出である。

　高山藩主金森氏は、1607年拝殿造営の時、当社周辺2郷の百姓に禁足をかけ、家並に手伝いを命じた。合図に遅れて出た者に縄をかけ、高山に連れ去った。更に1773年の一揆には、高山の要請で、郡上八幡藩士が鎮圧に出動した。農民が逃げ込んだ当社神域に、史上はじめて、鉄砲を撃ちこんだ。現宮司は、この時磔刑となった神主の御子孫である。爾来、この地の人々は、かの地の風雅な盆踊りをよろこばない。

　明治になって、知事が社殿建替にかかった時、氏子は拝殿のとりこわし材を惜しんで、守り伝え、後年復元した。今、権現造社殿左手の、シンプルな大絵馬殿を、氏子拝殿とよぶのは、このような史実にもとづく。

　昭和20年7月、熱田神宮が疎開、当社に御動座になった。

美濃一宮　南宮神社

　上り新幹線で関ヶ原をこえた乗客は、まもなく線路右脇に、赤い大明神鳥居が、緑の山腹を背景に立つのを見るであろう。それが、当社宮司快心の立地効果の、一宮鳥居である。ここ垂井町には、国府跡もあり、つまり美濃国の重心は、今よりずっと京都寄りであった。

　延喜式では仲山金山彦神社、現在、南宮大社を正称とする。祭神は金山彦命。製鉄神とも伝えられ、神武東征の時、皇軍を助けた。降って672年、天武天皇が壬申の乱で吉野を脱出、不破の関にむかう時、当社宮司がお味方した。更に降って1600年、関ヶ原の戦となる。毛利・吉川軍が南宮山に布陣、一翼の将安国寺恵瓊が当社を焼き払った。この人、伊予の大名だったとは云え、僧である。プロの元宗教人が一宮を焼いたのである。

　しかし彼が焼いたからこそ、戦後、家光再建の

南宮神社の大鳥居は新幹線からよく見える

社殿群を、今日我々は拝することができるのである。つまり、安国寺のパラドクスは、17世紀神社建築の最高峰をそろえた。いずれも重文檜皮葺の重層楼門、拝殿、幣殿、素木の本殿と、稍小ぶりの朱塗の摂社が左右に2宇ずつ、及び本殿裏に1宇計6宇、威儀を正して東面しておられるのは、壮観である。

　築地外に、美濃国総社を鎮祭する。

若狭一宮　若狭彦神社

　福井県は普通、木ノ芽峠を境に嶺北、嶺南にわけるが、北の越前が峠をこえ、嶺南敦賀の西まで迫るので、残る若狭は県西の小領域に押しこめられた。国府、国分寺、一宮みな、小浜にあった。

　神名帳では、若狭比古神社の1社2座。現在上社（彦社）に彦火々出見命を祀り、1.5km隔てて下社（姫社）に妃神を祀る。由緒記には、「上下わかれての鎮座は深き幽契の存するところと恐察しま

若狭彦神社

つる」と、訳の判らない説明が書いてあるが、夫婦神が仲が良くても、少し離れて別々に坐す例は、他になくもない。でも、一宮のなかでは、唯一例である。

山城一宮はペア、紀伊一宮はツイン、信濃一宮はダブルのペア、そして若狭一宮はカプルである。それぞれ一宮としては、ひとつに数える。私がそのように数えるための基準は、ノオトその3に設定しておいた。明治政府は、このだいじな基準設定をしなかった。だから明治4年、彦社と姫社を別々の国幣中社として、いったんはふたつに数えたのに、そのあと、国費を1社分節約するという、まことにケチな財政的動機で、姫社を彦社に包含して、ひとつに数えた。ダブル・スタンダードの模範のようである。

両神とも8世紀に、しかし姫は彦に6年遅れて、遠敷川鵜ノ瀬に垂迹した。垂迹とは、あらわれるという宗教的現象であって、キリスト教でも、天使があらわれたりするのである。でも美濃一宮とくらべると、時代がずっと新しい。だから、垂迹の時と所が特定している。その所は、彦社の北2.5kmの飛び地境内になっていて、3月2日、東大寺二月堂お水取りの水を、鵜ノ瀬から流し送るのである。伴信友は、この神仏混淆行事は、僧侶が世人をたぶらかす、でっちあげの妄説だと怒っている。しかし往古、日本海を渡来した文物が、南都に到達する道筋を象徴したものだとすれば、それはそれで、すばらしいイマジネーションではある。

彦社本殿は、東面する中心線を微妙にずらして、檜皮の御屋根を、急勾配に高々とあげる。切妻に、あわい反りをうたせ、拝殿は礎石のみの、無人の境内に、静かに立つ。13世紀この方、姫社の方で両社の社務をとりしきるからだ。まあ俗界夫婦でも、よくあることだが。

両社の楼門に、それぞれ8柱の随身像が端座する。垂迹の時、彦も姫も、ともに眷属8人を連れてこられた。うち、彦の方の1人が、鎮座地を探して、東奔西走した由。

越前一宮　気比(けひ)神社

　武烈天皇は、嗣子無くして崩じた。王統断絶の危機である。古事記の筆致は息詰まり、切迫して、「天皇既に崩(かんあが)りまして日継(ひつぎ)知らすべき王無かりき」と悲鳴が聞こえるようである。この国の指導者達は、越(こし)の国（越前が分国する前の、このあたりの大国の国名）から継体天皇をむかえた。先帝から5代遡って、5代降るという血統の方だ。これをしも万世1系と言い得るのか、越前地方豪族による革命ではないかと、系譜学者はめくじらを立てる。私はむしろ、この時代よくも遠国に、かくも遠縁の方を探しあてたものよと、情報ネットワークに感心してしまうのである。遠縁だからして、継体天皇の方でもかなり用心をなさった形跡がある。即位後20年間というもの、大和のペリフェリを転々とされ、やっと大和の中核にはいった時は、天が帝に与えた余命は、僅か5年であった。

　直木孝次郎氏によると、継体は「風を望んで北方より立った豪傑のひとり」とする。天皇が風を望んだかどうか、および、豪傑であったかどうか、につき、物的証拠はない。古代史家には、証拠なくして、想像をたくましくする自由がある。私は、上記のような年紀から分析して、天皇は、用心し、苦労なさったと想像はするが、風の想像は難しい。そんなに御苦労なさった継体天皇の、従ってその後の天皇家の、ルーツを誇る福井市民は、市内足(あす)羽山頂に帝の巨像を建てた。彼等はかつて、帝を畿内に送り出したあと、20年間ハラハラしどおしで、多分くたびれてしまって、国府を武生(たけふ)に譲り、一宮を敦賀に譲って、歴史の後景にしりぞく。柴田勝家が北ノ庄を開くまで、前景にはかえらなかった。

　武生が越前の前景にあった。だから紫式部もいた。996年、国司になった父について来たのである。ちょうど諸国に、一宮が成立しかかった時期である。もし一宮が、国司の国内諸社参拝順を決めたものだとすれば、彼女の父は、国府からとんぼがえりで、都からの赴任路を逆行、嶺南敦賀まで戻らねばならなかった。越前一宮は、敦賀にあるからである。

　明治28年、神宮号が宣下されたので、気比(けひ)神宮と称する。神宮号については、後日触れるチャンスがあるが、それよりも、気比である。日本語としては珍しい響きだ。1995年、甲子園準決勝に進出した気比高校が、少しく世人の耳を馴らした。そもそもが紀元前の、古代海人族の伝承をもつ地名で、青森の日本海側から豊岡にかけて、散在する。

気比神社の古い歴史

　だから、大変古い社である。延喜式では、気比神社7座、すべて大社の扱いで、1座ごとに官幣を受けた。祭神伊奢沙別命(いざさわけのみこと)など7柱、古くて、ご由来不詳。　神域は多分海に面し、名勝気比の松原とつながり、そこに松原客館を置いて、遣唐使、渤海使を接待した。気比神宮司が検校(けんぎょう)をつとめた。神領は近江から佐渡に拡がり、14世紀、在地領主化した大宮司は、南朝を援け、更に朝倉氏に加

気比神社の鳥居は、17世紀に佐渡から奉納された榁ノ木製重文。木造では天下無双と称されていた。

担し、手ひどい打撃を受けた。戦災を蒙り、戦後都市計画が境内を大幅にカットした。

それ故、社殿は昭和25年再建の鉄筋造で、古趣は無い。しかし、とても古いお社だから、多くの摂末社が本殿4周、中玉垣内、外玉垣内、及び外玉垣外に、4段階の序列を示して配される。内、いくつかは小祠であっても、れっきとした式内社である。

式内社のひとつ、角鹿(つぬか)神社は、戦災をまぬがれた唯一の境内社で、更に遡って、1570年、朝倉攻めの信長が火をかけても、この社だけは焼けなかった。祭神は、但馬一宮と同じアメノヒボコ(新羅国王子)とも、別人ツヌガアラシト(伽羅国王子)とも伝えられ、この地の先住神である。王子が上陸したであろう海にむかって西面する。代々角鹿氏が社家を勤めたが、先代が神職を廃業、医師になられた。

角鹿(つぬか)は、713年、敦賀(つるが)となった。「国郡郷の名は好き字を著(よ)けよ」という法令にしたがったのである。1962年自治省は、住居表示法により、全国自治体の地名改変を許容奨励することとした。しかし昔は、このように改変を強制したらしい。官憲の地名いじりは、なにも近年だけの悪習ではないのである。1689年中秋の前日、敦賀いりした芭蕉は、

　　ふるき名の角鹿や恋し秋の月

と詠んで、大垣へ去った。読者諸兄の美学は、いずれにご賛同であろうか。

加賀一宮　白山比咩(しらやまひめ)神社

三菱総研が平成9年10月発表した「都道府県別豊かさ指標」で、石川県が日本一となった。この豊かな県は、加賀、能登2国から成る。県庁を置く金沢と言えば、観光客には洗練された古都のイメージだが、蓮如上人が開いた町だから、一宮の歴史スケールでみると、まだ若い。小松の方が古い。加賀の国府、国分寺は小松にあった。

両市のあいだに、豊かさ指標日本一の加賀平野がよこたわり、そこここから、南東に白山(はくさん)がみえる。標高2,702m、波打つような真白の輝きをまとう崇高な山姿は、白き神々の座として、上古、神体山信仰が篤く、人々は入山を厳にいましめていた。しかるに717年、泰澄という僧が禁足をおかして登攀、山頂に奥宮(おくみや)を建てた。白山神の仏法化を企てたのである。仏教伝来後たったの180年、若狭では一宮の祭神が、ようやくあらわれたばかりの時期である。時に泰澄35歳、おそるべき先見性と行動力の持主であった。

仏教まだうら若き時代、仏僧の活躍には眼をみはる。白山に16年おくれて、男体山(なんたい)登頂を果たし、下野一宮の二荒山信仰を開発したのもまた、佛僧であった。神職はどうしていたかというと、後来の仏教指導者の手で、日本先住の神々が掘り起こされるのをただ見ていた。ギリシャ、ローマ神話のように、在地伝承と結合しながら発展していったタイプと一寸違うところが、日本宗教史におけるシンクレテイスムの特色であった。

本邦山岳宗教の先駆的システム

こうして、神仏習合の登山信仰が組織化された。組織化は、猛烈なスピードで進み、早くも832年、加越濃3国の山麓登拝基地が、馬場(ばんば)という名称に統一された。越前馬場は九頭竜川(くずりゅう)、美濃は長良川(ながら)、そして加賀は手取川をルートにとる。手取川の知名度は、他の2川に比し劣るものの、この川、わが国有数の急流河川で、流域に加賀米7万tの生

産を支える。それ故、加賀ルートが後年優勢となるのである。

しかし当初は、各馬場が独自のブロックをとりしきり、ゆるやかな連合体を形成していたが、12世紀、比叡山の介入が増して、統一行動が難しくなった。そのあおりで、嶺上社殿の造営権、山頂祭祀権などの争いに、鎌倉から江戸幕府の、宗教行政当局はふりまわされ、明治の神仏分離でようやく、白山信仰エネルギィの沸騰はしずまったのである。それでもまだ、越前平泉寺（へいせんじ）は、山頂入会（いりあい）権を頑張っていたが、戦後手をひいて、加賀に任せることとなり、昭和26年、大蔵省北陸財務局長が、山頂835万坪を、加賀一宮白山比咩（しらやまひめ）神社に無償譲渡した。

20世紀大蔵省譲渡で完結した当社への神領寄進は、8世紀にはじまっていた。15世紀になると、加賀国土の1／3を収めて、全国2,700の白山神社の頂点に立った。それなのに延喜式は、当社を大社と認めない。諸国一宮の83％が延喜式大社であるのに照らしても、奇異である。先駆者白山のほかに、わが国修験道霊山として、出羽3山、金峯山、熊野などが著名で、これらは一宮の座についてはないが、いずれも延喜式大社ではある。だから当社宮司も、このことは妙に思っていらっしゃる由。

祭神白山比咩を、当社では菊理媛（くくりひめ）としている。

加賀一宮　白山比咩神社

イザナギがイザナミを追って死の国に到った時、現世とあの世の言葉を通訳なさった女神である。

本社社殿は、18世紀前田家寄進の銅板葺流造を昭和58年改築。堂々としている。ここから山頂奥宮まで、手取川沿い59km、そのあいだに、本宮4社中宮3社と称する有力摂末社がつらなっていたが、15世紀末、一向一揆の跳梁荒掠と、事後の弾圧で、徹底的に撲滅された。のち氏子達が再建した社があるが、往時の威勢はしのぶべくもない。当社に一番近いお宮が金剣宮（きんけんぐう）である。このあたりの地名は、鶴来（つるぎ）と美しい字をあてているが、実はこのお宮の剣（つるぎ）から出た名だ。

花に名を与えた修験者達

白山の名をいただく植物は、ハクサンイチゲ、ハクサンコザクラ等、18も図鑑にのっている。代表的な高山植物で、分布は白山に限らないのに、数が多い。どうしたことであろうか。東京大学の前川文男教授は、白山が命名当時の都の文化圏に最も近い高山であったからだとしている。白山は単独峰で、山懐もさして深くはないが、故中西陽一知事が開発を拒み続けたおかげで、今でも足で嫁ぐ山だ。11月も後半になると、タクシー運転手は鶴来から奥にはいるのをためらうのだが、7月と8月は、標高1,000メートルの別当出合までバスが通じる。そこから、砂防新道とよばれるコースにとりついて登る結構マッチョな山なのである。

そういう意識にはさからうが、前川教授の説くように、花の命名が、高山帯の珍しい植物に接した昔の修験者達に負うのだとすれば、やはりこれは、白山の女神の御神徳にあやかろうとしたのに違いない。御神徳はたとえば、次のように田中澄江氏を魅するのである。彼女は述べている。「（白山から下る斜面に）ちょうど花の盛りのハクサンコザクラの群落を見つけ…しばらくすわりこんで…できればここで野宿したいと思」ったと。

ノオトその11　　一宮の社名

　前々項で、越前一宮の「神宮」号宣下に触れながらも、標記は気比「神社」とした。その訳をご説明するが、このノオトでは、神社名は必ずしも式によらず、通称によった。そうしないと、信濃一宮、美濃一宮のように、式登載の神社名があまりにかけ離れているからである。けれども、社号は式によった。そうしないと、式が社号を制限的に運用している（かのように思える）意味が消えるからである。

　具体的に申し上げる。先ず「神宮号」であるが、4種類ある。

①**単に「神宮」**　伊勢神宮の正称である。

②**延喜式の神宮**　鹿島、香取の2神宮と、筥崎、宇佐の2宮だけ。すべて一宮である。

③**明治の神宮**　明治の太政官布告は、上記を踏襲し、制限的であったが、この間紀伊、豊前の一宮は、神宮とよばれていた。その後、明治20年代までに9社の追加があったが、うち、一宮は越前だけである。

④**戦後の神宮**　神宮号規制は廃止された。今回までに登場した一宮のうちでは、丹波、淡路が神宮を称される。

　次に「宮」号である。志摩の伊雑宮については前記した。その後、八幡宮、天満宮、東照宮などの宮号が成立したが、一宮は関係ない。

　最後に「大社」号について。

①**延喜式の大社**　出雲一宮だけ。

②**延喜式の大社格付**　神名帳がリストアップした全神社のうち、12％が大社に格付されているが、1をのぞき、大社号は与えられなかった。ちなみに一宮の大社格付率は83％である。後日触れる。

③**戦後の大社**　今回までに登場した一宮のうち、摂津、和泉、近江、駿河、伊豆、信濃、美濃、能登が大社を称される。それぞれの項で附記しておいた。

　さて、すべての一宮の社名は、上記した例以外は、当然のことながら、何々神社と称される。

能登一宮　気多神社

　ポオル・ヴァレリイは、1922年、『海辺の墓地』を編んで詩壇を驚倒させ、自らは南仏セエトの、明朗静謐な海辺墓地に眠る。折口信夫は、気多神社の海辺墓地に眠る。養嗣子藤井春洋がこの社家の出で、硫黄島に散った。折口博士は、代々医薬を業とする大阪の家系でありながら、昭和28年、養子を追ってその墓にはいったのである。砂地に小さな自然石をころがしただけの墓地の一画

折口信夫は能登一宮の海辺墓地に眠る

は、異様であるが、それは社家に土葬のならいがあって、仏教風の墓石修飾と無縁だからだ。歌碑は、墓地からあがった神社境内の方にある。

　　気多のむら　わかば黒ずむ　ときに来て
　　とほ海原の　音をきき居り

遠海原の音が聞こえる気多(けた)神社は、能登半島西岸羽咋(はくい)の町はずれに鎮まる。尊称を気多大社、既に8世紀に大社であった。どうしてそう言えるかというと、748年大伴家持の歌がある。「気太(けた)の神宮に赴き参り海辺を行く時に作る歌一首」と前書して、

　　之乎路(しおじ)から　直越(ただこ)え来れば　羽咋の海
　　朝凪ぎしたり　船梶(ふねかじ)もかも

之乎路は現名志雄(しお)峠で、高岡から半島背梁を越えてきたことが判る。そうだとすれば、眼下の邑知潟(おうちがた)(今は干拓地と化した)を海だと早合点した可能性が強いけれど、それはもうどうでもよい。悠揚たるリズムが、折口の前掲歌と通底することに驚嘆するならば。

妻入檜皮葺入母屋拝殿は17世紀重文、両流造檜皮葺総欅本殿は18世紀重文、左右摂社も神門も重文である。祭神は大己貴命(おおなむち)、つまり大国主で、この神を奉じる出雲族の日本海側東進については、諏訪一宮の項で触れた。能登半島には、最初東岸七尾に上陸した。上陸してすぐ兎に逢った。孝元天皇の時だが、早くも2代あとに羽咋へ移った。はるばる出雲からついたというのに、匆々のお引越とは、いかがかと思われるが、どうも事実のようだ。七尾の能登生国玉比古(いくくにたまひこ)神社が気多本宮と称し、当社から毎年3月神幸するからである。

神は半島を横断なさる

おいで祭りとよばれる神事である。神列60人が沿道駐泊5夜をかさねて往復50km、とてもじゃないが、気多本宮のケースは、元伊勢(丹後一宮の項)、本春日(もとかすが)(河内一宮の項)と同列に論じえない。1800年前のお引越は事実あったに違いない。神幸は途中諸神社にたちよられるが、集落ごとにお供(そな)えが、ヒエがゆ、豆粉団子のように、スペシフィックに定まっている。古習であろう。

古習といえば、当社では榊(さかき)にかえて、たぶを神事に用いる。当社裏のたぶの社叢を形成する暖地性常緑闊葉樹林は、むかし南海の波涛から対馬暖流にのりついで、ここ北陸の渚の砂まで、はるばる渡来したのであろう。折口博士はここから「まれびと」「漂著神(よりがみ)」のキイワードを感得されたのではないか。それ故、博士の『古代研究』口絵写真が掲げるのは、まぎれもなく、当社のたぶの杜(もり)である。

能登一宮気多神社、重文社殿が沢山ある

越中一宮　高瀬神社　気多神社　射水神社

　越中富山は特に難物である。普通越中と云えば、男性用の小さな小さな肌着か、配置売薬を連想するが、一宮研究者が困るのは、ここに一宮がやたらに多いせいである。

　本来の一宮はひとつである。ところが千年の歴史を経て、文献、信仰、伝承にデヴィエーションを生じた結果、複数存在することとなった国がある。本稿でこれまで扱った28国でみると、うち、9国がそうなっていた。それでも、複数社のうちのいずれが本来の一宮であろうかについて、私の憶測（ノオトその4）を述べてきた。唯一の例外は伊勢一宮ふたつであった。しかるに越中では、私のフォーカス能力では、現存数いつつをみっつにしぼれるだけだ。どうしてそうなるのか。

　もとはと言えば、それもこれも越中の国人気質である。戦後の労組結成率や町村合併推進度は全国一で、その昔、天台・真言からなだれを打って真宗へ改宗したのも、有名な史実である。こういう資質の人達は、一宮はひとつであるべきだという権威主義を尊ばない。国司もそうだ。一宮は、国司の諸社参拝順を定めたのだとする多数説があるが、越中国司は巡詣ルールを守らない。守っていれば、一宮はひとつに確立していた筈ではないか。そんなことだから木曽義仲も、越中の支配者でありながら、倶利伽羅峠の戦勝祈願は、加賀一宮で執行した。越中一宮ではない。

越中一宮関係図

① 3世紀初、大国主命が七尾から羽咋へ遷りたまう
② 748年、大伴家持が志雄峠を越える
③ 1183年、木曽義仲が加賀一宮に願書を呈する
④ 15世紀後半、高瀬神社神官が退転する
⑤ 明治8年、射水神社が城趾に遷る
⑥ 平成7年、雄山神社仮神殿があがる

越中一宮　高瀬神社

高瀬神社

　越中一宮をひとつだけ紹介する類書は、高瀬神社を一宮と認める。たとえば神道辞典、国史大辞典、『越之下草』など。それでも私が断言を憚かるのは、たとえば『和漢三才図会』は当社と気多神社を混同しているし、『白山記』は気多と射水神社の一宮争いを記しながら、当社に言及しない。元禄9年の『一宮巡詣記』にいたっては、「(要旨摘記) 一宮は砺波郡(当社の所在地)と聞きしに、一宮と覚しき社もなければ、気多なるべしとて詣ったが、射水が一宮のよし言うものあれば、そちらにも詣る。」とウロウロした挙句、当社には詣ってない。

　砺波平野のどんづまり、妻飾と邸周松並の美しい散居村に坐す。このあたり、飛越国境に近い山麓扇状地ほど良質米が獲れ、高岡はかって日本一の米の積出センターであった。当社の東2kmに、門徒が開いた井波町があり、町立歴史民俗館の岩倉館長は、祭神大己貴命とするが、古来豊穣の地の農耕神であったろうとみていられる。気多神社の地元伏木の農家の方も、井波にお出でになるが、その際当社には詣るなと、親から言われている由、一宮をとられたとの思いかららしいと、これは駘蕩たる笑い話である。

　15世紀の一向一揆で、当社は僧支配となり、神官は庄川東に退転した。18世紀復旧、昭和の国費改築中、終戦で途絶、近郷近在の旧家が屋敷林を供出して続行、昭和22年竣工の権現造である。

気多神社

　越中の国府は高岡市伏木にあった。746年、弱冠29歳で国守となった大伴家持が5年間在任した。万葉集に収めた家持歌479首（ダントツで、次は坂上郎女84首）のうち、220首を当地で詠む。帰京した彼の次の赴任地は因幡で、そこで759年、万葉巻末の歌「いや重け吉事」を詠む。それで因幡国府町は万葉館を建てたりしたが、高岡市の熱のいれ方はダンチである。たとえば万葉集全20巻朗唱の会では、高岡市民2,100人が60時間かけて4,516首をうたうのである。

　家持の国府跡から西北へ1km、途中国分寺跡を経て、気多神社に到る。市の北郊二上山が東にのびて、平地に移ろうとする丘陵台地70mの高みに坐す。主祭神は高瀬神社と同じ大己貴命、も

ちろん能登一宮羽咋の気多神社とも同名同神である。ここから、当社を羽咋の分祠とみる説が出てくる。当社を越中一宮だと主張する場合、当社が隣国一宮の分祠では一寸面白くない。

当社宮司は分祠説をお認めにならない。たまたま羽咋と同名だが、別個の古社である。（それにしては、羽咋で歌を詠んだ家持が、当社で詠んでませんが…）近過ぎて、歌興が湧かなかったのだ。神名帳では越中唯一の大社である。（それにしては、高瀬や射水と違って、神階昇叙の記録が見えませんが…）。でも一宮の地名はここだけなのだ。

拝殿は簡素な桟瓦葺、簡素だから、神事は本殿の方でなさる。本殿に昇殿する得難い機会が与えられる。後補の1間向拝から昇殿してみると、柿板葺素木の3間社流造は、内陣外陣広縁に3分、太い仕切柱で横に細長いスペースに分割されている。規模宏壮にして雄勁なる16世紀の重文である。

本殿左手の大伴神社は昭和60年創建。前記のように、家持は42歳で万葉の巻を閉じたのち、歌わざる歌人となってなお25年生きて、赴任地

気多神社は越前一宮と刻した大石柱を平成元年にたてた

多賀城で没した（富山→鳥取→仙台と、すごい人事異動だ）。かの「海ゆかば」は、749年伏木在任中の作で、土橋寛氏『古代歌謡論』によれば、生活感情を圧殺した観念的官僚歌と化している由。それならばこれは、君主に捧げたごますり歌ということになる。にもかかわらず、多賀城では葬を許されず、骨は隠岐に流された。それ故、大伴神社のご神体は、当社宮司が社殿亀腹に納めた多賀城の土である。

万葉編者のこの悲運は、子孫にも祟った。大納言伴善男は、犯行動機不明のまま、860年の放火犯とされ、大伴氏は政界から放逐、平安貴族には藤原氏だけが残る。このミステリアスな事件は、

北陸道の国の離合年表					国の数	北陸道の外
650年頃		越の国　信濃川をこえ　出羽・津軽へ			1	佐渡
680年頃	越前	越中	越後		3	
710年頃			上越地方	712年出羽郡　出羽	3	717年出羽国
718年		能登			4	
8世紀中頃	741年併合　大伴家持在任	746年		743年併合	3	
8世紀後半	若狭　757年再分離	能登　751年		佐渡　754年再分離	6	
823年	加賀				7	
現在	福井県	石川県	富山県	新潟県	4県	

出光美術館の国宝伴大納言絵巻に描かれている。

射水神社

加賀一宮に蔵された『白山記』に、「射水がもと越中一宮なりしが、気多が之を諍い、射水に力なくして、気多に一宮をとられた」と記す。この12世紀文献の史料価値は、必ずしも確立された訳ではないので、延喜式ではどうなっているかとみると、射水が越中唯一の大社である。しかるに、のちに発見された宮内省図書寮と九條家の写本では、気多が国内唯一の大社である。だから神名帳も決め手にならない。そこへもってきて、気多に神階昇叙がないのに、射水と高瀬は、同時に同位の神階へ進んでいた。こういう次第で、一宮については、みっつの神社がからんでしまった。

宮司は、一宮はむしろ高瀬さんでしょうと、超然としていられる。当社由緒書や境内掲示等に、一切一宮の称を用いない。しかし、越中全土の各戸（高瀬を含む）に、初穂米1升2合の当社への奉納制があった史実に照らしても、宮司のような断定は憚られる点が残る。

射水信仰の起源は、高岡市北郊二上山に神在りと考えた一帯の農漁民が、朝夕祈りを捧げたのに始まるが、二上南麓にあった当社は、明治8年、高岡城本丸趾に遷った。従って氏子はなく、地元政財界が銅板葺神明造の社殿を整備し、市民を奉賛会に組織した。御動座は、時の宮司が「社僧の専横をにくんで」のことだ。見棄てられた形の氏子は「号泣」し、早くも3日後に氏子分社を出願する。維持コストは、年18円20銭を1村190戸を以て支出しますから、と申し出て、許可される。旧地の旧仏堂を転用、戦後独立、別法人二上射水神社となった。

氏子は号泣しながらも、男神坐像を天井裏に隠しておいた。今、この別法人の収蔵庫にある。平安の欅造重文で、ナタ彫の西限とされる。春祭は無形文化財になっていて、前日、山に在る神をゴヘイドン家（社の隣、山森氏の家号で、頭屋を世襲なさる）に迎え、当日、ゴヘイドンが先導して、境内の築山祭壇にむかう。祭儀後は電光石火、夕方までに築山を崩してしまう。それが、古神道儀礼のなごりなのである。

ナタ彫欅の二上神像は明治の御動座の際動かなかった

もうひとつの一宮

富山市郊外鵜坂神社も一宮（または総社）と言われていた。しかしそれよりも当社は、例祭の奇習で名高い。神職の祝詞奏上の間に、婦人方は関係した男性の数を告白する。彼女達は、神罰をおそれて、過少申告しない。申告の数（『俊頼秘抄』によれば、「女の男したる数」）だけ、榊で尻を打った。芭蕉は、「油断して行くな鵜坂の尻打祭」と、警告とも挑発ともつかぬ句を詠んだ。一種の浄化装置（カタルシス）であったのだろう。この羨ましい奇習は絶えた。惜しいことをした。

更にもうひとつの一宮

南北朝の文献『神道集』によると、雄山神社が越中一宮である。当社の峰本社は、立山連峰雄山、標高2,992m（国土地理院計測。神社資料では3,003m）に坐す。平成7年、136年ぶりに解体、工事期間中の仮神殿は、ヘリで天狗平から大汝

山頂（3,015m）に運ばれ、翌年神は、雄山の新殿に還御された。

　加賀一宮と同じく、神仏習合の修験道である。ただし、白山(はくさん)の女神に対し、立山は男神の山と信じられる。それ故、山頂の峰本社こそが本社であり、富士や白山のように、山麓本社あっての山頂奥宮ではない。それ故また、修験者はすこぶる男性的で、白山の修験者のように、登拝路でみつけた高山植物に名を与えるような真似はしなかった。ハクサンを冠する植物18種に対し、タテヤマギクほか6種があるが、立山に実在しないか、あるいは、本来ならミヤマ何々、タカネ何々と称すべきところにあえてハクサンを冠したような例は、立山には見られない。

　もっと言えば、峰本社の、板葺石置屋根3間社流造の中央宝庫に納められた先駆修験者の杖は、後輩が持ち去ったか、宝物遺物とともに散逸、行方不明の荒々しさである。白山で登山システムが動き始めたのは9世紀であることは、文献上明らかであるのに、立山最古の登山記録は、15世紀までくだる。だから明治40年、陸軍参謀本部陸地測量隊が立山初登破した時、発見した青銅錫杖頭部(しゃくじょう)が、平安初期の作品と鑑定されて、世を驚愕せしめた。白山と同時期に、登山記録は残さず、いわんや、システム化されたサポートも獲ない孤独の登山人が、実は立山には、いたのである。それ位荒々しいのである。

　登山前哨基地として、芦峅寺(あしくらじ)（頂上まで40km）と岩峅寺(いわくらじ)（更に12kmさがる）の集落（寺ではない。峅の字は地元の作）がある。夫々に祈願殿、前立社壇(まえだてしゃでん)と称する社殿境内をもつ。峰本社とあわせて3社で1宗教法人雄山神社をたてる。

芦峅寺の雄山神社境内

　岩峅寺は、立山から流れ落ちる常願寺川が峡谷を抜けて、富山平野にとび出した地点である。佐々成政が、扇状地の扇頭溢流制御に汗を流した右岸高台に、5間社流造、北陸最大の重文本殿が鎮まる。一宮の標識は無い。由緒書にはロウキイで言及する。

　この点、芦峅寺も同様だ。往時33坊5社人(しゃにん)を擁した一山(いちざん)のうち、佐伯宮司家のみが今残っているが、宮司は、全盛時の立山信仰が一宮をとなえてしまったのだろう、との御見解である。境内には諸殿が不規則に点在し、その上、境外の全山末社を合祭した本殿もある。古来の本殿もあり、祈願殿と称してはいても完結した神社であって、山頂遥拝施設ではない。

　ところで、立山は［tətejǽmə］と発音する。念の為。

ノオトその12　　一宮の神階

　神階。神様の階級である。人間が神様を階級分類するとは、神をおそれざる所業ではないか。前項で、越中一宮の神階昇叙に触れたので、ここでご説明して置きたい。

　神社を格付けするのに、びっくりする程沢山の手段がある。一宮だって、一種の社格の表示である。神階は、それら格付けのひとつで、朝廷が、祭神または神社に贈る位階である。昇格を昇叙という。降格は無い（下方硬直性100％）。

　位階は、本来王が王臣に与えるものだが、それを神様に転用した。現代でも勲章制度に似たところがある。福沢諭吉ばりに言うなら、叙勲は、国が民（主権者）をランク付けするもので、けしからぬ。そして、内閣府賞勲局のランク付けの基準が明らかでないと批判される。しかしそれは無理な話であろう。序列のパラダイムは不透明だからこそ、有難い。客観的に明確透明であるなら、もはや尊くない。神階の基準も、明確透明という訳にはまいらなかった。

　神階叙位は、早くも天平時代にはスタートしていた。「勲位」「品位」もあったが、普通は「文位」で、正6位以上の15階（人臣は30階）のうちのどれかを授けて、「神の序列」を整備し、神社行政に応用した（二宮正彦氏）。はじめは宇佐神宮ですら3位、なかには従5位というような、中級官僚なみの格付けもあった。しかし高級官僚、たとえば本省次官級でも、年収換算200万円で従5位くらいだとする本もある。5位以上の貴族は200人弱だったらしい。神様はそれより下位があったわけで、6位の神階を授けに行った勅使が従5位で、神様よりも上位であった例が実在した。

　こういう状況であったから、当局は、神様に少しずつ昇格を認めることで、宗教行政の権威を保ったのである。その認めるか、認めないかの基準は、限りなく不透明であっただけに、神社側の上昇指向が当局をつきあげた。そのうち当局も、いちいちつき合い切れなくなって、859年には267社、897年340社の諸神同時昇叙をやった。後世公務員一斉昇給のハシリである。1081年にいたっては、天下諸神洩れなく1階奉授の大盤ぶるまいをやった。この大インフレーションにあたり、既に極位（もう上が無い）に達していた神には、どうしたかというと、神階のかわりに封戸を寄せて、納得してもらったりした。課税最低限に達しない人々が、減税をやっても、その恩恵は納税者だけが均霑する故、不公平だと主張するが、どこか似ているような気がするのである。

一宮の神階の執奏

　古代、朝廷が一方的に、神社側に事前の内示すら無しで、奉授していた神階は、こうして、宗教界操縦の具と化してしまった。室町以降、吉田家とりし切りとなってからも同様であった。この吉田家というのは、3高寮歌で月がかかる吉田山に吉田神社をたて、その大元宮（だいげんきゅう）に

全国3300の式内神を合祭した家系である。伊勢神宮の神器が我が家に飛んで来ましたよ、と、偽神鏡を内裏に持ち込んだり、賀茂川に塩俵を埋めておいて、伊勢の海潮のぼれり、と、密奏に赴いたり、どうもいかがわしい所業が記録されているにもかかわらず（または、それだからこそ）、神位神階は吉田執奏家の裁量に付すこととされた。

この朝廷への取次ぎ独占権は、正確には寡占であって、別に白川執奏家と、直奏可能の有力古社（山城一宮、出雲一宮）があったのだが、吉田家は、取次ぎにあたりコミッションを取った。後記の出羽一宮で云えば、1736年、正1位の宣旨をもらった時、都で8日間、お礼廻りをした。このお礼廻りミッションといえども、昇叙決定システムが見えていた訳ではないので、少しでも関係がありそうな所に献上物をもって廻った。タクシーがない時代に1日17ヶ所もこなしたのである。

それ故、一宮の神階を研究分析する価値は乏しい。ただ、1国に複数の一宮がある場合、ある時期の神階比較を参考にするだけである。

越後一宮　弥彦神社

エジプトはナイルのたまもの。西洋史の一番始めのところで習うギリシア人の言葉である。しかし信濃川は、ナイル河のような恵みをもたらさなかった。今の新潟平野に流れついた川水は、ラグーン周辺スポンジ状の土壌に間歇的に氾濫をくり返し、住民は河川流路の安定と、潟の排水を何百年も続けた。洪水に襲われると、農民は女児を売った。佐藤信淵は、水害年に越後からの娼妓供給数がふえることに着目して、論文を書いた。かかる哀話の再生産は、1931年、大河津分水の開削で終息した。

大事業は、古代越の国の先住民の手には負えなかった。先住民はたとえば、朝日村三面遺跡（98年発見。三内丸山より大規模）のように、新潟平野に降りずに、山間部で縄文文化の花をひらかせていた。そこに出雲族が到来したが、出雲神話は、彼ら先住民を自分たちとは別の種族とみている。蝦夷であったかもしれぬが、大和朝廷もまた異民族視した。人種的には、蝦夷がアイヌ人か、別の日本人か、論争がある。弥生文化の先端は、いずれにせよ、前1世紀頃には接触した。しかし出雲族も低湿地を避けて、サッサと内陸部へすどおりした（諏訪一宮の項参照）。それ故、新潟平野開拓史の夜明けは、7世紀なかばに、信濃川口に達した天孫族のテクノロジィ到着まで待つのである。

弥彦山638mは、11世紀まだ一面の湾に突き出た半島状で、古くから周辺住民が神体山視していた。万葉集に信仰を裏付ける歌がある。

　　いやひこの　おのれ神さび　青雲の
　　　たなびく日すら　小雨そぼ降る

この歌は、「越中国歌」と題する見出しの次に置かれてあるが、万葉学者はこれを越後の弥彦神の歌と認める。昔、弥彦山の足元まで越中国に属したというのが、越中国歌見出しの根拠である。ところが古代国制史では、昔、越後西半が越中であった根拠に、この万葉歌を引用する。お互いにもたれ合っていたのでは、仕方がないが、インターディシプリナリとはこの程度のことなのである。それにしても万葉編者大伴家持は、越後移管

越後一宮　弥彦神社

のあと半世紀もたたぬ頃、越中に在任したのだから、ひとこと編者註ぐらい添えてくれれば良かったのに。

それに家持は、移管後の新国境を東には越えていないと思われる。国境に、境川という名の小川が流れていて、川上に謡曲『山姥』の宿があって、こわいので、義経も芭蕉も、海岸沿いをそそくさと通り抜けたであろうが、家持はそこを通過もせず、越中国歌と題して、越後一宮を詠んだ訳で、不親切であるのみならず、一寸厚かましい。

越後一宮弥彦神社、祭神天香山命（大和天香久山との関係不明）は、瓊瓊杵命の甥もしくは甥の子で、紀州熊野に在ったが、天鳥舟という船（天鳥船命との関係不明）で、日本海まわりでお出でになった。美しい林相の神体山を背にした檜銅板葺の本殿に坐す。拝殿は入母屋妻入の大殿。神学の伝統が強く、神社側が神宮寺を圧迫、寺の別当から訴えられ、敗訴した。それでも一向にひるまず、排仏をつらぬき通した。えらいものだ。そのせいでもないだろうが、この社で研鑽を積んでから各社に散る神官が多い。

もうひとつの一宮

日本海沿いに東進して来た出雲族は、糸魚川を右折するが、一部は直江津から南下した。だから出雲の神の日本海沿いのプレゼンスは、能登気多神社、越中気多神社に続いて、直江津の式内居多神社で一応のエンドポイントとなる。直江津の先に、出雲崎（良寛はここの名主の子）の地名を残したり、後世出雲神勧請のお宮はあるが、この先はもう、天孫族の出番であろう。

直江津地方は8世紀初頭、越中から越後に分属され、国府、国分寺を置いたので、居多神社も一宮とされた。861年まで弥彦神社と神階同格で、14世紀幕府書状に越後一宮と明記され、16世紀上杉氏文書にも当国一宮とある。当然謙信は、弥彦神社も一宮として尊崇し、要するに彼は、どちらもたてて、結構うまくやっていたことが判る。うまくやってはいたが、破局は1578年、彼の死とともに訪れた。謙信に妻妾なく、養子が2人いて、跡目争いの時、当社が推した方の養子が敗れ、神社は焼かれ、神主は能登に逃れた。1598年、上杉氏の会津転封をみとどけてから舞いもどった。オランダ国王は、大戦中の亡命先イギリスか

ら舞いもどって、退位なさった。しかし居多の神官には、社領が少しだけもどされた。13石である。以後当社に、一宮の形容詞がつけられることは少なくなった。切妻桟瓦葺板張りの、仮殿状のお社である。

更にもうひとつの一宮

出雲族糸魚川右折の痕跡が、糸魚川市旧一宮村字一宮の奴奈川神社である。祭神ヌナカワ姫は、姫川流域を支配した先住豪族の娘で、絶世の美人（古事記にそう書いてある）で、大国主命が西から来て妃にした。実際は、後来の族長の政略上の要請だったのだろう。南から伊豆に上陸した三島神が、イコナヒメを妃にしたのと軌を一にする（伊豆一宮の項参照）。

大国主命の出雲の正妃には子が無かった。それで、ヌナカワ姫との間の子タケミナカタを出雲に送る。正妃スセリ姫は、ヌナカワ姫を嫉妬する歌を詠み、その歌が古事記に残っているぐらいだから、そこに子を送るのは、とてもアブナイ話だと思うが、クレオパトラだって、多分これより200年以上前に、シーザーとの子カエサリオンを、正妃の膝下、2千km離れたローマに送った。送る前、タケミナカタがヌナカワ姫に抱きつくイメージを糸魚川市民は愛して、母子像が市内に3つある。しかし、この子は、国譲りを迫りに出雲に来たところの、天孫族全権タケミカズチと争うハメとなる。敗れて、糸魚川に帰る。なお逐われ、姫川を遡って諏訪に走る（諏訪一宮の項参照）。

ヒスイを掘る縄文人と現代人

そこで姫川である。隣国信濃は白馬岳に発し、本邦大地溝帯53kmを豊かに北流して、糸魚川に達する。達する折、かの「糸魚川静岡構造線」の露頭を我々に示す。北米プレートとユーラシアン・プレートが東西から衝突して、せり上ったのを観察できる。観察者は一時的にしろ、地球哲学者の気分にひたるのであるが、せり上った時、翡翠の原石も押し上げた。遠く、縄文人も交易に訪れた（翡翠原石を産するのは当地だけなのに、三内丸山からも翡翠加工品が出たのがその証明になる）し、近く、現代人も河原で探している。当然

ヌナカワ姫、または、姫とタケミナカタの母子像は人気が高く、糸魚川市内に3つある

奴奈川神社の茅葺拝殿

タケミナカタも、姫川の玉を拾いつつ、遡ったであろう。勿論道々、ヌナカワ姫を祀りながら。姫を祀る神社が川沿いに10ある。

一宮奴奈川神社は、式内社なのに、式外天津(あまつ)神社の境内にある。そのあり方であるが、もと別地に坐したのを移したとみる説と、もともとここにあった同格の2神とみる説（いわゆる1地2社(いっちにしゃ)。後日触れる）がある。当社名誉宮司は後説で、今、茅葺入母屋の風致に富む拝殿真うしろに天津神社本殿があり、左隣に奴奈川神社本殿が並んでいるけれども、昔は拝殿がもっと左にずれていたそうだ、とおっしゃる。そうおっしゃる宮司の御名刺肩書は、天津神社だけである。一宮の称については、それは前項居多神社より古い時代にそうだったかもしれぬし、糸魚川の郷だけの一宮の意味かもしれぬ由。

このお宮は、重文指定舞楽を伝える。常設の神楽殿や能舞台とは違って、石舞台には屋根を張らず、床、匂欄はその時限り組み立てる。ハシリエンは真直に楽屋表につながっている。だから、ここの舞楽は、横から、または能のハシガカリのように斜めに、登場するのではなくて、正面から拝殿にむかって進み出る様式を踏むのである。珍しい。

佐渡一宮　度津(わたつ)神社

南佐渡羽茂(はもち)の北の、なんでもない田舎の、川沿いに坐す。佐渡主邑のいずれからも遠く、ひとけなく、しかしさびれていない。

度津(わたつ)神社という社名からは、海神(わたつみ)を連想するが、祭神は五十猛命(いそたける)。木の神である。佐渡には案外大木があり、天下無双と称された越前一宮の大鳥居も、ここの木で作った。それに伊太祁曽(いたきそ)神社（紀伊一宮の項参照）と同神で、もと紀州に居られた。故に、対岸の弥彦神のご親戚かもしれない。ところが、佐渡の先住開拓民は物部(もののべ)氏で、自らの祖神は別にあった。これら色々の流れを包摂して、度津神信仰が形成されたのであろう。ただし、出雲族の気配はない。

本殿は18世紀の、3間社朱塗両部造で、本土をむいて南面する。拝殿は台湾亜里山の檜を用いた瓦葺である。

東北地方

- （陸奥）青森県
- 岩木山神社
- 秋田県（羽後）
- 岩手県（陸中）
- 駒形神社
- 大物忌神社
- 山形県（羽前）
- 宮城県（陸前）
- 塩釜神社
- 福島県（岩代）（磐城）
- 伊佐須美神社
- 都都古別神社

出羽　陸奥

出羽一宮　大物忌神社

　東北の日本海側に大和朝廷の勢力が北進したのは、6世紀中頃である。712年、越後国に出羽郡を置き、5年後出羽国に昇格した。この時陸奥から、今の山形県内陸部をわけてもらった。明治元年、羽前、羽後に2分するまでずっと1国のままだった。だから出羽守がいても、羽前守はいないし、一宮はひとつだけである。それが山形県にあるものだから、秋田県は、沖縄県及び東京都とともに、一宮が無い珍しい県となった。

　山形県北、日本海寄りの鳥海山、アスピ・コニーデ式2,230mは、深田久弥『日本の百名山』で山容秀麗と讃えられる。この山の大物忌神は、6世紀頃から山頂本殿に坐し、山麓吹浦及び蕨岡にも宮をもった。神系不詳なれど、北方蝦夷に対する守護神として、国家の関心が高く、出羽一宮の座につくのである。

鳥海山と月山

　南60kmの月山、アスピーデ式1,980mの山頂に坐す月山神社は、羽黒山、湯殿山とともに、出羽3山信仰圏をつくって、国府（酒田）にも近く、修験道も強力、現代の知名度も鳥海山より優勢である。にもかかわらず、歴史的には、月山神への国の祭祀は、鳥海の一宮で執行されていた。明治7年、大物忌神社は、月山神の国祭資格を失ったが、今なお吹浦宮本殿は、東大物忌神、西月山神の2殿並置で、日供は石段下の拝殿から、先後なく同格に捧げられる。

　この、月山神の鳥海祭祀とは逆に、鳥海修験の方は、隆盛な羽黒修験の下風に立った。そもそもが、両山の間に拡がる庄内平野である。沖積大平野3万ヘクタール、既に近世に美田化され、庄内藩酒田氏の力は圧倒的であった。対するに秋田県側の矢島藩は、大物忌神の山頂奉斉権をめぐって、勝算乏しい凄絶な藩境争いを展開、1704年幕府評定所の裁定で玉砕した。それ故、鳥海山山頂は庄内藩境を受け継いだ山形県にある。両県からの登山口は6つ、夫々に修験集落が形成され、独自

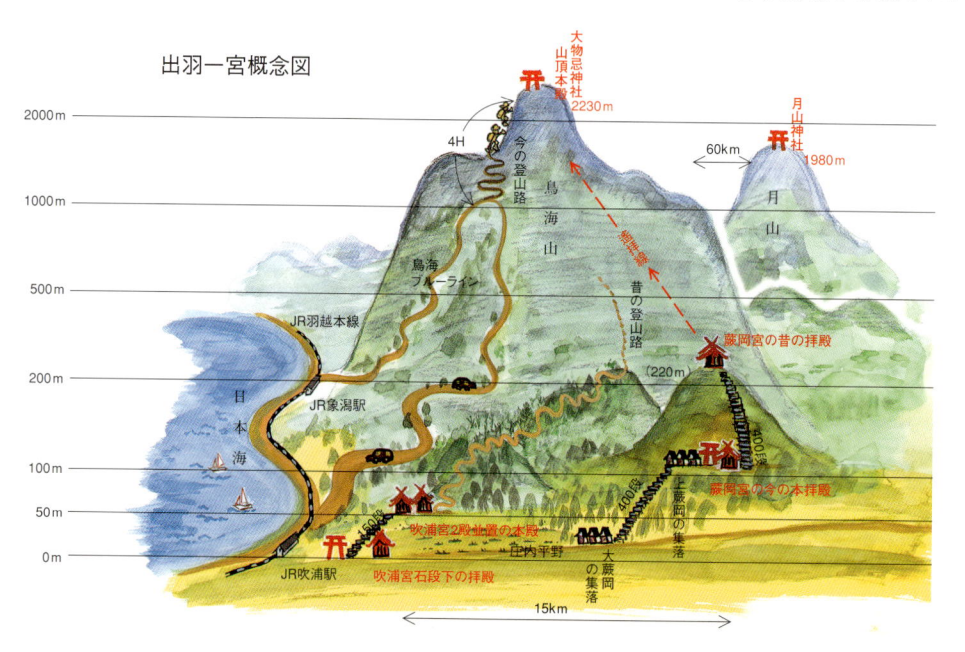

の修行体系を編んでしまい、協力して一山を組織することはなかった。このうち有力な山麓基地は西南吹浦と蕨岡で、15km離れている。両者は争論衝突した時期もあったが、おおむね平和裡に棲みわけていた。

対するに羽黒は、統一指向であった。山内激論の末、1639年、出羽3山あげて天台宗に帰入する。この時、吹浦は追随したが、蕨岡は真言に留まった。当時吹浦が蕨岡に宛てた書簡が残っている。「我等もとは真言宗にてござ候えど天台宗にてござ候ゆえ宗旨を替え天台宗にまかり成り候」と通告したのである。いやいやこれは、驚くべき政治意思の欠如で、統一意欲は全くみられない。それ故、いつしか羽黒派の一部とみなされるようになるのである。

吹浦と蕨岡

明治の神仏分離に、吹浦は機敏に対応、国幣中社に列格する。そうなると蕨岡も黙ってはいられない。苦闘10年、やっと収拾される。山上を本社とし、吹浦、蕨岡はそれぞれ口之宮、3社で1法人、例祭は交互、神社本庁からの奉幣も隔年交互、宮司在勤は当人の通勤の便によるとした。

そうは言っても、JRも、鳥海ブルーラインも吹浦である。蕨岡に詣る人は減る。蕨岡ではかつて、寺院風切妻神明造大向拝付大拝殿を、220m急直登の山上に建て、後戸をあけて山頂を望み、神体山遙拝を行なっていた。だから本殿は無かった。今、拝殿を解体、中段の現地におろし、旧直登路左に東面せしめ、神座を置いて、本殿を兼ねる。太い柱と巨大な掲額にひとは驚嘆するであろう。

大物忌と小物忌

物忌というのは、神事の為の清浄化または清浄

吹浦宮本殿は（拝殿のカゲになっているが）右・大物忌神、左・月山神を祀る

街道沿い鳥居のうしろの山中に、かつて神名帳登載の小物忌神社がかくれている

保持をいい、あるいは、神事奉仕の女児の称で、主として伊勢の中堅神職であった度会一族から供給された。でもここで大物忌とはたいへん個性的な神名である。つい小物忌があるかと思ってしまうが、有る。蕨岡の南11kmの山楯集落に座す小物忌神社には、出羽三宮の伝承もある。祭神は大物忌神と別系で、対称性は発見できない。関連した神事も無い。それどころか、集落にはいって、所在を尋ねても、なかなか答えが得られなかった。時の経過が、この式内社の信仰圏を侵蝕し、容赦なく削りとったのである。昭和61年の『式内社調査報告』第14巻によれば、氏子数は8戸である。

ノオトその13　一宮のポリセイズム

　前記糸魚川一宮で、そして次項また塩釜神社で、1地2社という専門用語を用いた。ご説明させていただきたいが、なかなかの難事業ではある。
　複数神をどのように祀るかは、1神教では問題にならない。すぐれて多神教たる神道独自のテエマである。これ迄に登場した一宮を中心に見てまいろう。

① 　主祭神の系列に属し、または後年になって勧請した神々は、境内または境外の、摂社または末社に祀る。摂末社は多数（山城一宮上社に24）だったり、摂末社ながら式内社（山城一宮、越前一宮）があったり、国宝（石上神宮の摂社）や重文（美濃一宮摂社5宇）だったりする。

② 　系列神であっても、摂末社をたてず、本殿の一隅（後出の備中一宮。美保神社では本殿内の装束殿と称するスペースに末社神を祀る）または廻廊（飛騨一宮。春日大社廻廊に祀る春日「神社」も然り）に祀る。

③ 　①と②は、主神、系列神、客神全体で複数の場合である。では次に、主祭神だけでも複数であればどうするか。第1に、当然先ず、本殿を複数並設する（摂津一宮と河内一宮は4神4殿、出羽一宮吹浦宮2神2殿。一宮ではないが甲斐の熊野神社6神6殿）。

④ 　ただし、複数本殿を単数神に捧げる場合（山城一宮上社本殿は、国宝2棟に数える）があるので要注意。

⑤ 　複数本殿が離れて、別境内になってしまう（若狭一宮1社で2神2殿2境内）。

⑥ 　複数本殿が、⑤と反対に、くっつき合ってしまい、蔀戸、壁などで連結し、複数の外観を失うことがある。宇太水分神社の国宝3殿は御屋根が離れているが、吉野水分神社の重文3殿は、もう複数殿とみるのが困難である。いずれも多神教宗教建築の、地上で最も美しい造形だといわれる。

⑦ 　次に、単数本殿ではどうするか。1棟の本殿に、複数主神の数だけ扉および・または階段を設ける（伊勢一宮都波岐神社2扉、後出武蔵大国魂神社3殿1棟。甲斐の大井俣神社1棟11間3扉3階段）。

⑧ 　その上、複数主神の数だけ千鳥破風をあげる（後出長門一宮5神5殿は、国宝1棟に破風5連、和泉二宮2神2殿で破風2連）。

⑨ 　1棟本殿内部に小本殿並設（国宝宇治上神社1棟3殿）

⑩ 　⑦や⑧のような外観上の造作は施さず、単なる1棟本殿に、単数または複数の神座を置いて、複数主神を祀る。複数神を単なる単数殿で祀ることにしたのは、コストを節約したのではなく、神々が御同座を好まれると、人々が信じたからであろう。信濃一宮下社の複数神は、4殿をお持ちなのに、そのうちの1殿にいつも御同座されているのをみても、そのように考えられるのである。

吉野水分神社
多神教宗教建築の地上で最も美しい造形のひとつである

泉穴師神社
2連破風をあげる和泉二宮

　同座される主神数は、延喜式の座数と一致し（筑前一宮3柱3座）、もしくは一致せず（和泉一宮、伊豆一宮）、または一致しているかどうかが判らない（丹波一宮、志摩一宮）。主神間の御関係も、明らかな場合（淡路一宮）と、そうでない場合（上野一宮）がある。色々あるものである。

⑪　⑦ないし⑩を相殿（あいどの）ということがある。相殿神は、複数主神の場合と、主神に加え単数または複数の配祀神を祀る場合があり、あるいは、配祀神だけを相殿神と観念することがある。大隅一宮は⑩の複数神座だが、中央神座に複数主神、左右神座にそれぞれ複数相殿神を祀る。美作一宮は中央神座に単数主神、左右神座に単数相殿神を祀る。

⑫　③と⑪が複合するケース（肥後一宮）。越前一宮は7柱7座5殿だから、2殿が相殿である。

⑬　①ないし⑫はいずれも、ひとつの神社の話としてご説明した。これらに対し、ふたつの神社（摂末社ではないふたつの神社）の主神がひとつの本殿に座すときも相殿という（2社相殿ということあり。伊勢一宮都波岐神社と奈加等神社の祭神、後記美作四宮と五宮の祭神）のであるが、ふたつの神社のそれぞれの本殿が、ひとつの境内に坐した場合は、これを1地2社とよぶ。ふたつの神社の祭神間には、由縁がない（糸魚川一宮、塩釜神社）か、または判らない（紀伊一宮）。複数神社が同じ境内に坐すこととなった経緯も、たいてい謎である。ただし、鎮座の先後が判る時は、後来の神社を客社とよぶ。

⑭　ふたつの神社どころではなくて、美作（みまさか）の式内4社5座は、1地に4本殿をたてて、まとまって坐す。いずれ後述するので、御期待いただきたい。

一宮の神のお住まい

　神道が多神教であるために、遭遇する社殿形態の諸相は、上記のように、かなり整理が面倒である。しかしながら、面倒は、実は、本殿が神のお住まいであることに起因している。世界の他の宗教では、同種の面倒がほとんど生じない。この問題を考えてみよう。

　キリスト教の教会建築の一次的機能は、信仰の連帯を信徒が集団確認する場である。イス

ラム教にあっては、礼拝の時間方角の管理である。仏教にあっては、仏像の奉納安置所である。神社本殿は、少なくとも一宮本殿は、かかる機能が期待された装置であったことはない。私は、都内広尾のモルモン教（末日聖徒イエスキリスト教会）本部の献堂前に神殿内を拝観したことがあるが、立派な彫刻で荘厳された美麗信徒大浴場が設置されていた。礼拝前の沐浴設備であろうが、神道で本殿に人間のオフロがあるなど到底想像できない。人間は、本殿外の手水舎で手を洗い口を漱げばよい。本殿は神様の為にあって、俗人の入るものでない（越中一宮気多神社、備中一宮など正式参拝者の本殿外陣参進を許す社が例外的にあるが）。

　もともと神道に建築施設は、本質的装置ではない（駿河一宮の山宮）。わが日本人の祖先は、なんらの建築的構造物の媒介なしに、自然に（大和一宮、武蔵二宮）、または自然のよりしろに、神を感得して祭祀することができた。そのよりしろから神にお遷り願うようになって（山城一宮）、祭祀場施設の仮設が始まり、やがて自然神から祖神、開拓神に信仰がひろまると、本殿の建設となる。それでもなお、祭祀は庭上で執行され（摂津一宮、河内一宮、伊勢神宮）、拝殿は人間の都合で後補された。しかし本殿は、神様の都合で建てられ、俗人の都合はとりいれない。

　神は祭祀の時だけ来臨され（祭祀前後に降神、昇神の儀がある）、もしくは季節に応じてお移りになり（信濃一宮）、または当初から坐す（出雲一宮）が、本殿が建設されてしまうと、随時そこにおいでになる（だから日供する）。すなわち神のお住まいである。そこで複数神の問題になる。一宮本殿には、お住まいになる複数神のご都合、たとえば同座いただくべきか、同座いただいたとしても少なくとも、扉、階段、破風、は別にすべきか、いっそ別殿をご用意すべきか、などのご都合をひとびとがご推察申し上げ、複数神にお喜びいただくにはどうすれば良いかについて、あれこれ思いめぐらし、思索を蓄積して来た軌跡が刻まれている。「深き幽契の存するところと恐察しまつる」（若狭一宮）というのは、そういうことではないのか。このような宗教建築構想は、およそ世界に類がない。

一宮のお住まいのご推察

　下記②以外は、単数神にも共通の推察であるが、便宜一括記述する。
① 土との親和性
　昔、ひとは、日常の生活で1階に住んだ。信長がはじめて2階で寝たといわれる。神のお住まいにもそれを類推し、神は土と親和なさると考え、楼門は別として、神社建築は上に積み上がってゆかない。高い神殿を持つ出雲一宮すら、重層にしない。僅かに浅間造において、重層を例外的に持つ。神社本庁では、社殿は、屋根が直接天につながり、地面につくべしとするから、都心でスペース難となって、ビル屋上に社殿をあげる場合、銀座松屋通りの朝日稲荷社は、ビル外壁にステンレスパイプを取り付け、中に土を詰め、屋上本殿につなげて、上記親和性要件をクリヤした。この単層性は、天を指向して、ロマネスクからゴシックへ発展した教会建築や、多重塔の仏教建築と著しく異なる。

② 複数神序列の表現

　複数神の序列は、たとえば本殿にお供えを奉る順番を整序する等、必要になる。しからば序列をどのように表現するか。表現しない方がよいのか。序列がわからない場合どうするか。摂社末社なら主神本殿との距離で（越前一宮）、複数主神の複数本殿なら配置で（摂津一宮、河内一宮）、単数本殿なら神座の位置プロトコオルで（和泉一宮）、それぞれ表現したケースは、それぞれの項で触れた。

　序列は、複数神のご都合で、見えなくなることがある。肥後一宮では、ご用意した3本殿を近親12神にアサインするにあたり、男女別を優先し、夫婦関係を劣後した。神輿も男女別で、大家族共住の場合の人間社会慣習を類推し奉ったのではないか。そうかと思うと、上野一宮では、由縁なき男女神を単数本殿にご同座願い、神輿にはしかし別乗願う。どういうご都合だったのであろうか。更に京都の平野神社では、4座の主神に4棟の本殿を建て、2棟ずつ連結して、2本殿の外観を作出した。4神の序列と親疎のご都合を、一部だけ表現して差し上げたのであろうか。

③ 礼拝軸と社殿の向き

　神体山信仰の古社では、お山を遥拝していたが、本殿が建てられると、遥拝線を必ずしも固守なさらない（出羽一宮蕨岡）。富士遥拝があったと思われる浅間神社の駿河4社、甲斐5社のうち、遥拝線と本殿の向きが今一致しているのは、各1社にすぎない。本殿に神座があれば、山頂に背面しても（近江三宮）、横を向いても（雄山神社山麓社）、本殿の向きにしたがって礼拝すればよい、と考えたのであろう。

④ お住まいの出口

　本殿後扉が昔あったと言われ（山城一宮）、または今もある（駿河一宮、近江三宮）のは、神のお出口を用意したとの説と、裏門信仰の俗信配慮説とがある。

⑤ お住まいの内部調度

　2室本殿においては、御帳台（ベッド）と椅子（オフィス）を備えたり（八幡造）、小窓をあけたり（紀伊一宮、上野一宮）した。

⑥ お住まいの環境

　神に居心地良くお住まいいただくため、森、できれば神々しい森が必要である。これに反して、本殿内外の装飾が神を悦ばすと考えた形跡は少ない。後世日光系のバロック的過剰装飾が世に出たが、古社の神々しい環境は、森と、せいぜい本殿のお屋根のフォルム（それぞれの項で触れる）で充分作り出されると考えたらしい。

⑦ お住まいの建設材料

　神社は木造たるべきか。戦後明治神宮の再建造営委員会は、古来伝統重視の、木造派（岸田日出刀教授）と、お住まいのご焼失見るに忍びず、とする耐震耐火コンクリート派（内田祥三氏ら）が対立した。結果は現在読者諸兄ご承知のとおり。

　なお、お屋根は瓦葺を避け、土壁を用いず、と学者は説くが、実際は結構多用されている。

陸奥一宮　都都古別(つつこわけ)神社

　太平洋側東北4県は、8世紀始の短期の例外をのぞき、一貫して陸奥1国がカバーした。2県にまたがる1国すら稀なのに、陸奥のケースは異様である。縄文時代晩期には、日本の推定人口26万人、その2/3以上が東北にいて、いくつかの文明的中心さえ持っていたが、弥生時代にはいると、またたく間に後進地域に転落したからだろう。維新で賊軍側に廻って、更に挫折した。戦後、東北開発3法が制定され、東北社会の自律的発展が緒につくのは、実に、近代国家としての日本の成立後、なんと100年を経てからであった。

　それでも明治元年には、いかにも広過ぎる陸奥を5国に分割した。まもなく4県が置かれ、おおまかに言うと、磐城(いわき)、岩代(いわしろ)を福島、陸前を宮城、陸中を岩手、残りの陸奥を青森とした。そういうことなので、陸奥一宮は、むかし陸奥であったところの、磐城にある。これに対し、岩代一宮、陸中一宮などを称する社は、あとから来た一宮ということになる。

　むかしの陸奥の話にもどる。7世紀に建国、8世紀に仙台市外多賀城を整備、国府、国分寺を置きはしたが、9世紀にはいってもまだ、坂上田村麻呂などが、蝦夷(えぞ)族の征圧に苦斗していた。879年、奈良朝廷の始めた対蝦夷百年戦争がやっと終結、10万人の大軍は一斉退役して、以後朝廷は軍備を持たない。平和日本の誕生である。しかし一宮は、征戦の終幕が下ろされるよりも、ずっと前に、従って、国府位置よりも、ずっと後方に退いて、磐城棚倉に坐すこととされた。広大な陸奥国の最南端である。

　棚倉では奇妙なことに、僅か5kmを隔てて、ふたつの都都古別(つつこわけ)神社が、同一の祭神を別々に祀(まつ)り継いできた。同じ棚倉町内の、馬場(ばば)と八槻(やつき)にわかれて、共通の神事はない。

　明治新政府は、都都古別神社を国幣中社に列格し、奉幣1社分を届けて来た。これを馬場と八槻の、どちらに奉るべきか、県は苦慮し、中央の指示を仰いだので、中央ははじめて仰天したが、返事のしようがない。やむなく県は、一応馬場に奉幣しておいて、学者の調査をいれた。しかし両社を関係づける資料も伝承も、発見されない。いや、資料は結構あったが、なにしろ特徴的な、しかし全く同一の神社名だから、延喜式神名帳はじめ諸史料が、どちらのお社を指しているのかが判らない。やむなく明治18年、八槻も国幣中社とした。前記若狭一宮とは正反対の解決を施したことになる。

一宮がふたつある謎

　どちらのお社が陸奥一宮であるかの謎は、こうして永劫に封印された。江戸時代、棚倉5万石に封ぜられた諸侯には、左遷された殿様が多かったが、天一坊の最初の取調べにあたった寺社奉行は、棚倉藩主であった。この人、寺社奉行のくせに、お国元のふたつの一宮問題をさばいていない。殿様がこうだから、領民ものどかで、一宮がふたつあることの「矛盾を感ぜず、親しみをもって」

馬場の都都古別神社

（全国一の宮会一の宮通信第4号）、別々に祀り継いできたのである。

そもそも、名は何故つけるのか。名は、対象のアイデンテイテイを認識する為の道具ではないか。しかるに棚倉のひとびとは、始めからずっと、名の大切なこの機能をほったらかしてきた。だが、ほったらかしてきたからといって、なにも困らなかった。政府だけが困って、しぶしぶふたつの国幣中社を認定したが、それは政府が勝手に困っただけの話ではなかったか。

JR水郡線がのどかに2時間おき位に通過するのどかな、人口2万の棚倉町民は、ふたつのお社の区別の必要を意識しないのだろうが、八槻社頭に掲げられた棚倉観光協会地図によると、馬場は単に「都都古別神社」で、八槻は「八槻都都古別神社」と書きわけられている。もっともそれは、77代宮司八槻家（当主は女性神職）が近くにあって、かっては水濠、土塁をめぐらした武家屋敷の風情を残している為かもしれない。

祭神は味耜高彦根命（あじすきたかひこねの）。大和葛城山東麓高鴨神社では、鴨族の祖神である。土佐一宮では、大国主の子である。ひげが長く伸びるまで、夜となく、昼となく、泣いてばかりいた神である。そんな神が何故この地におわすのか。大和朝廷が北方経営の拠点として鎮祭したにしては、両社とも、およそ威風に乏しい。不思議な重複存在感が夢幻に漂うばかりだ。馬場では、素木の流造、かって朱塗だったのを、明治に仏教色を掃う為に落した痕跡（しらき）があるのに、八槻では、檜皮葺朱塗のまま。その程度の違いなので、日本人の信仰思想の原点をさぐる手がかりとしては、ささやかに過ぎるようである。

もうひとつの一宮

棚倉北15kmの石川町に石都都古別神社がある（いわつつこわけ）。祭神は同じだが、棚倉からの分祀という説は裏付けられていない。当社ご自身も、地元でも、陸奥一宮の意識はお持ちでないが、宮司夫人によれば、「ソトの世界」ではそう言っているらしくて、一宮巡りの方々がよくお出になる由。

宮城県塩釜市の鹽竈神社は、鳥居に「陸奥国一宮」を掲額し、「奥州一宮」ののぼりを立てる。式外社であるが、別地にあった式内志波彦神社を合祀、昭和13年、同一境内に極彩式漆塗新殿を建て、1地2社（ノオトその13参照）となった（いっちにしゃ）。本来の本殿は、別宮（シオッチノオジ命）、左（向かって右）宮（鹿島神）、右宮（香取神）の3殿構成で、朱漆塗拝殿が左右宮及び別宮計2殿（3殿ではない）。並称の序列は、客社を先に置かれる。

あとから来た一宮

明治元年建国の岩代では、会津の伊佐須美神社を岩代一宮とし、同時に、奥州二宮を併称される。この場合の奥州一宮は、塩釜神社である。同県内の都都古別神社を一宮とは意識なさらない。

陸中一宮を称されるのは、駒形神社。鎮座地岩手県水沢は、偉人や政治家を輩出した町で、高野長英、後藤新平。近くは小沢一郎氏。

青森県には式内社が1社も無い。しかし式外岩木山神社を津軽一宮とみる人がいる。9世紀坂上田村麻呂が開き、18世紀、黄金18万両を投じて、華麗な重文社殿を建てた。

一宮の先住の神々

東北の先住民はアイヌ人か蝦夷であった。蝦夷がアイヌ人か、出雲族、天孫族らと別の日本人だったか、定説がない。金田一京助は、蝦夷をアイヌ人の祖先とみるが、工藤雅樹教授は、蝦夷は、縄文時代の東日本人で、アイヌ人になれなかった人々であると言う。形質人類学では、両者は、石

器時代から居住地を異にし、蝦夷は、本州人とも、アイヌ人とも、異人種であるとする。

　前1世紀頃、東北に後来の人々が彼等に接触、交渉を始めたが、出雲神話も、大和朝廷の見解も、上記第3説にしたがっていたようである。後来部族首長は通常、先住豪族家と通婚する（伊豆、信濃、肥後の一宮）。さらに梅原猛教授によれば、日向に降臨したニニギ尊は、「土着の王の娘」を娶って、勢力基盤の安定をはかった、とされるが、土着の王は、伊予一宮の祭神として、および、娘は、駿河一宮の祭神として、それぞれ、ニニギ尊から独立した神威、信仰が確立しているので、ここの例示に加えない。

　後来の部族が先住民と折り合いを付けるには、上記通婚以外にも方法がある。いっそ先住神を祀ってしまう（大和、出雲の一宮）とか、神事のテクノロジイで圧倒し、先住神は後来神の摂社に取り込む（山城、越前の一宮）とかの方法があるし、駆逐して、折合わない（後記安房一宮）方法もある。しかし東北では、上記通婚の常套手段の適用例を見ない。異民族視したのであろう。それ故、前項及び本項の一宮は（安房一宮も）、むしろ、先住民制圧の砦、または、後来族独自の経営拠点としての性格を有した。その意味では、ラテンアメリカに上陸したキリスト教会が、ときに、防壁、銃眼を構えた要塞で、宣教師は、兵士とともに、先住神の神殿を破壊していった強烈さとは、比較し難いにしても、一脈通ずる点はある。長崎を一時領有したイエズス会も、先住神の神殿、すなわち領内の神社仏閣を残らず焼き尽くし、先住神覆滅の手本を秀吉に示した。

　そうではあるが、そこはなにしろ、包容力において卓越した日本神道のことである。アイヌ神、蝦夷神を祀る神社は、後年ヤマト神合祀でヤマト化したものの、一宮と並んで、延喜式の奉幣を受けた例として、宮城県登米郡の遠流志別石神社と大船渡市の理訓許段神社を司馬遼太郎氏はあげておられる。すばらしいことに、現存する。

　更にすばらしいことに、と言ってよいかどうか、東北のひとは、キリストも祀る。さすがに神社を建ててはいないが、青森県新郷村の村人は、キリストが渡来後、村内で死去したとされる地に墓をもうけ、一定の祭祀を伝承する。時空を完全に超越した壮大な仮説が山里に活きて、信じ続けられている事実に、ひとは驚嘆せずにいられない。

遠流志別石神社

関東地方

群馬県 上野
貫前神社

栃木県 下野
二荒山神社

茨城県 常陸
鹿島神宮

埼玉県 武蔵
氷川神社

東京都

神奈川県 相模
寒川神社

千葉県 下総
香取神宮

上総
玉前神社

安房
安房神社

上野一宮　貫前神社

　東北の一宮は前2項だけである。続いて関東にはいる。先ず、群馬県イコール上野国。ノオトその6で予告したように、九宮まであるたいへん不思議な国だ。それは後で述べるとして、先ずは、上野一宮貫前神社にお詣りしよう。

　国府のあった前橋市西南20km、中山道の姫街道が尾根を通っていた舌状台地の、先端北斜面中段に社殿を営む。南から来ると、姫街道跡に登りつき、そこから急降して南面社殿に到達するという、特異な設計である。なにやら、竜宮に近づく浦島の気分も想像できる。しかし私はむしろ、設計家の意図は、姫街道総門から見おろした時の、楼門、拝殿、本殿の17世紀重文3点セットが、優美端麗に総漆造極彩色を諧調させた神々しさを、眼に与えようとしたのだと思う。せまい社殿地にひしめく社務所などその他建築を、手がけた後代の工人が、重文3点セットとの調和に悩みながら、結局破綻しているのもあわせ見てとれる位、それ位、美の究極に近づいているのである。

勇武の男神と機織の女神と

　祭神は、経津主神と姫大神の男女2柱1座。男神は、香取神宮の神でもあって、大和石上から東方に移住した物部族の祖神といわれる。一方女神は、このあたりに養蚕と機織の技術をもちこんだ

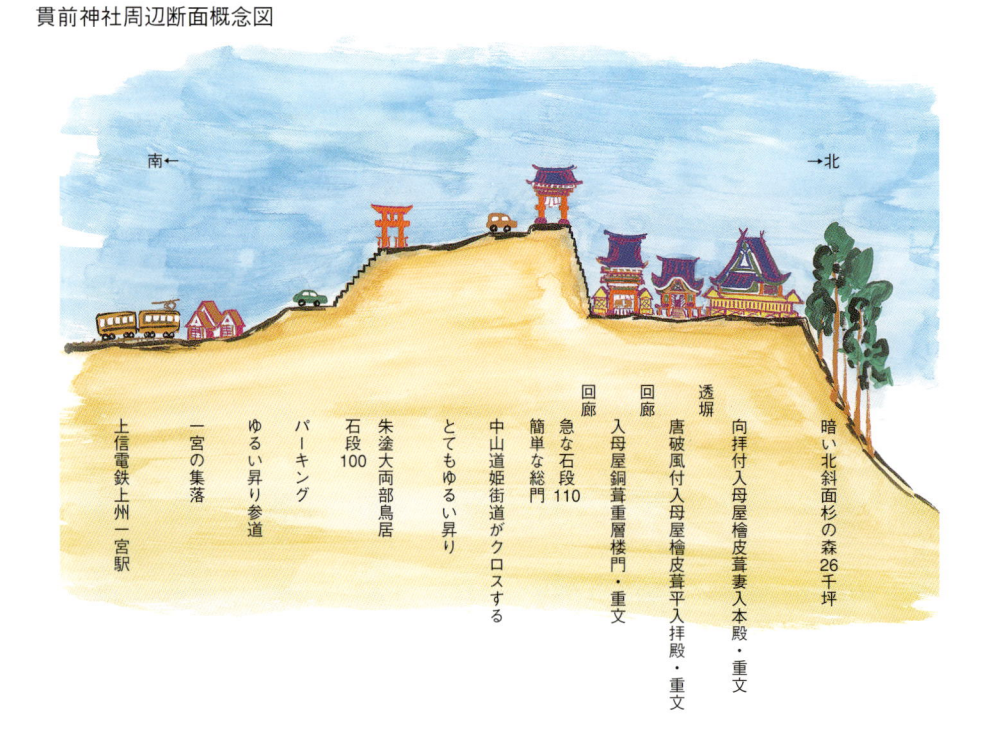

上野一宮　貫前神社

貫前神社周辺断面概念図

暗い北斜面杉の森26千坪
向拝付入母屋檜皮葺妻入本殿・重文
回廊
唐破風付入母屋檜皮葺平入拝殿・重文
回廊
入母屋銅葺重層楼門・重文
透塀
急な石段110
簡単な総門
中山道姫街道がクロスする
とてもゆるい昇り
石段100
パーキング
ゆるい昇り参道
朱塗大両部鳥居
一宮の集落
上信電鉄上州一宮駅

帰化人のパトリィヌであったらしい。たしかに、高崎から西走すれば、蚕業が絶えた現在でも、田園に桑の木が散在したままの光景に出会う。蒼古の盛業をしのばせるが、この女神は、出雲から諏訪にはいったタケミナカタの恋人になったという説話がある。後述するように、出雲族はこのあたりを通って、武蔵にむかったと思われるので、それが説話の土壌であろう。

説話はしかし、女神と、男神フツヌシの関係については、全くヒントを与えない。男神は天孫系なのに、女神は、御名からしても、別の神話の世界からお出でになった。つまり両神は、性格も、信仰集団も異なるのに、なんらかの理由で、1社に奉斉されることになったのであろう。若狭一宮、安房一宮など、夫婦神ですら、ご同座ねがわないのに、夫婦でもない男女2神の、1殿御同座には、さだめし理由があった。理由はしかし、もはや神秘のかなたに沈み、尋ねるすべがない。こうして多分、6世紀ごろ創建された。神階からみると、859年、この国を代表するポジションにつかれた。

本殿の外観は単層だが、内部は2階建て(珍しい。駿河一宮の項参照)で、神は階上に坐す。正面妻の雷神小窓が下から仰げるが、その内側は直接内陣である由。階下に神輿2基を置く。2基というのは、祭神2柱に対応するのは確かだが、なにしろご由緒が古い当社であるから、ミコシといっても、氏子がかついでもみ合う民衆祭具となるよりも、はるか昔の、神具である。故に、当社の神輿は外出なさらない。申(さる)年から酉(とり)年にかけての式年遷宮の時すら、本殿上方の、総門の近くの仮殿までの昇り石段を、神職が包みこんで、一気に駈けあがるだけである。

神職と言えば、明治以前の世襲神官2家があった。うち、一宮氏を名乗った家系は、戦国期武将として転戦、アドレス一宮氏あて文書が沢山残っている。

上野一宮から九宮

一宮は別として、二宮、三宮となると、記憶の保存が難しい(ノオトその6参照)。それなのに、九宮までの記憶がここでは保存されている。不思議な国だ。(美作国には十宮まである。後日触れ

上野12社のリスト

リスト / 本文に登場する神社名など	貫前神社	伊香保神社	榛名神社	赤城神社		火雷神社	倭文神社	
延喜式神名帳登載順 (○印は名大印アリ)	1	②	3	④	5	6	⑦	8	9	10	11	12
延喜式内上野12社の表の順	7	1	12	3	6	4	2	11	10	8	9	5
上野国神名帳の順位 (一印は記載ナシ) 一宮本	4	1	5	2	6	3	7	3	8	9	10	11	12
類従本	(4)	1	12	3	6	5	2	10	11	7	8	9
総社本	7	1	—	3	6	4	2	—	—	8	9	—
神道集の一宮〜九宮の記録 (( )は私の推測)	7	1	—	3	6	4	2	—	—	8	9	(5)

るが、情況は一寸違う。）

　不思議の背景を探ってまいろう。第1に、式内社巡拝の習俗である。この国に限って有る習俗ではない（たとえば、相模式内13社めぐり）が、当地のグループは、大体1泊2日で、国内全式内12社を巡詣し、なかには車で1日でまわってしまう単独行もある由。巡拝道順は、昔の国司の巡詣のように、一宮、二宮…の順は尊ばない。別表「延喜式内上野12社」の表の順でもない。各グループの生活基地から随意に道順を組む。先を急ぐ旅だから、途中式外社の前を通っても、失礼する由。

　第2に、上野国神名帳である。全国版の延喜式神名帳とことなり、国ごとに作成されたローカル・リストで、その全部または一部が伝わる国が20ある。当国では、写本3種が伝来するものの、順位が別表のように不揃いで、国人が寄ってたかっていじくり廻した形跡が歴然としている。一宮、二宮のランキングにも当然、ご執心だったのではないか。故に、記憶に残る。

　第3に、14世紀の文献『神道集』がやけに当国には詳しくて、一宮、二宮…を記録に残したことである。榛名神社は、別表では珍しく諸資料が六宮に一致するが、神官のご見解は、これはランキング6位の意味ではなくて、国司の巡拝順であった由。しかしそれならば、別図のように、へんな道順になってしまう。神道集著者は、道順ではなくて、やはり当時のランキングを書きとめておいたのだ。何故ならば、彼はたとえば赤城神社につき、次のようにしるす。「（要旨摘記）当社かって一宮なりしが、当社の神が機を織りし時、『くだ』がなくなり、貫前の神に借りた。以来、モノモチの貫前に一宮を譲って、自らは二宮に下った。」

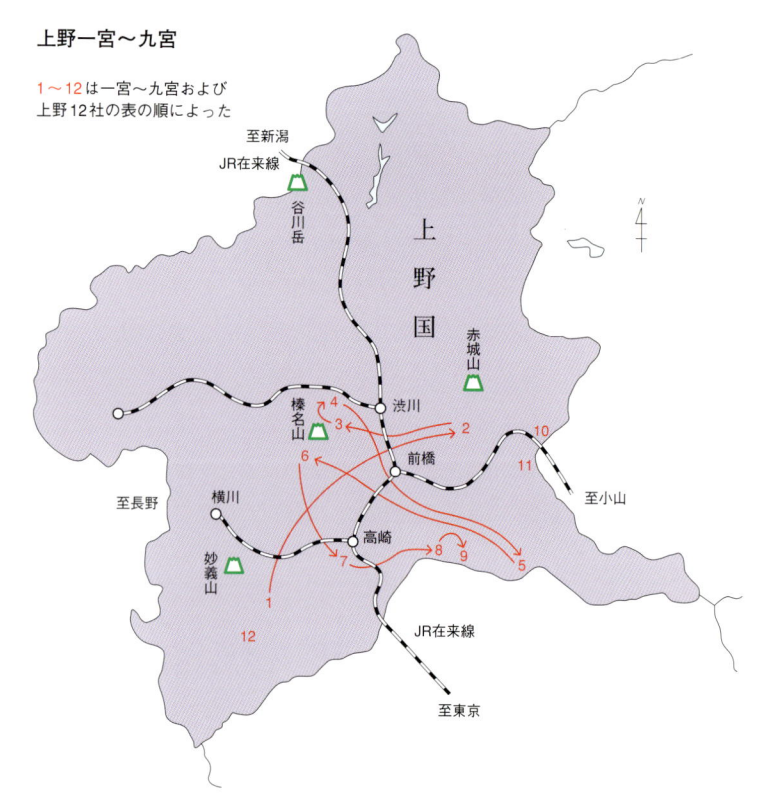

　以上3点、不思議の背景を申し上げた。それでもなお、不思議が納得し切れる訳ではない。式内12社あるのに、九宮までで止った理由もわからない。畢竟これは、歴史のなかに偶然を視るということでありましょうか。

上野一宮～九宮

1～12は一宮～九宮および
上野12社の表の順によった

ノオトその14　　一宮のロケイション

　一宮と国分寺は、国ごとにひとつずつある宗教施設である。そこのところは共通しているが、両者のトポグラフィックな特性は、全く対立している。

　先ず、国分寺のロケイションであるが、それはつねに、国府の10km圏内に近接して設けられた。和泉国分寺が国府南東8kmを隔てるのが、珍しいとされる位、この近接ルールは貫徹している。国分寺がトップダウンで成立したからだ。後述するが、総社のロケイションについても、同様の国府密着性が認められる。国府発の国司参詣に便利なように手配されたのである。

　一宮の成立は、ボトムアップだと私は考えている。だから、国府密着の手配はきかない。ただし、伊豆では、遠い一宮を国府そばに遷祀したのかもしれず、それが手配の唯一の例外である。そのほかは、後記の安房までに登場する39国の一宮でみてみると、国府10km圏内は19国だけ。陸奥一宮200km、越後80km、下総70kmとみな結構遠いのである。淡路、志摩、佐渡のような小国でも、20km以上離れている。

　遠くても、国司は国内諸社巡詣の任務（それが国司の重要な公務であった）を一宮から始めた。巡詣順がそうなっていたからではなくて、一宮だから、そうしたのだ。では、一宮とはなにか。通説は、国司の巡詣順だと答えるが、巡詣順は、あとからついて来たものだから、通説はなにも説明していない。空虚である。

　一宮は、国司が手配して定めた参詣順ではないとすれば、それではいったい、誰が、なにによって、一宮ときめたのか。難問である。

下野一宮　二荒山（ふたらやま）神社

　下野（しもつけ）一宮が二荒山（ふたらやま）神社であることは極めて明らかであるが、それが日光と宇都宮（35km離れている）のいずれの二荒山神社であるかについては、極めて明らかでない。下野は栃木県。前項群馬県では上野（こうづけ）一宮から九宮まで、整然とあるのに、その隣国では、一宮からしてはやこの有様、まこと日本の、地方の個性は昔は豊かであった。

　二荒山神社は両社とも、国幣中社の同格であるが、延喜式にはひとつしか載せられてない。どちらが載せられているのか、判らない。

　そもそも、二荒（ふたら）とはなにか。マタギ土着民ニコの訓読だとする説、アイヌ語フトラの転化説、仏教語補陀落（ふだらく）説（和歌森太郎氏）など百花繚乱。祭神も、豊城入彦命（とよきいりひこ）に始まり、出雲の神々から、さては柿本人麿説まで、てんでばらばらの計13説、とても収拾がつかない。当然一宮に関しても、『大日本史』等は日光派、『下野国誌』等は宇都宮派と対立している。

　私の説は、とても素朴であって、次のとおりである。現在日光二荒山神社は、東照宮、輪王寺と2社1寺共通拝観券で詣る人おびただしいが、開祖は782年、男体山（なんたいざん）に登頂した仏僧であって、日

光の神威が急伸したのは、歴史的には仏徒の尊崇に負うところ大である。そこへゆくと宇都宮は、はじめから古代当地の豪族が奉斉した。この一族は東北弁を話した（栃木は東北方言圏に属する）と私は推定する。そうするとイチノミヤは、彼等の発音特性上、ウツノミヤではないか。それ故私は、一宮＝宇都宮説をとなえたい。

明治4年、当社が国幣中社に列するや、日光が猛然と抗議し、つまりありていに言うと、宇都宮の足をひっぱり、列格のことよろしからず、と極め付けた。同一国内同名他社による、この非友情的策謀によって、宇都宮は2年後県社に降格のウキメを見る。当社の捲き返し、つまり再昇格運動は10年続いて、その結果国幣中社に帰り咲いた。

下野一宮　二荒山神社（宇都宮）

市央高台に神明造の本殿をたてる。バロック的装飾の豊饒によって世界に名を轟かす日光とは、比較にならない平板な社殿である。一宮の信仰史と、宗教芸術の華麗が、一致しない代表例である。

常陸一宮　鹿島神宮

茨城県は、昔常陸国（ひたち）で、国府は石岡にあったが、一宮は40km南東、有名な鹿島神宮である。ノオトその11に記したが、延喜式で神宮号を称するのは、伊勢のほかは、当社と、次項下総一宮だけである。つまり朝廷から、格別の崇敬が寄せられていて、なにかにつけて奉幣使がたてられた。それはとても頻繁にたてられたので、ゆきとかえりの奉幣使同士が道中で出あって、挨拶する位だった。現在は、時代がかわって勅使の御差遣は、6年に1度である。

なにがかくも当社の御神威を高からしめたか。祭神武甕槌命（たけみかずち）は、アマテラス大神の甥で、香取神宮の経津主命（ふつぬし）とともに、ニニギ命に先発して高天原からくだり、出雲の無血併合のネゴにあたり、これを成就した。反対勢力タケミナカタ命を諏訪に逐いつめた（信濃一宮の項参照）あと、長駆、大和朝廷東国平定の権威を示すため、この地に鎮まったのであろう。

この時タケミカズチを奉じて東遷したのは、九州に居た天孫族の一派、多氏（おう）であった。筑後川流域と当地のみに見られる装飾古墳が発掘されて、古代の伝播者の想定が可能となったのである。タケミカズチと多氏のコンビは、前記信濃一宮にもあったが、タケミナカタ服属を諏訪で確認してから、コンビは当地に廻ったのかもしれない。多氏の稲作技術は、当時一般的であった扇状地耕作はもちろん、河口低湿地も得意とした。だからこそ、古利根川下流が支配できたのである。そこには、霞ヶ浦などの内海がつらなり、その外海への出口を、香取神宮とともに、南北から押えた形になったのである。

創建は神武又は崇神朝で、常陸国風土記に登場するのは649年、ただし、祭神は別名であらわれる。その後768年、春日大社にタケミカズチを分祀している（河内一宮の項参照）ので、この間に祭神名タケミカズチの確信が成立したことがわか

常陸一宮　鹿島神宮

る。この時神は、鹿にのって春日野に遷り給うたが、当社では絶滅、春日から逆輸入して鹿苑をととのえた。

防人が祈願した

　鹿島鳥居をくぐって参道を東進すると、右に北面して、17世紀重文の権現造社殿群がある。このように、参道正面に社殿を置かないのが古法である。神座は、檜皮葺黒漆塗極彩流造の本殿内に東面される由である。拝殿は素木の小殿で、参道との間隔はせまいが、それは、徳川家光が権現造にする迄は、無拝殿の庭上祭祀だったとの文献がある。もっとも、当社神職は、無拝殿たりしことを否定しておられる。伊勢と同じく、20年毎の遷宮を行なっても、更に権現造となったのちも、庭上祭祀の古法にしたがっておられたが、明治3年から、殿上祭祀に変わった。

　こうして、家光の改装までは広かった社殿前庭に、東国で徴発された防人(さきもり)が集結し、祈願してから出発するならいがあった。「鹿島立ち」の語源で、万葉歌がある。防人が祈りを捧げたであろうタケミカズチの社蔵宝剣は、271cmの国宝直刀。この神宝をいだく神域にこもって剣技を練ったのが、鹿島新当流塚原卜伝(ぼくでん)。後世剣のメッカは、サッカーチームのホームタウンともなった。ホームタウンのアドレスは、鹿島郡鹿島町だったのに、平成7年市昇格の際、鹿「嶋」市に字を変えなければならなかった。佐賀県鹿島市が島の字を先取りしていたからだ。先取りはされたが、式登載字は鹿嶋だから、いにしえに帰ったと思えばめでたい。9月の神幸祭は、12年に1度の式年(午年)には御船(みふね)祭となり、50艘の大船団が水郷絵巻をくりひろげる。

　境内繁茂の植物群627種、照葉樹林の北限で、北方樹のある種の南限である。

下総一宮　香取神宮

　千葉県は、北関東3県のように、昔の1国ずつの領域にうまく対応しない。下総、上総、安房の3国から成る。と云っても、下総の北西端はかなり茨城県にとられたし、武蔵との国境は、かつては「両国」橋だったから、一部は都内にもなったことになる。

　下総のふり仮名はシモウサである。シモフサでは辞書がひけないので要注意。国府、国分寺は国の西端市川市にあったが、一宮は国の東部佐原市の、利根川を隔てて鹿島神宮に対して坐す香取神宮である。鹿島とともに、古来神宮号を称して格別の社格を誇る。

　大和朝廷による東国鎮撫開拓の守護神として、勇武の神経津主命(ふつぬし)が、4〜5世紀頃から祭祀されたとみられるが、768年に藤原氏が春日に分霊した史実がある(河内一宮の項)。フツヌシは、タケミカズチの兄、又は子、又は同神で、命を受けて出雲国譲りへのネゴに赴く。そこで突然記紀の記述は絶えるので、信濃一宮との関係は不明である。のみならず、鹿島神につき常陸国風土記があ

下総一宮　香取神宮

るが、香取神につき下総国風土記はない。やむなく、日本書紀をみると、そこに「フツヌシ」と、「誅すべき悪神」と、「香取に在す神」との記事が出てくるが、これら3神の前後関係は、なにしろあの、時制の観念が文法上全く欠落した漢文のことであるからして、読み解けない。定説はない。伝説としては、タケミカズチの陸軍に対し、フツヌシは水軍の将で、軍艦香取の遺品が社蔵される。上野一宮と同神である。

勇武の神は黒一色の社殿に

檜皮葺檜黒漆の3間社流造本殿は、楼門とともに18世紀の重文。権現造に配置された拝殿も黒一色の漆で、欄間だけが桃山式極彩色に荘厳される。摂末社は、その区分分明ならざるを含めて53社を数える。このように大きな古社であることのほかにも、鹿島に並ぶ諸点がある。先ず鹿島新当流に対して香取神道流、上泉伊勢守が出た。鹿島の直刀に対して当社の国宝は、海獣葡萄鏡。正倉院及び伊予一宮と並ぶ日本3名鏡だが、伝来の経緯不明。神幸祭は鹿島と同じく午年が式年だが、鹿島の9月に対し、当社は4月故、6年に1度参向される勅使も、鹿島とカケモチはなさらない。式年の供奉4千人とも8千人ともいわれ、神のこの地への上陸点たりし津の宮から利根川を水上渡御される。御旅所で駐泊、翌日陸路還御の手順である。

ルーマニア人は、スラブの海に投げこまれたラテン民族といわれるが、AD106年、ローマがダキアを征服した時、軍団の一部を現地に残して帰還した為である。11世紀下総の乱を鎮圧した源頼信（川西市多田神社主神の子）も、家臣団の一部を香取に残した。そこで当社の地元に、多田出身の祖を持つ方が、結構いらっしゃる由である。

上総一宮　玉前神社

上総は房総半島中部を占める。国府は市原市。その東方一宮町に玉前神社があって、玉依比売命を祀る。黒潮に乗って到来した海人集団の巫女が、海の神の娘とされたのだろうと推察されているが、神話では、亡姉に遺児を託されて育て、長じてその妃となり、もうけた第4子が神武天皇だという。神名及び社名からして、御神体は玉だと信じられる。戦時中、九十九里浜から米艦の艦砲射撃を予想して、防空壕にお移しした。経7寸程と言われていたのに、重くて、男4人がかりでやっと唐櫃を運び申しあげた由である。本殿は銅板葺

玉前神社十二社祭

権現造黒漆に金色金具を打つ。黒漆というところは、下総一宮と同じだが、お社の規模はうんと小さい。その小さな一宮に凝縮された国人のエネル

ギィは、上総12社裸祭で爆発する。当社祭神と由縁の神々、国内12社のうち、10の神輿と御旅所で「会する」ために、男衆200人が、裸で、九十九里浜の、弓形の、遠浅の、渚を疾走する。しかしこの間、女神の神輿は海水に濡らさないきまりである。

安房一宮　安房神社

　安房(あわ)は阿波である。阿波の忌部(いむべ)族が、はるばる黒潮に乗って、房総半島先端の当国に廻りこんで来たのであった。率いるは天富命(あめのとみ)、神武天皇の重臣であって、本貫地麻植郡山川町（異説あり）から麻と楮(こうぞ)を積んで来た。この故に、統率者がその祖父天太玉命(あめのふとだま)を祀った安房神社では、おはらいの大麻(おおぬさ)を麻で作る。現在ほとんどの神社は、大麻を榊や紙垂(しで)で代用するが、当社ではその創始にちなんで、いまだに本来の姿を固守している。

　創始、一族は、先住民不在の地に上陸した訳ではなかったのであろう。当社周辺に、朝夷(あさい)（隣の千倉町）、夷隅(いすみ)（郡）などの地名があるのは、蝦夷が居たからだろう。しかし忌部族は、糸魚川一宮、信濃一宮、伊豆一宮の祭神の例（いずれも前述）にしたがわなかった。すなわち、後来の部族の首長は、先住民首領家と通婚する例である。ところが天富命は、妃を同族から迎えた。先住民を異民族視して、同化政策をとる意思も必要も無かったのだと思われる。

　当社祭神はアマテラスの側近で、孫の世代の中に鹿島神も香取神もいる。上総一宮の祭神も、前記のように、神武天皇の母だから、これで関東太平洋側の4国すべて、天孫系主要部族が押えたことになる。かくて、関東内陸部に進出した出雲族と対峙するのであるが、それは後述いたしたい。

　安房一宮の当社の名は、延喜式より150年前の古語拾遺に見える。鎮座は旧大神宮村。館山市に吸収されたが、バス停に大神宮の名が残っている。祭神は、高天原で祭祀を担当していた神なので、当社社域も、半島突端の僻地にありながら、平明清浄、社殿はもちろん棟持柱を確かにみせた神明造、背後の暖地性植物樹林の林相さえ見過ご

安房神社関係図

安房一宮　安房神社

すならば、これはまさしく、伊勢外宮の雰囲気である。ただ、檜皮葺素木の本殿に対し、拝殿は、予算不足の為、鉄筋コンクリート造になってしまった。いかにもミスマッチで、先代宮司がひどく嘆いておられた由。

もうひとつの一宮

延喜式は、天太玉命の妃天比理乃咩命を祀る別の大社をリストアップするが、それが現存のどの神社にあたるのか、異論がある。

安房神社本殿の左に、御仮屋と称する9間長屋がある。年祭に、国内9社の神輿が集結するので、1間ずつスペースが割当てられているが、1番奥には、安房二宮洲宮神社の神輿がはいる。洲宮神社は、安房神社の近くの田園小丘上に妃神を祀る。明治5年教部省は、当社をいったん式内社と認めながら、翌年くつがえして、洲崎神社の方が式内社であるとした。

その洲崎神社であるが、これは洲宮神社の3km西で、同神を祀る。ほとんど半島岬の突端で、すぐ石段150級を登ると、銅葺流造社殿が鎮まる。ふり返ると、眼下に白波が岩礁を洗い、遠く潮騒がひびき、海上の光がゆらぐとき、源頼朝の幻が浮かびあがる。彼は1180年9月、石橋山で敗れ、真鶴から舟に身を委ね、ここに上陸した。上陸してすぐ当社に再起を祈った。その御由緒に敬意を捧げて、1792年松平定信は、当地通過の際、「安房国一宮洲崎大明神」の献額（実在する）をした。なにしろ実力者老中の献額であったから、館山藩主も恐れいってしまい、安房神社の方には、一宮を称さないように圧力をかけたし、江戸期の文献も、当社の方を一宮と記録する。かくて当社は、式内社で一宮を称される。前記石段下に、安房一宮の大石柱をたてるが、その隣の館山市教委の立札（平成1年）には、市教委の見識なのか、一宮の称はみえない。

そもそもは神名帳が、若狭一宮、信濃一宮のように、夫婦神を1社2座とせずに、2社各1座と書き残したのが奇妙である。その上で、松平定信がよけいなことをしてくれて、話がこんぐらかってしまった。

ノオトその15　　一宮の論社

　後出武蔵の項で「論社」が登場するので、この奇妙な専門用語(ジャーゴン)をご説明しておきたい。

　論社というのは、古社の、主に式内社の、伝承が分裂して、分裂先の複数現在社が、単数古社のレジティマシィを主張する現象がある場合の、当該複数社を指す。主張するのは、当該現在社であるよりも、学者又は神社崇敬者であることが多い。つまり論社と言っても、つねに神社同士が論争している訳ではない。

　甲斐一宮のように、一宮である式内社が論社であれば、それは、一宮の論社である。志摩、陸奥、下野の各一宮も論社である。しかし、1国に複数の一宮があっても、すべてが論社ではない。何故なら論社は、古社Aの伝承分裂によって、a_1、a_2…a_nの複数社となるのに対し、一宮の場合は、一宮の伝承自体が古社A、B…Nに分裂（伊勢、越中のように）した結果、現在社a、b…nの複数社となるからである。理屈話で、失礼しました。

　理屈話ではあったが、一国複数一宮に、論社型と非論社型の、異なる2種があることをご理解いただけたと思う。2種のいずれであっても、多くの国（これまでに登場した39国の3分の1）で複数化したのは事実である。いくつかの国（伊勢、薩摩、肥前など）では、そのオーセンテイシテイを争訟または争訟類似手続にのせたのに、明快な裁断は出なかったのも事実である。それでもなお、一宮が制度だったといえるのだろうか。多数説が一宮制度論に執着する事情は、ノオトその17に後記する。

一宮の廃絶なし

　一宮の論社は、1社あたりの論社数が少数で、せいぜい3社である（甲斐）のに対し、式内社一般に眼を広げると、活発な伝承分裂の結果、論社数6に達した例（播磨の御坂神社、伊勢の川俣神社）がある。6社はすべて同一市内に現存する。かと思えば一方、たとえば、敦賀郡式内37社のうちの9社が、廃絶した。宮中神36座も、応仁の乱で廃絶した。昭和56年の『廃絶式内社調査報告』は、式内300社強が「廃絶」（廃祀のほか移祀先での合祀を含めているらしい）と推定している。いたましいことである。一宮にかかる例はない。

　神社の消滅は、普通、ない。洪水など天災にあわれても、旧地または新地に復興し、復興がかなわねば、別の神社に合祀して祭祀を継承する。しかるに上記式内社消滅例を見て、そして他方で、論社多数の例をあわせ見ると、歴史観を有する識者なら、複雑な感懐を抱くであろう。そこで今、国内すべての式内社がそれぞれ、合祀無し、廃祀無し、論社無し、と3拍子そろった国、すなわち、神名帖リストアップ全社にそれぞれ1社だけ現在社が正確に対応する完璧伝承国がいくつあるか。かりに1国式内社数20社以上の国でみると、それはたったふたつしかない。駿河と備前である。その完璧なる備前において、後述のように、一宮を神名帖から欠落させたのは、これは、式編集の大失態だと断じざるをえない。

相模一宮　寒川神社

　神奈川県には、現横浜市の東半分まで武蔵がはいりこんでいて、あとは相模であった。その相模国は、7世紀、師長国と相武国が合併してできた国で、合併の前後を通じて、国府は海老名、伊勢原、大磯などを転々、国分寺跡も各地に伝わる。一宮も、師長国一宮たりし川匂神社と、相武国一宮たりし寒川神社の、いずれを合併後の相模一宮とするか争いがあった。ノオトその5で前述したような「座問答」の手続を経て、寒川神社が一宮の座についたとの伝承がある。いや、正確には、一宮の座に就き続けていると言うべきかも知れない。川匂神社の方はと言えば、1年間だけ仮に二宮であるにすぎないのだが、鎮座地のJR駅名が二宮で、箱根駅伝でその二宮の地名がすっかり定着してしまった。

　祭神は寒川比古命と寒川比女命2座。延喜式では1座。不都合だから、いっそ寒川神1座にすべし、との主張があったが、大正5年、内務省は、1座であっても、比古、比女の2神でよしとおさめた。しかしその、比古、比女とは、一体どのような神様なのか。ヒコと言い、ヒメと言い、御名としてはジェネリックの典型である。当然、記にも紀にもあらわれない。そこで八幡様や、スサノオなどに比定する諸説が紛糾した。菱田・梅田共著『相模の古社』では、「上代の人達は、寒川大神がいかなる人物(ママ)であるかなどは問う心はなかった」と結論を示さない。

　室町末期に摂末社87を数えたが、廃絶をかさねて、今1社のみ。大きな雑木林に、流造銅板葺の平入本殿が鎮まる。拝殿の破風をあまりに高くあげるので、あたかも妻入に、小屋根を両サイド

寒川神社の鳥居を相模川堤防上から遠望する

に付したかのように見える。破格の殿姿である。石畳と石塁で固めた雑木まじりの松並木参道は、その堂々たる長い隊列を、相模川左岸堤防上からも遠望せしめるが、自動車がひっきりなしに、ちょこまかと走りぬけて、無残である。盛時、御神威を慕って、寒川の野を横切る敬虔な参列とぎれざりしことをしのぶのに、かなりの想像力を振るわねば。

相模一宮から四宮

　前記「座問答」神事には、相模一宮から四宮まで、いずれも式内の4社のほかに、平塚八幡宮が式外社であるのに、加わる。一宮成立後の、かつ、延喜式施行後の、八幡信仰の急成長がこれで推察される。しかし、関東の八幡と言えば、平塚よりも、鶴岡八幡宮であろう。これも式外社だが、神社本庁の全国一宮表には、「相模一宮」と記されている。源氏の遠祖が八幡大菩薩故、鎌倉幕府の守護神として、源頼朝が1063年、石清水八幡宮から勧請した。

武蔵一宮　氷川神社

　武蔵は、神奈川県東部から、東京都、埼玉県に及ぶ大国であった。大国ではあったが、都（奈良又は京都）からやって来る東海道は、771年迄相模止りで、この国には通じず、そうかと言って、房総、常陸のように、海から天孫族がアクセスすることもなかった。何故ならば、古東京湾の湾奥が、広大な湿潤迷路で、浦和の地名が示すように、そこら辺まで海が来ていたのである。

　いわゆる「縄文海進」によって、海は、紀元前に後退をはじめた。しかし河口周辺の汽水域に沈澱したヘドロが、干陸化した土壌は、潜在的な肥沃性は高いものの、干陸化の過程で生成する硫酸塩のため、強い酸性土壌となる。それでも、気の遠くなるような長い年月を経て、関東南部の陸化部分が、少しずつ、先住者の生活領域に組みこまれていった。その先住者は、どういう人々であったのだろうか。実は、古代征夷の軍も、東国の防人も、この先住者の地を迂回して、相模から海路を用いていた。陸路もあやしいものであった。

ずっと後世、律令制下でさえ、東海道の整備基準は２級国道にとどまったのである。そういう訳で、この武蔵と称する大国への古代の入口は、はじめは、諏訪からの上信国境越えであった。それ故（信濃一宮の項参照）そこは、出雲族の天地だったのである。

　彼等はこの地に来ても、当然出雲族の祖神を祀った。成務天皇の時代に、大和朝廷はその祭祀の長を武蔵の国造と認めた。このひとは、出雲の国造である千家家の祖天穂日命から数えて、10乃至12代あとの子孫であった。つまり、出雲と武蔵の国造は、同祖の別孫同族で、それぞれ出雲神の祭主であると同時に、大和朝廷の地方政治もひとしく分担したのであった。

氷川信仰の成立

　武蔵国造は534年、同族間でその地位を争い、南関東（鶴見川流域）サイドが北関東（埼玉県笠原附近）に負けた。古墳時代最盛期の話だから、以

武蔵一宮　氷川神社

後の南の衰退が、出土品によって立証できるのである。そうこうしながら645年、大化改新による新編武蔵国の国造も、ひき続き出雲神祭祀の首長が勤め、祭祀の正統性を強化するため、出雲肥ノ河に坐す杵築大社（現在の出雲大社）を勧請して、氷川神社ととなえた。ただし、肥ノ河の「肥」は、乙類清音であるのに、氷川の「氷」は、甲類清音である。音韻が合致しない。甲乙2音の混乱が始まったのは、奈良朝がすんでからなので、この祖先祭祀場自体は古くからあったにしても、神社名の定着は、それ故、ぐっと新しくて、平安初期ではなかったかと思われる。

現埼玉県大宮市（平成13年からさいたま市）にある氷川神社のまわりは、徳川吉宗が干拓する以前は、浦和から大宮公園ボート池まで広大な沼で、沼沿いに当社9万坪の大境内が成立した。他方、武蔵国府が東京都府中市に、国分寺が同国分寺市に建てられると、国造又は国司の祖神祭祀は、後述の大国魂神社でも執行されるのであるが、氷川信仰は依然強力に、武蔵一円に伝播してゆき、当国の一宮となるのである。

当社の社家の西角井正慶氏が『古代祭祀と文学』に発表した作図を見ると、彼等出雲族の神社は元荒川（現荒川の東、古利根川の西）までで、そこから東は、天孫系鹿島香取の分祀社がプロットされている。元荒川が出雲系文化と高天原信仰勢力との明瞭な境目であった。それ故、武蔵の式内社43社（44座）のうち、20社が出雲系で、この境目の西に集中する。氷川神社の分社でみると、200社以上が集中する。反面、武蔵国外には6社しかない。こうしてみると氷川信仰は、八幡神社や稲荷神社のように、全国展開タイプではなくて、もっぱら元荒川西の武蔵国内での一極集中型である。氷川のかかる閉鎖性は、私が推測するに、きっと元荒川東が天孫族に抑えられ、また、本貫地

出雲からは、あまりに遠く突出してしまった部族が、自足的に内向性を濃くしていった為ではなかろうか。

氷川神社には、出雲族の祖神であるところの、須佐之男命、その妃稲田姫命、その子大己貴命（大国主命）の3神の3社があった。3社は本家を争い、序列を争うが、1699年、寺社奉行は「甲乙つけがたし、以後3社同格とせよ」と下知する。それで、やがて1社にまとまっていった。折角まとまったところへ、明治新政府が1社1神構想という、とんでもない迷惑なアイデアを押しつけてくる。この為大国主と稲田姫は廃祀となり、当社の祭神はスサノオだけとされた。かかる時、あろうことか、出雲神祭祀の直系、第80代出雲国造千家尊福が当県の知事に着任する。明治27年であった。

明治天皇と千家尊福

千家尊福は、明治5年出雲大社宮司に就任、生き神様として西日本民衆レベルの熱狂的な帰依を獲る（入浴後の風呂水さえ争ってもらわれたと云う）一方、平田篤胤派神学の重鎮として、オオクニヌシの宮中合祀を強硬に主張した。天皇が天皇家内で天孫族の祖神を祀るのは当然だが、国家神道の主宰者としては、それだけでは不充分で、オオクニヌシ合祀が必要だと論じたのである。しかし明治13年、神道大会議後の勅裁により、伊勢派に敗れる。すると彼は、あっさり神職を投げうち、新政府の高級官僚に転向して、神道界を一驚せしめた。

敵将榎本武揚の登用や、7歳の津田梅子を留学生に派遣するなど、維新は、いくつかの非凡な人事を動乱のなかに生み出すが、本件もまさに破天荒の離れわざである。当然尊福は、知事在任中に奔走して、出雲の祖神であるオオクニヌシとイナ

氷川神社絵巻。氷川神社社宝の明治天皇行幸絵巻は13cm×45cmで、鳳輦(ほうれん)をかつぐ輿丁(ようちょう)と、つづく公達(きんだち)(この図の外に、銃を持つ兵隊もいる)の取り合わせが時代の証言となっている。

ダヒメの合祀を復活した（尊福は作詞もやった。「年のはじめのためしとて」は彼の作である）。

オオクニヌシの宮中祭祀をしりぞけはなさるものの、他方で氷川神の御神威を確立なさったのも、実は、明治天皇であられる。と言うのはこれより先、氷川神社の一宮としてのスティタスは、時としてヴァルネラブルであった。先ず、武蔵総社たる大国魂神社での国司の祭祀問題がある。国造の祭祀権、または、国司の管内諸神祭祀義務は、当国においては、一宮よりも総社に強烈にその残像が認められる。大国魂神社祭礼で動座した神輿に奉幣する神官の資格は、現在でも国造代理としての建前が継承されていて、奉幣に先立ち、神官は国造を祀る摂社に赴き、祈って、祭神から代理権を授与してもらう手続きが履践されている。それ位だから国造、国司の総社祭祀はしっかり行われていたと思われる。当然総社は式外社ながら、社勢は伸長し、総社の与えるランキングとしての、別の一宮（後記する）が成立した。当社はそこでは、三宮とされたのであった。

次に、武蔵の支配権が国司から武家に移ると、たとえば北条氏政は、あえて伊豆一宮を関東総鎮守とし、三島神社発行の三島暦を正統と認めて、当社発行の大宮暦を禁止した位である。かかる状況であったのに、江戸に入城された明治天皇は、明確に当社を新都の鎮守と宣言された。

かくて、明治元年と明治3年の両度にわたり、当社で天皇の親祭が執行された。異例である。そもそも、昔の天皇は、めったに神社に参詣しない。それは国司や勅使の仕事である。例外はふたつある。ひとつは、個人的なご信仰で寺社詣りをなさるケースで、日吉神社や住吉神社に数代の天皇がお出でになっているし、後白河法皇の熊野巡幸33回は有名である（それにしては、途中の近江一宮や和泉一宮にお立寄りの気配はない）。ふたつは、お引越しのケースである。桓武天皇は京都に遷って、山城一宮に詣られた（否定説有り）。遷都の際、天皇が土地の神様にご挨拶にでむかれるこの前例は、江戸に来られた明治天皇が、丁寧に踏襲された。丁寧に、と言うのは、たとえば天皇は、神田明神にさえ詣られた。今ではとても想像できない。神田では、おそれ多しとして、祭神平将門(たいらのまさかど)（天皇からみると逆賊である）を外に遷すなど、かえって大騒ぎであった。庶民はむくれて、祭礼に参加しないようになった。困った神官は別殿を造営し、将門神社の扁額を掲げたりしたが、結局将門が祭神に復帰するのは、昭和58年である。この間、大手町将門塚周辺企業群には、オフィスのレイアウトに際し、塚に尻を向けないようにする心得があった。

氷川神社の参道見取図

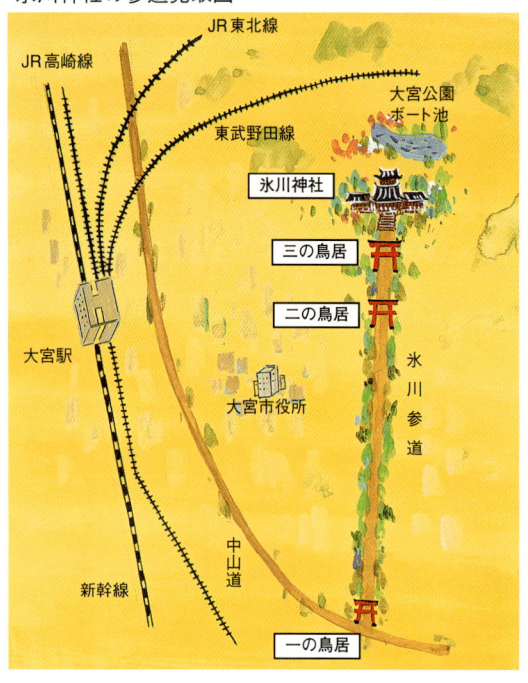

氷川神社の欅参道

　折角、天皇親祭を得たのに、地元大宮市民はいったい何を思ったのか、明治11年、当社9万坪の大境内を、2万余坪迄削りとった。出雲族が祖神に捧げてきた広大な神域は、こうして現在、中山道に発する長大な参道に面影をしのぶだけである。原武史氏は『出雲という思想』で次のような感慨にふけっている。「明治維新により帝都を守護する神々の聖地となったはずの埼玉は……出雲の神々のたそがれの里へと変容して行った。」

　千家尊福のオフィスは浦和であった。大宮が浦和にとられたのは、県庁だけではない。現JR高崎線開通時に、浦和駅はできたが、明治18年まで大宮に駅はなかった。今その、大宮駅新幹線ホームから、武蔵野雑木森の巨大な緑が東に見える。全国一宮のうち、新幹線から望み得る唯一の社叢であるが、前記神域カットの際、公園化された。参道は、中山道に臨む第1鳥居から発して延々2km、並木は主に欅で、諸落葉樹をまじえる。参道奥に、昭和15年国費造営の、妻入舞殿と平入銅板葺流造本拝殿をたてる。全体に内玉垣内が無骨で、外が親しみ易い雰囲気をつくり出している。

　当社の神輿は、神職または神人(じにん)(世襲の奉仕家。当社では世襲の氷川神領民)のみが神域内のみで担ぐ古式を伝承している。前記上野一宮も同様であったが、柳田国男は、信仰を共有しない群集が登場する「祭礼」を古式の祭りと区別している。

氷川女体神社、武蔵国一宮の社標がある

もうひとつの一宮

前記氷川の3社1殿化の際、または天皇ご親祭の際、当社が歴史的に多元化してきた庶民信仰部分は、切り離され、純化の努力が払われたと思われる。それ迄は、広大な神域に、主祭神3社のほかにも、あまたの社殿が無秩序に点在した。そのなかで、今に一宮をとなえるのは、氷川女体神社である。武蔵国一宮と記した寛文の棟礼を蔵し、社域に、「大宮氷川神社とともに一宮也」と標示する。見沼の面影を残す水面を前に、小丘上に坐す。小丘はもう浦和市内で、周辺ギリギリに宅地化されて、判りにくくなってしまった。

女体神社という神社名にギョッとする読者がおられるかもしれぬが、男体の対詞で、エロチックな意味は毛頭ない。川崎市にもあるし、埼玉県三郷市内には、筑波女神分霊を祀る女体神社が3つもある位だ。それどころか、茨城県牛久には、女化神社がある。

武蔵総社の一宮から六宮

武蔵国には、古社が多いのみではなく、それら古社の論社（ノオト15参照）も多いのが特色である。甲斐の論社について前記したが、当国は、分裂率でも分裂数でも甲斐の上をゆくと思われる。論社の数え方は一定しない（一定しないからこそ、論社である）が、それでも式内社に限って試算すると、別表のとおりである。

式内社伝承がこのように、盛大に分裂するから、一宮伝承もまた分裂する。府中市の大国魂神社は、明治に現社名に改める迄は、武蔵国総社六所宮と称し、国内著名6神（うち式内5神）を一宮から六宮まで合祀した（何故6神かにつきノオトその24）。北向9間社流造本殿は、3殿1棟形式で、合祀は、東殿（向かって左）と西殿（右）に、左端から3、2、1、中殿、4、5、6の順で神座を

別表・武蔵の論社　試算

区　分		式内社数	論社数計
論社である数	論社が2社ある	7	14
	3	4	12
	4	5	20
	5	3	15
	6	1	6
論社である式内社小計		20	67
論社がない式内社とも合計		43	
分裂率		46%	

小野神社の武蔵国一宮と記した社標

別図・武蔵国総社の一宮〜六宮

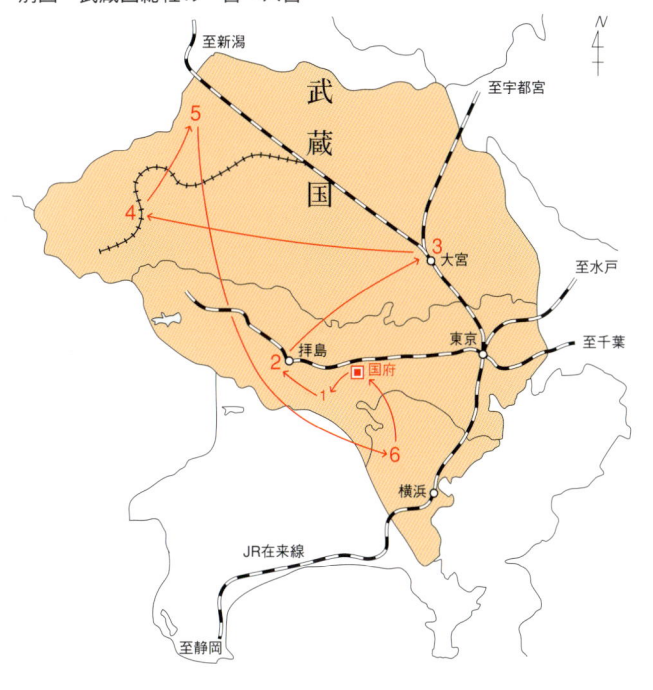

大国魂神社本殿、3殿1棟形式の流造

置く。左右の序列が山城一宮、河内一宮などと逆だから、合祀の一宮～六宮は、6神のランキングに従ったとは考えにくい。前頁の別図にみるように、6神の神社への国司参拝順だったかもしれない。前記上野一宮～九宮図が、国司巡拝順とは到底考えられないのとは、明らかに違う図なのだ。ただ、それはそうとしても、ひとたびここで、一宮とされてしまうと、一宮とされた小野神社崇敬の方々は、当然ながら、ランキングを意識された武蔵一宮だと解釈なさる。この神社は、多摩市旧一宮村に坐し、府中市に論社がある。

かつては総社例祭に、6社から6基の神輿が集合したとの伝説がある。たしかに一宮小野神社や、六宮杉山神社の論社のひとつからは、神輿が昭和30年代まで出御されたらしいが、総社で三宮とされる氷川神社の神輿は、上記のとおり神域を出ないから、伝説は疑問である。

なお、総社で五宮とされる金鑽(かなさな)神社は、武蔵二宮だ。武蔵国北辺の旧二宮村に坐し、無本殿である。無本殿神社は既に、大和一宮、駿河一宮、信濃一宮、出羽一宮の項で触れてまいったが、このお宮の場合は、流造柿葺拝殿のうしろに、「祝詞屋(のりとや)」と称する唐破風中門を置き、そのむこうが、見えない本殿の入口である。境内には、神仏混淆時代の立派な重文多宝塔もあるが、先ずは、重文でも何でもないこの小さな祝詞屋の前に立とう。すると、神体山信仰の美しい霊気を浴びるであろう。古代日本人の思想は、宗教施設の中核であるべき神殿の観念を超越していた。後世仏徒を平気で受容して、神域に仏塔の建設を許しても、神殿なき神域の神秘の気配はゆるがなかった。「大切なものは眼に見えない。」とサンテグジュペリが世界に教えたのが、1943年。我々の先祖は1500年前から、それを知っていたのである。

金鑽神社、祝詞屋がかたちのない神座への入口である

中国地方

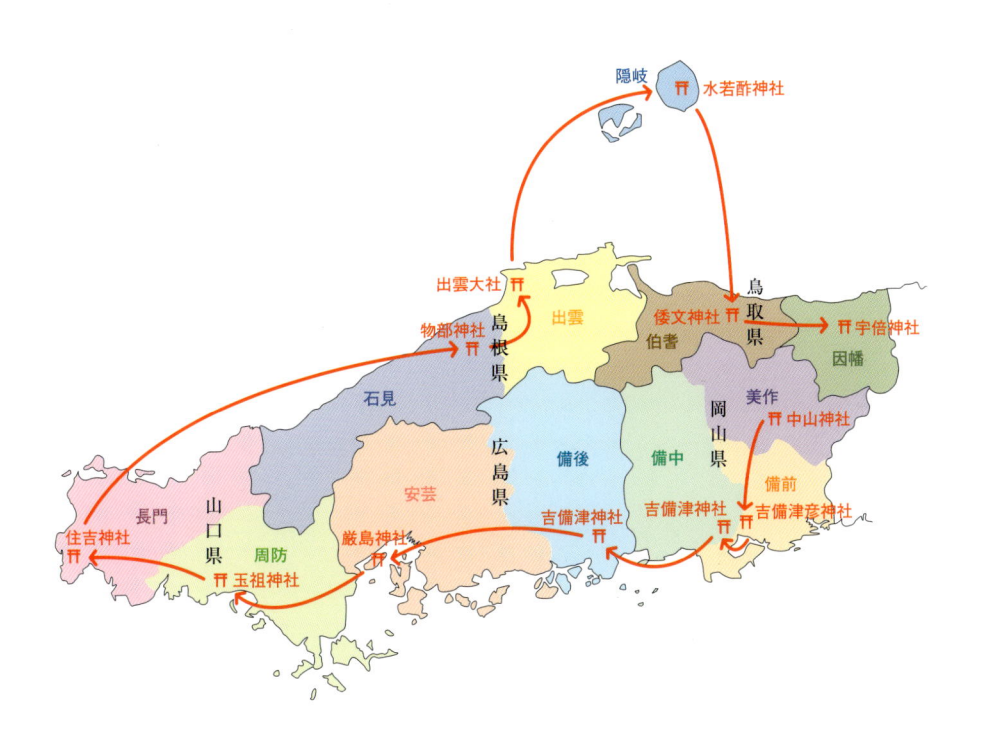

隠岐 　㊗ 水若酢神社

出雲大社 ㊗　出雲　　倭文神社 ㊗ 鳥取県　　㊗ 宇倍神社
物部神社 ㊗　島根県　伯耆　　　　　因幡
　　　　　　石見　　　　　　　　　美作　㊗ 中山神社
　　　　　　　　　広島県　備後　岡山県
　　　　長門　　　　安芸　　　　備中　備前　㊗ 吉備津彦神社
住吉神社 ㊗　山口県　　　　　　吉備津神社　吉備津神社
　　　　　　周防　厳島神社 ㊗
　　　　　　玉祖神社 ㊗

ノオトその16　　一宮の座

　一宮の座と言っても、一宮の地位の意味ではない。一宮の神を数える単位である。次の美作(みまさか)の項で「座」が出てくるので、整理しておきたい。

　原始、神は、混沌におわした。神に名を献じ、神の数を数えるようになったのは、人間の都合である。神名が確立すれば、数えたくなるし、数える為には、神名が要る。神名確立後に創建された一宮もあるが、神名確立前の古代祭祀場が、神名、神数不明のままで、一宮となった例(丹波一宮、飛騨一宮など)もある。これらのお宮は、古いご由緒がしのばれて、かえってゆかしいが、明治の官僚は、そうは思わなかった。宗務行政の必要上、神名、神数を定めるべく、あちこち圧力をかけた(武蔵一宮など)。数えるのに、多用される単位は「柱」である。

　ところが、平安の官僚もまた、数えたのである。彼等は延喜式において、全国2861の式内社に、3132の「座」を数えた。どのように数えたのだろう。当時は神数の全部または一部不明が多数あっただろうし、数え方も安定してない(オオモノヌシとオオナムチは、同神なのに、2柱と数えたりした)だろうし、安定しても神数は増減する(増祀、廃祀、配祀、併祀など)だろうから、とても数え切れまい。そこで、延喜式編集官は巧妙な建前を造った。すなわち座は、ひとつの神社ごとに、単数又は複数の、神に奉る幣帛を数える単位である。故につねに座＝柱ではない。として、何を基準に複数の幣帛を奉るのかの説明からは逃げた。座≠柱のうち、座＞柱もある(但馬一宮、周防一宮)が、多く座＜柱で、しかも単数座が圧倒的である。複数座は、少なくとも主神数とは、一致する例(摂津一宮4柱4座、越前一宮7柱7座など)があるにはあるが、複数主神に単数座を捧げる例の方が多い。理由は、式成立後の増祀(淡路、和泉、武蔵の一宮)等もあろうが、それよりも上記のように、複数自体が安定しなければ(相模一宮)、式としては、単数座にせざるを得なかったからではないか。あるいは、安定した複数主神であっても(上野一宮)、奉幣は1単位とすべき事情が別にあったのかもしれない。複数座であっても、主神数より少ない例(長門、肥後の一宮)もある。

座数の抑制方針

　以下の観察結果は、式編集官に抑制方針があったことを暗示しているか。

① 　複数座の神社がとても少ない。5％しかない。95％の式内社は単数座であること。
② 　しかしながらこの5％は、畿内では14％、一宮でも14％にはねあがる。畿内社や一宮のように、由緒がしっかりしていると、奉幣単位を抑制する根拠が弱かったと思われること。
③ 　複数座でも、2座3座どまりが多く、5座を超える社となると、驚くべきことに、全国に僅か4社である。すなわち、木津川畔水主神社は、式内最多の10座を規定された唯一の

社で、主神10柱のほか、例祭日を異にする式外相殿神を迎え、さらに他の式内神を境内社に合祀する。その昔、とびきり多数の奉幣を受けたこの神社は、今は、さりげなく水田風景の中に鎮座される。9座社はない。8座社は但馬一宮ほか1社がある（宮中神は省く）。7座社は越前一宮のみ。6座社はない。以上4社のみ。

　このように極めて少数の神社に、突如多数の座を捧げるからには、抑制が財政的動機に基づくものでなかったであろうこと。

④　出雲に式内187社があるのに（これを超えるのは大和、伊勢のみ）、複数座はゼロであること。

⑤　靖国神社の祭神は、巨大な複数246万6千柱で、ただの1座を捧げる。この社の境内は、明治前半はサーカスを含む娯楽空間で、戦後すぐにも、神社側に文化娯楽街建設計画すらあった（『靖国神社百年史』）のであるが、1999年ごろから、A級戦犯分祀問題にさらされた。神社当局のご見解は、1座の1部を分離しても、御霊は残るとする。座の本質なのだろうか。

美作六宮と七宮

　さて、以上のように、座は、ひとつの神社ごとの奉幣単位である。してみれば、次項美作の壹粟神社に、式が2座を規定したからといって、これに六宮と七宮の称を献じたのは、誤りだったと言わざるを得ない。たとえば河内一宮4座だからといって、一宮から四宮までの称は献じない。4座で一宮なのだ。私が思うに、美作四宮と五宮は、ふたつの神社で、1殿に相殿で座し給うのであるが、その光景を、ひとつの神社2座に誤って投影してしまったのではないか。

美作一宮　中山神社

　前項までで近畿と東日本の全一宮を巡詣し終えた。さあこれから西国に詣る。西国は、岡山県からはじめる。

　岡山県は、美作、備前、備中の3国にまたがる。このうち美作は、713年備前から分離独立し、国府、国分寺、総社、一宮、ぜんぶ津山市に置いた。なにしろ当国には、津山1市しかないのだ。（1国1市は、島を別にすれば、あと飛騨と因幡だけ。）そういう国なので、昔、作州浪人宮本武蔵を出したりはしたが、今は国名のとおりに美しく、穏やかな土地柄である。

　一宮中山神社は、美作建国にやや先立って創建。

本殿は単層入母屋檜皮葺妻入で、巨大な唐破風向拝を下斜に突き出し、その下に、もぐりこむように釣殿がはいって、入母屋檜皮葺拝殿をつなぐ。本殿前1間の外陣の奥に、3扉で仕切った内陣を拝する。内々陣の神座は、中央前向きが主神で、相殿神は少し手前の、左右の、やや低い壇に座し給う由。してみれば、当社祭神が主神と相殿2神たることが決定的である。それなのに、諸学説が躊躇し、紛糾した原因は、いくつかあった。

　先ず、『大日本史』である。当国はもと吉備国に属し、中山神社の称は、吉備中山（次項参照）から吉備津彦命を祭神に勧請したものと解した。

107

美作一宮　中山神社

社造と一脈通じるこの社殿形式は、中山造と名付けられ、国人は大層気にいっていたらしく、当国内のほとんどの神社で採用される。たとえば、当社から少し市央に下った美作総社宮がこの様式で、全国総社のなかで唯一の重文指定を受けている。又、後醍醐天皇ゆかりの院庄寄りに、二宮高野神社（地元はタカノと発音）があり、5×5間の銅葺中山造大本殿を17世紀に建てた。

美作三宮から十宮

　前に、上野に九宮まであってびっくりしたが、当国には十宮まであるから、もっとびっくりする。そこで先ず、当国の式内社から見てゆくと、10社11座、特に多くも少なくもない。うち2社が前記津山の一宮と二宮で、1社は国の東部にある。残る7社8座が三宮から十宮となって、国の西部、湯原町大字社に集中する。集中は超異常である。式内社のように、格式高い古社は、県内に1社もなかったり（青森県）、あっても2社（薩摩）3社（安芸）だったりするのに、ここではたったひとつの大字のなかに7社も密集。これはもう、大変なことである。はじめからそうだった筈はあり得ないが、集結の経緯は謎である。思うに、古代美作国は銅鉄の主要生産地で、採鉱技術集団が国内各地で活動し、形成した鉱口集落に、鉱業神を鎮祭した。鉱脈が尽きると、集団は定着すべき農業

　次に、『今昔物語集』である。年ごとに祭神に妙齢の処女を捧げたと記し、『宇治拾遺物語』にも、「かうや（二宮高野神社の意）はくちなは（蛇の意）、中ざん（中山神社の意）は猿丸になんおはする」と獣神伝承を唱えた。最後に、当社が主神とする鏡作命は、記紀に御名の見えない神で、タタラ製鉄神のようだが、農耕神への神格の遷移があった。これに対し、相殿神とする大己貴命とニニギ命は、かえって神格明らかで、主客のバランスに議論を残した。以上3点すべてそうではあっても、それでも、神座の位置関係からして、祭神は当社が唱える上記の説以外はあり得ない。

　そこで更に御社殿を拝するに、豪快な室町末期の重文である。地元豪族がここに参集結束したので、尼子が、鎮定後の再建を誓っておいてから焼かせてもらい、あとで誓いを守った。大鳥造や大

別表・美作一宮〜十宮

本文に登場する神社名			壹粟神社	横見神社				高野神社	中山神社	
リスト	所在		湯原町大字社					津山市		英田町
延喜式神名帳登載順	1	2	3	4	5	6	7	8	9	10
美作一宮〜十宮	4	5	6	7	10	8	3	9	2	1	—
3つの境内		集落の奥の境内		谷の向こうの境内						
				集落なかほどの境内						
向かって右端から祠の順	—		2	—	1	3			4	
7社の神行順	6	5	4	1	2	7	3			

美作三宮と六〜九宮の4祠が並ぶ

美作四宮と五宮の相殿

地も耕作技術も持たないから、鉱口集落を捨てて、速やかに移動する。人煙絶えた集落あとに神々が遺(のこ)されているのを憂えて、定住集落であったこの大字の誰かが、諸方から奉遷したに違いない。この、大層奇特な誰かは、数次に奉遷したので、8座にあてられた三宮から十宮の序列を無視して、別表の3境内に、無造作に分散鎮座ねがったのではないかと思われる。

湯原町に神々の里を訪ねる

JR中国勝山駅から谷を遡ること18km、名湯湯原町大字社(やしろ)の谷

湯原温泉に着く。旭川の広い河川敷に、無料混浴露天風呂があり、水着禁止だから、入浴した与謝野晶子のやわ肌も見えたであろう。彼女の歌碑によれば、入浴時鶯が鳴き（季節がわかる）、夕月が出ていた（時刻がわかる）からである。温泉手前で右折、旭川支谷を東へゆるやかにつめてゆくと、谷はやさしい表情となり、谷川の両サイドにたんぼがひらけてくる。大字社(やしろ)の集落だ。人が、自然とともに作りあげたこの空間のゆきづまりには、当然の風景として神々の森がある。森には、美作四宮と五宮が相殿(あいどの)で坐し給う。この鎮守社的な1殿に、式内の2社が鎮まる外見上の標識は、無い。

途中、車道左手に鳥居を置き、石段をあがると、白々とドライな開けっぴろげの境内がある。玄関をつけた無愛想な農家風拝殿を前置して、祠(ほこら)4宇が横1列。いずれも流造銅板葺（もと粉葺という）で、大小不ぞろいだが、一番大ぶりなのが、神名帳で1社2座とされた壹粟(いちあわ)神社である。そこに六宮と七宮があてられるのは、2座だからとも言い、あるいは、七宮は別祠だった（祠は5宇あった）のを、ある時、大木が倒れかかって「メゲテシモウテ」六宮に「ヒキトラレタ」（土地の古老）とも言う。残る3祠が三、八、九宮で

ある。十宮は車道から降って、谷の小川の対岸に見おろせる。この社だけが孤絶した境内で、神名帳の社名も横見神社となっている。

　以上三〜十宮の社務は、集落下手(しもて)にあった神宮寺で統括したらしいが、あろうことか、お寺の本尊が盗まれ、勝山から高瀬舟で(勝山に舟運ターミナルがあった)旭川をくだって、岡山の西大寺におさめられた。村人はそう信じている。大御堂(オーミドー)と称する寄棟造小堂が残っているが、そこにかつて三〜十宮が年祭に集まった。勝山からタユー(大夫?)をよんだ。その際の神行序列や着座順位は、一部に乱れがあるものの、おおむね三〜十宮のランキングに従っている。前々頁の別表を参照されたい。

　それでも、3境内にわかれて、序列とは無関係に鎮座したせいであろう、やがて三〜十宮の標識はすべて失せ、里人の記憶も薄らぎ去った。そこが上野(こうずけ)一〜九宮と決定的に異なるのだ。この谷に人知れず息づいてきた式内の神々の伝承今まさに消えなむとす。時よ、止まれ、と叫びたいが、酷薄に流れる歳月は耳をかさないであろう。

大御堂、かつては大字社の谷の各神社の御輿がここに集まった

備前一宮　吉備津彦神社

　備前は、北部が8世紀美作(みまさか)に分立し、南方小豆島(しょうどしま)が12世紀讃岐にとられ(備前では、紀の訓「アズキシマ」だったが、讃岐では、「ショウズ」郡「ショウド」島とよぶ)、東南端も昭和38年兵庫県に譲った。縮小一途である。しかしこの国は、語るべき豊潤な伝承を持つ。桃太郎と吉備津彦命と吉備王国である。でも、それらはおおむね、備中と共有するので、次項に後記することとし、本項では、一宮研究家が悩みに悩む難問中の難問、一宮最大の謎のひとつ、すなわち、この国の一宮が何故延喜式神名帳にのっていないのかというテーマに、肉薄しておくことと致したい。

　すべての一宮は式内社であるという命題に、留保が付されるケースは、ひとつには、一宮に論社があって、論社次第では式外社となる甲斐一宮のような例がある。しかし備前一宮吉備津彦神社は、アウトライトに式外社である。備後一宮とともに、重大な、しかしたったふたつの例外であって、それ故、室町時代の『大日本国一宮記』は、日本全国68国に66しか一宮を数えなかった位だ。誠に失礼な、けしからぬ話である。

　備前の国府、国分寺は、岡山市東北から山陽町にかけて配置されたが、一宮は市西、JR備前一宮駅のすぐ西に鎮まる。吉備線はここから、清少納言が天下の名山と評した「吉備の中山(なかやま)」(170m程の小山にすぎないが、なぜか彼女には好評だった)を北に迂回して、備中一宮の坐す吉備津駅にむかう。両社は非常に近く(駅間距離 1.9km)て、全国一宮のうちで、こんなにくっついている例はない。それは両社がともに、中山の山頂古代祭祀の山麓拝所としての性格を共有するからだろう。と言っても、中山を神体山視した伝承は不明確で、鳥海山麓に2宮をもった出羽一宮とは同列に論じ得ない。

備前一宮　吉備津彦神社

　山頂に何があるか。このあたり、「吉備風土記の丘」サイクリングの起点で、古墳20基を数えるが、いずれも皇陵に非ず。中山古墳のみ、宮内庁から陵墓の扱いを受ける。それは、吉備津彦神社の主神吉備津彦命が、孝霊天皇の子であったからで、もともと山頂に磐座（いわくら）があり、古代祭祀場であったところに、命は葬られたのであろう。後世、乱暴にも、御陵古墳上に備前備中国境線がひかれ、境内は両社に2分され、山頂の神事は斉行されなくなった。

吉備津彦命のお住まい

　古代天皇の子であるから、命の事績は、歴史よりも伝承に近い。たとえば命は、4道将軍の1人として、吉備路の平定に赴くが、出発は、父天皇の3代あとの崇神天皇の10年10月。在位年数上少なくとも120年経過している。しかも「吉備国（既に"国"の字が用いられている）を言向（ことむ）け和（やわ）したまい」（記）て、翌11年、神速をもって帰還、報告も終了なさっている。手際が良すぎて信じ難い。

　命は御帰還後、大和朝廷内の貴人に戻られたと、私は解したいが、通説は、平定後も吉備に住み（当社は住居跡に創祀したと神官は語る）、吉備一族の祖として、在地豪族化したとする。それは命に、古代吉備王国の王の姿を投影したいからで、この点、備中一宮の項で後記する。

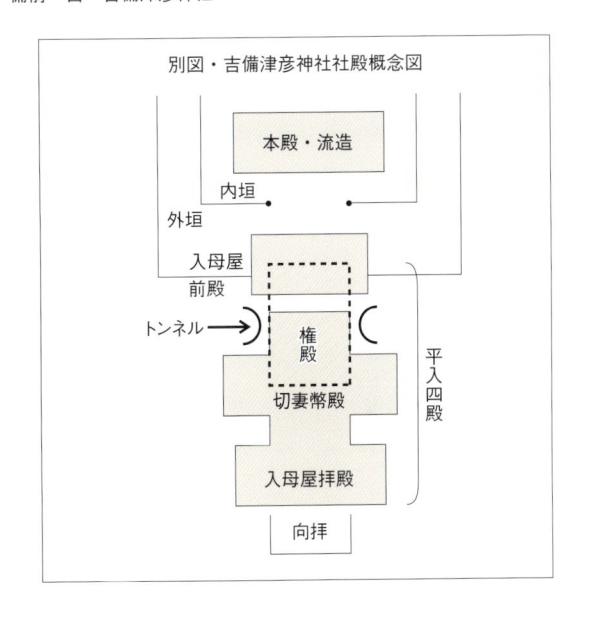

　当社の名は、11世紀初頭の『左経記』にも見えるが、鎌倉時代重源（ちょうげん）が、東大寺再建を全国に勧進（かんじん）する時、第1ベースを当社境内に置いた。彼

別図・吉備津彦神社社殿概念図

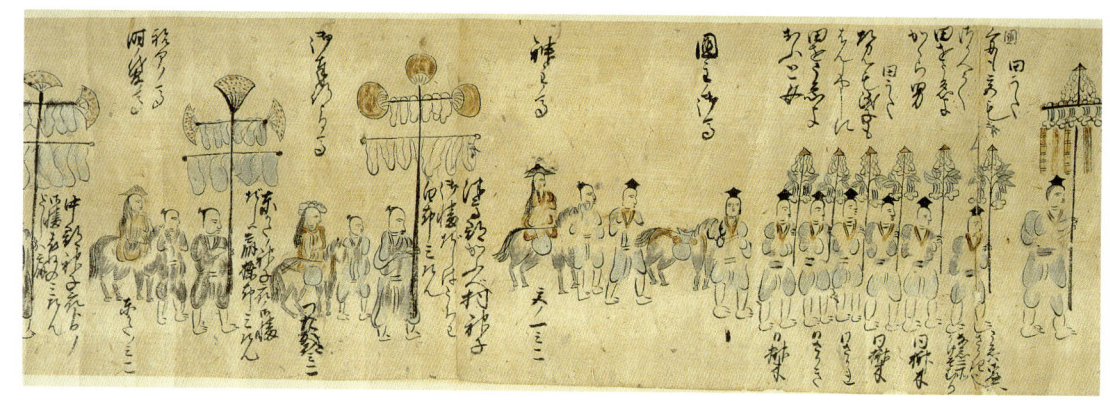

吉備津彦神社の御田植祭御幡献納祭絵図（部分）

の常行堂の刻銘瓦が境内に出土したので、当時の当社の位置が立証された。中山にむかって西へ徐昇する社地に、東面の社殿群を建てる。本殿は、池田家1697年造営の3間社流造檜皮葺。その前方に、昭和11年の檜皮葺、戦後銅葺に改めた平入4殿が前頁の別図のように重畳的に並ぶ豪勢な構えである。当社ではこのうち幣殿を祭文殿、前殿を渡殿と称し、神事は渡殿までで斉行するので、本殿は開けられない。

式外の一宮

『大日本国一宮記』の一宮66説が室町期に唱えられて以降、平成13年8月の大林太良東大教授の近著に到るまで、備前に一宮無しとする失礼な通説は、牢固として揺るがない。教授が言われるには、一宮は式に登載されてしかるべきである。当社のように式に登載されない神社は、本当に一宮かどうか疑問である。と、切って捨てられた。当社成立と式登載の先後関係を教授は明言なさらないが、文脈上、登載が後と解すべきだろう。そうすると、当社が何故式に登載されなかったかを究明しなければならない。教授はその点に触れられないから、切って捨てられたと表現したのである。

当社が何故、式外であるかの諸説次のとおり。各説の弱点を⇒で示す。

① 備前国式内21社のうち、安仁神社（後記）1社が名神大社とされた。当然安仁神社が一宮たるべきだが、吉備一族の力が発展、安仁をしのいだから。（神野力氏）

⇒ この説によれば、神名帳成立時期からして、吉備一族強大化が10世紀以後になってしまうが。

② 備中一宮の分社だから。（藤井駿教授。この方は備中一宮の社家出身である）

⇒ 分社の概念がアヤフヤだが、分祀ということなら、著明な春日大社をはじめ、一宮でも少なからぬ式内社が分祀であるが。

③ 中山陵を含む大境内を国境で分割（前記）した時、当社と備中一宮の2社となった。式は、分割前の神社を登載したから。（当社宮司代務者）

⇒ 分割後3世紀を経て式は編纂されたのだが。

④ 備中一宮が吉備3国の一宮だから。（門脇禎三教授『吉備の古代史』ほか多数説）

⇒ 吉備が3国に分解し、更に半世紀ほどたって、備前から美作が分立した。その美作には一宮があるのに、あとの3国には、備中一宮だけということは、不可能な推定だ。しかも、一宮拝礼は国司の重要公務であった。備前国司は、おめおめと、隣国の一宮に詣っていたというの

か。

　私は、⇒に示した故をもって、①〜④のすべてに反対である。私は、これは単なる延喜式のチョンボだと解する。式が登載洩れするなんて、学者は誰も認めたがらないが、実は式には、ノオトその18に述べるように、いくつかの欠陥がある。したがって、式は無謬也、故に式外に一宮無し、故に備前に一宮なし、という論理は、おそるべき倒錯である。正しい三段論法はこうである。備前に一宮がある、然るに式外である、故に式にミスがある。

もうひとつの一宮

　上記安仁（あに）神社は、一宮であるとして、近年、地名を岡山市西大寺一宮に改めた。岡山市には、一宮を名乗る地名がふたつ出来た訳だ。祭神に多数の異説あり、明治の『神社明細帳』では不詳になっている。社では、天孫系の神をあげる。白砂の

石上布都之魂神社の山頂本宮

境内に流造檜の本殿、前1間を吹放して豪快。入口に、「自然を大切にしよう。岡山県」の掲示があり、そこには「二の宮」としるしてある。

　式内石上布都之魂（いそのかみふつのみたま）神社も全国一の宮会に入っておられる。大和石上（いそのかみ）の元宮が備前にあるのだとされるが、そうであれば、物部族の備前の痕跡である。石見（いわみ）一宮の項で後記致したい。

ノオトその17　　一宮のスタート

　　一宮はいつスタートしたか。
　神社名に一宮を冠したデータの初出は、1192年『今昔物語』における周防一宮である。更に近年、伯耆一宮で発掘された1103年在銘の経筒に、一宮と刻してあった。これらの物証は出たが、「〇〇神社を一宮とする」趣旨の文言を含む文書は出ない。せいぜい後世「〇〇神社は一宮である」との吉田家（ノオトその12）裁許状のような文書があるだけで、もひとつキメテを欠くものの、西牟田崇生氏『延喜式の研究』、伊藤邦彦氏『諸国一宮の成立』など通説は、11世紀末ないし12世紀初のスタートとする。
　この通説は、もっと古い時代の一宮伝承と、あちこちで衝突する。衝突のたびにアカデミスムは、伝承が捏造、創作、潤色であるとして片づけてゆき、通説の維持に汲々とした。でも諸伝承は、諸国でそれぞれ独立に紡ぎ出され、古代日本人がそれぞれの土地で、みずみずしい一宮信仰をはぐくんで来た説話である。とても捨てるにしのびない。それはたとえば、次のような言い伝えである。

① **相模**　7世紀央に、相武国と師長国が合併して、相模国となった。合併前の両国の一宮の、いずれを新相模国の一宮とすべきか。国内5社が集まって、譲らぬ両社をとりなす行事が、無形文化財座問答である。そうすると7世紀には、ランキングが終っていなければならない。通説では、新相模国成立後4世紀経過してやっと一宮がスタートしたことになる。故に、座問答神事は、1千年間くり返された茶番劇にすぎないという。

② **吉備**　多数説は、吉備3国の一宮が備中一宮だと言う（私は前記のとおりこの説に反対だが）。吉備3国分解は7世紀だから、通説よりも4世紀前に、吉備一宮は成立していたことになる。

③ **上野**　この国の二宮は、もと一宮だったが、現一宮に譲った説話は前述した。ところで現一宮が国内最高の神階を得たのは859年である。9世紀以前にランキング争いが結着していたのでなければならない。

④ **伊豆**　下田市にあった一宮を、11世紀に国府近くに遷したとの説がある。するとランキングは、10世紀以前だ。

⑤ **越中**　1163年作の『白山記』の一宮争いの記録を信じるならば、争いはおそくとも11世紀、争いの原因となるランキングは10世紀以前の筈。

　これら伝承をすげなく否定した上で、通説は一宮を「制度」とみる。たとえば、平成11年度文部科学省の研究補助出版である『中世諸国一宮制の基礎的研究』と題するA4判780頁の大著は、題名で明らかだが、一宮を制度としてとらえている。
　制度には、制度目的が存在する。通説は、一宮を国司の国内諸社参詣順を定めたものとし、上記大著は、国庁官人の政治意思結集の場としての機能に着目する。しかし国司が制度上の

一宮から、毎年参詣を始めていたのに、国人の記憶が風化して、同一の一宮に論社が生じ、または、論社でない他の一宮の主張が多発している(ノオトその15)が、制度と解する立場からはまずいだろう。制度論は、かなりの国に複数一宮がある現実と調和し難いのである。

一宮は制度なのか

　それにもかかわらず、通説が成立してしまったのには、いくつかの事情があった。第1にこの時代、トップダウンの「制度」が結構あった。国分寺の建設、神階のはじめ(8世紀前半)、官幣社国幣社の区分(798年)、延喜式の施行(927年)などがそうで、一宮もこのような制度だと安易に連想された。第2に延喜式である。式は一宮の格式を原則として無視する。一宮のスタートを、式施行の10世紀よりあとにもってくる通説にとっては、無視は当然である。しかし伝承は、式の当時、既にかなりの一宮が成立していたことを示す。それなのに、式は何故無視したか。ノオトその18で私見を述べる。第3に、トップダウンの「制度」でなければ、諸国に洩れなく一宮が成立する筈はないという思いこみである。これについては本稿冒頭ノオトその1で私見を述べてある。

　以上の次第であるから、一宮を制度論の呪縛から解放しよう。そうすれば、一宮にスタートラインというものは無い。一宮は、ボトムアップのランキングだから、スタートの年号をイクスプリシットに特定できない。タイムスパンのパラダイムをうんと拡げて、説話の示す7世紀にはじまり、13世紀にかけて(遠江一宮の文献初出1235年)、ゆっくりと徐々に、諸国でのランキングが出そろったと考えたい。

　紫式部は、11世紀がはじまる直前、越前一宮の鳥居前を2回通過した。彼女は海岸道路を北上して、歌を詠んでから、武生に入った。しかし紫式部日記に一宮の言及が無い。彼女の関心は宮廷人事と宮中行事のみにあった。それ故彼女は、通説と私見のアムパイアたり得ないのである。

備中一宮　吉備津神社

　岡山市は、破格の特権を享受している。1市にふたつの一宮をもつ都市は、岡山市のほかに、全国どこにも無い。この市は膨脹して、備前備中両国にまたがる市域を獲得し、両国の一宮を包摂するにいたったのである。それに備中一宮は、神名帳の御名は吉備津彦神社なのに、その神社名は現在は備前一宮の方が名乗っていて、当社は、吉備津神社を名乗るから、岡山市への来訪者は幻惑される。ただし、備中国府、国分寺、総社は、西隣の総社市に置かれた。

　現存する国分寺5重塔は、この地特有の、やわらかな風光に包まれて、吉備路観光のランドマークになっている。一帯の古墳20基、うち、たとえば造山古墳は350m(全国4位)の巨大かつ端正な墳墓で、その様式、出土品から、5～6世紀に比定される。巨大古墳ベスト20をみると、畿内及び備中に集中し、出雲や九州(西都原)のはひとまわり小さい。備中が唯一、地方の代表という

吉備津神社の北、桃太郎伝説の温羅がいたとも言われる鬼ノ城

ことになる。しかも造山の大きさときたら、秦始皇帝陵兵馬俑の1.5倍もあり、ここに高い権力の集積が達成されたことは確実とみられるが、大和朝廷との関係について、記紀の語り口には限界がある。吉備王室（らしきもの）と天皇家はしばしば通婚した。それは次のような具合である。応神天皇の妃がプイと吉備の実家に帰ったら、天皇は追いかけて来た。その時、吉備の誰と誰が献饗したかが記にちゃんと書いてある。雄略天皇の妃は、自分の生んだ子を帝位につけようと画策し、吉備の実家では、船40隻を難波に発進せしめた。仁徳天皇は、吉備から来た愛人（妃ではなかったようだ）を愛したが、愛人は、葛城族（山城の項前記）出身の后の嫉妬で追い出された。逃げ出すのに舟を用いた。舟を見た天皇は歌を詠んだ。歌を聞いて葛城の后は逆上、愛人を舟からひきずりおろした。それで天皇は、淡路島視察の要務ありと、口実を作って、後日吉備を訪れたのであった。

以上長々しくご紹介したが、要するに、他愛もないエピソードは結構語られて、それはそれで、王室が天皇家とかなり対等につき合っていたらしく推測できる。しかし肝心の、吉備王国の政治権力を大和がどう吸いあげていったか、とても出雲王朝の国譲り神話のような、格調高いロマンは叙せられない。

吉備王国の瓦解

私が邪推するに、記紀では、吉備服属プロセスに書きにくいことがあって、それを読者に悟られないよう、歴代天皇の痴話喧嘩をこれでもかと並べ立て、読者を眩惑しようとした。眩惑は成功して、吉備制圧時に、出雲的神話の不在を指摘する学者がいないのである。

そうこうするうち、7世紀に吉備の3国分割があり、中央の課役制度が及んだので、6世紀末には、大和支配に屈服していたと思われる。近畿でも古墳の主の名が定まらぬ例は多いが、吉備古墳群では、そこに眠った可能性ある王者の名は、正史からことごとく消え、歴史の闇に埋没し去った。唯一の例外が、備中一宮吉備津神社の主祭神吉備津彦命である。

命の甥の甥がヤマトタケルとみる説が正しいとすると、一宮の神としては新しい方である。命の吉備平定時期については、前項で触れたが、3世紀頃だろう。そうすると命または命の後裔が吉備王国を建てたにしては、古墳の時代とずれてしまう。命はやはり大和に帰還し、当地に残留、在地豪族化したところの、命の非直系の一族たる吉備

氏が、やがて王国の祖となり、大和に滅ぼされたのではないか。

それでは、命が平定した敵は誰か。吉備王説があるが、上記のとおりで、時代が合わない。命を桃太郎に仮託し、征伐した鬼は、鬼ノ城(総社市北部)に居た温羅だとの説(岡山県庁『グラフ岡山』など多数。ただし『グラフ岡山』99年1月号は改説した)もある。後記するが、温羅は当社の現在の神事になお生きて語られるし、周辺に血吸川、矢喰宮、楯築神社など、鬼征伐関連の地名が現存する。人名にも、犬養氏がある。それでも残念ながら、鬼ノ城の設計思想、築城技術は、7世紀後半のもので、命の時代に遡るのは不可能だ。こういうことになるので、昔噺の歴史的検証に手を出すのは、慎むべきである。

王朝が敬った吉備津神

当社創建は、社伝によれば、仁徳天皇の頃、命の斉殿跡に吉備氏が祖神を祀ったものである。といっても、祖神は大和から来た将軍で、先住民を制圧した一族である。それ故、吉備津神信仰(俗信化した場合を艮信仰という)は、たとえば、武蔵の地を切りひらいた出雲族の祖神たる氷川信仰のような、盛りあがりを見せない。備前の式内社は、地祇や宗形神分祀が多く、美作でも一宮祭神諸説のひとつに吉備津神が残るだけ。備中では、配祀以外は吉備津神は極めて少なく、備後となると、厳島神、八幡神のプレゼンスが強くなる。『山陽放送財団リポート』では全国の吉備津社309社を数えるが、それは大和、紀伊に所領を獲た吉備氏の神社を含むからである。たとえば、奈良県東北隅、月ヶ瀬の南は、吉備から大和に嫁し

崩れんばかりの旧娼家、門前歓楽境にひしめいた妓楼は瓦解した

吉備津神社御屋根遠望、吉備の中山北麓の緑に埋もれる国宝比翼造

た妃の王子の所領であって、今そこに、吉備津神社がある。また、紀伊の所領は、和歌山県吉備町。たった5.6キロの単一路線を持つミニ私鉄が走っていたが、平成14年廃止した。

当社の社名の史料初出は847年、それから1世紀後に、早くも神階は最高の1品(いっぽん)(品位についてはノオト12)に進んだ。この時当社と同格に達したのは、淡路と豊前の一宮だけだ。王国は滅ぼしても(滅ぼしたから)、吉備の祖神に対し、朝廷は、他に冠絶する敬意を払ったのである。

15世紀、国宝大本殿がたちあがった。国宝社殿は、仏寺と違って、一宮ではめったに無い。これ迄山城一宮、摂津一宮と、この先、安芸、長門、出雲、豊前の各一宮があるのみ。

江戸時代になると、門前町は山陽道きっての歓楽境に成長した。実は池田侯は、備前一宮には神領350石を献じたのに、当社へは160石のみ。かかる差別にもめげず、門前花街は地方芝居のメッカとなり、角力の力士が游弋していた。明治5年、遊女解放令で妓楼は瓦解、この時妓を帰郷させるのに、行路の難を思いやって、抱主がつきそい送

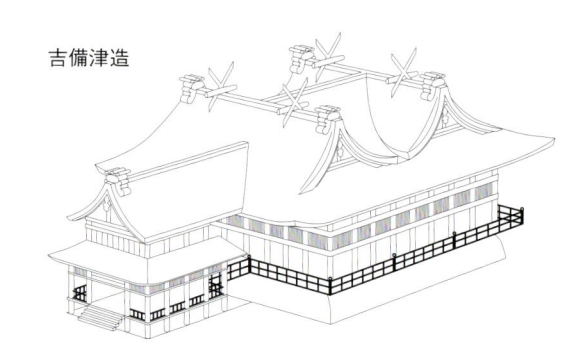

吉備津造

ったとの美談が残る。今、軒をつらねていたであろう楼のうちの1軒だけ、崩れんばかりなのが残っている。

国宝入母屋比翼造

さて、国宝大本殿である。JR吉備津駅から、旧花街の反対斜面に一寸あがると、檜皮葺比翼入母屋の優美な曲線が、吉備中山(きびのなかやま)(前項参照)北麓の緑に埋もれるように見てとれる。松並木を南進、右に折れ昇って、社は、東北東(当社でいう艮(うしとら))に面し、伝陵墓山頂を背にして営まれた。

営んだのは足利義満、15世紀はじめ。それ以前の設計は不明。と言うことは、全国一宮のなか

御竈殿の神事、巫女も神官も託宣はしない

で最も美しいと評する人が多いこの、優美極まる天才的デザインは、突然現出したとしか考えられない。彼が後世を唸らせる為に仕掛けた装置として、金閣寺に比肩する芸術であること疑いない。

3間社流造の周囲に、2重庇をめぐらした入母屋を、2つ前後に接続（この故に比翼造という）して、高い亀腹にのせ（カメバラは仏教建築だ。古典的神道建築から1歩踏みこんだ）た、特異で広大な平面形式である。別屋根が比翼と直角に交叉して、前方へ向拝となり、向拝の延長は、切妻妻入拝殿となる。このような一体設計であることに着目して、国宝は、本拝殿で1棟と数える。本殿だけで国宝3棟に数える宇太水分神社とは対照的だ（比翼入母屋造は他に1例だけ採用されている。下総中山の法華経寺祖師堂、重文である）。

本殿に瑞垣を廻さないオープンな雰囲気を活用して、東横から見上げると、檜皮屋根の深い軒先が、いとも優雅にはねあがって天空を斬る。勿論、優雅の妨げとなる樋はつけられない。だから、前後の比翼屋根と、交叉の別屋根計3面を合計して、強雨時に鉄砲水が直接左右に吹き出すであろう。義満の天才デザイナーは、ランニングコストを優雅の犠牲にした。ジェーン台風をはじめ、度々の大修理を当社に強いたのである。

本殿の当社正称は正宮、主神は配祀8神とともに座す。外部と同様に広々と開放的な雰囲気の内部は、正式参拝者の参進を許しているが、それは当社独自の古い伝統であろう。本殿外陣の壁に江戸時代の落書が多く、参詣の俗人が本殿内を出入りしていたことがわかる。本殿にひとをいれる神社は珍しい（ノオトその13）が、次項備後一宮も似ている。

その本殿内部であるが、力強い木組と虹梁がつらなって、連子窓と蔀を多用したところは、宮殿風だ。『とはずがたり』に「几帳などのみゆるぞ珍しき」とあるとおりだし、檜皮葺拝殿に裳階を付けて瓦葺腰屋根で葺いたのも、仏堂建築の折衷であろう。

鬼の首が釜を鳴らす

同じく瓦葺の14世紀重文随神門2脚と、16世紀重文瓦葺廻廊398mが、延々と摂社2社（かつて4社。ほかに末社約70）をつなぎ、途中折れて、御竈殿に達する。ここで、前記温羅の首を埋めて築いたカマドを鳴らす不思議な神事がある。それは、『雨月物語』『和漢三才図会』等で天下に著聞する。阿曽女という常住の巫女が、一連の所作を施すと、釜が鳴動するのである。巫女も、対する神官も、いかなる託宣もしないが、信者みずからが鳴動音を解釈して、占う。皇位に介入する託宣を出した豊前一宮とは、遠慮深さにおいて大違いだ。このような神事では、たとえば阿曽女のリクルートにしても、神社が常に、相当の力を蓄え続けていなければ、伝承不可能であろう。しかし今や、世の中がうるさくなり、カマドの壁の裏側を往来する車の騒音、空からは航空機の爆音さえ侵入してくるが、殿内で昔のままの所作が一巡しだすと、釜は、委細構わず、ひどく鳴った。

備後一宮　吉備津神社

古代吉備の領域は、7世紀の3国分解を経て、8世紀までに4国に分解され、うち3国は岡山県に、残る備後1国が広島県東部に分属する。両県の県南に盤踞する丘陵脈の、北側をつらぬく古山陽道は、福山市北部に国府、国分寺を擁したが、国府はのち府中市へ西遷、福山までJRで40分を

要する。芦田川が東流する鷹揚な田園地帯で、ここに坐す備後一宮吉備津神社が、式外社にとどまっても、鷹揚な国人はいっこう気にしない。一宮には、イッキュウさんの愛称を奉っている。

創祀806年説がある。式制定のわずか1世紀前故、式外とされたともいうが、創祀601年説も強い。そのあと吉備の3国分解の時、主神吉備津彦命の神格も分解されたものと思ったのか、社殿を3つにわけてお祀りしようとし、正宮(備後一宮)と南北2宮(備前一宮と備中一宮)の計3本殿を並立した。備中一宮が吉備3国を代表するから、備前と備後には一宮はなくてよいとする学界の横着な多数説(備前の項)に対して、これはまたなんたるゆきとどいた配慮であることか。それにしても、どうもここの人々の鷹揚さには、理解を絶するところがある。さすがに14世紀、正宮1宇のみに改めた。

社殿は、東斜面を利用して、雛壇式に下から順次、単層瓦葺随神門、第2の門(随神門2つあるのは異例)、銅葺入母屋平入の吹抜舞殿、銅葺切妻平入で同じく吹抜けの拝殿、檜皮葺入母屋平入朱塗本殿と並ぶ。本殿はさすがに吹抜ではないが、千鳥破風と唐破風を2重にあげて、17世紀の重文なのに、いとも開放的にしつらえられて、鷹揚な人々が勝手にあがりこんで、歓談している。

式外の一宮

当社が式外の一宮であることについては、備前の項で前記したが、神名帳備後のセクションには、首をかしげる記事がほかにも散見される。先ず、当社を式外としながら、吉備津彦命を主神とする式内社を他にリストアップする。また、式内

備後一宮　吉備津神社

多理比理神社は、当社の境内社になったといい、他の説では、当社がその神社であるともいう。知波夜比古神社は式内社を争った結果、明治4年神祇省から、備後二宮であると裁断された。当社近くの素盞嗚神社も式内社であるが、7月例祭日の夜12時(午前2時ともいう)に、当社の神官が神馬をひいて(乗ってではない。現在はタクシー利用)、祝詞奏上に赴く。

1社の例祭に、他社の神官が、手伝いではなく、独立した役割をもつ神事は極めて異様である。異様である故、来た神官も、むかえる神官も無言で、挨拶はない。当社禰宜の解釈では、両社が近いので、両社に両属する氏子に配慮して生まれた習俗であろうとする。しかし一宮の神は、大和から来た征服者である。スサノオは、征服された先住出雲族の祖神で、「すさぶる神」である。素盞嗚神社では年に1度、鬱屈した激情のエネルギーが解放され、神輿がもみ合う。おさめにゆくのは、神馬に乗った当社の吉備津彦命の役割となる。一宮の神官は、祝詞で「しずまりましよう」とスサノオに申し上げるのであるが、それは、その故だと想像致したい。

ノオトその18　　一宮の延喜式での扱い

　927年施行の延喜式神名帳(えんぎしきじんみょうちょう)は、神の祀り方を規定した。つまり、誰が、いつ、どのように、いくつの幣を、どこの神社に、捧げるべきかを、全国2861社別にリストアップした。大作業である。規定された膨大な幣帛（供物。布帛であったが、のち玉串ともなる。靖国神社への勅使は、古式どおり五色絹を捧げる）は、すべて国家の正税でファイナンスされる。のみならず、班幣（幣をわける）旅費等の奉幣コストも又、たいへんであった。愛媛県知事が、玉串料を県費で支出したからと言って、大騒ぎになる現代とは違って、この当時の政治の要諦は、神への祈りにあった。式の規定にしたがい、全国スケールで、整然と、公費支弁の宗教行為（班幣と奉幣）が、頻繁に実施された（と思われる）のである。反面、神が護るから、軍隊は不要につき、廃止してしまったので、防衛費の負担はなかった。全く不思議な統治形態が、この島国を支えていたのである。

　それ故延喜式は、世界宗教文化史上、比類なき金字塔である。金字塔は、2861社が幣帛を受ける祭祀の種類等で分類したため、その副産物として、全国の神社が、各種の観点から格付けされてしまった。各種の観点とは、たとえば、

式内社・式外社の別　式に規定された神社か、どうか。
官幣社・国幣社の別　奉幣又は班幣は神祇官か、国司か。
幣帛の数　ノートその16参照。
大社・小社の別　官幣は、「案」（机のようなもの）の上に置くか、下に置くか。
奉幣頻度　いかなるオケイジョンに奉幣するか(名神社(みょうじんじゃ)かどうか、等)。

等である。それでいて、これが肝腎なところだが、一宮であるか、どうか、には触れなかった。これだけ精緻な格付（格付によっては、クワ、スキ、酒4升、などを供え、供物を包むフロシキも規定した）をしておきながら、一宮は徹底無視だ（延喜式吉田家本だけは、一宮を注記することがあるが、写本者の加筆と言われている）。何故か。

金字塔は金科玉条ではない

　式には欠陥ないし限界がある。
① 　神名帖は、神名のリストか、神社のリストか。2861社のうち、4件（宮中神を除く）だけが神名での登載だが、このたった4件の例外を設ける理由が不審である（4件のひとつは春日大社だが、同社は式の「大社」ではない。式には春日祭神4座として登載される）。
② 　2861社の数え方不安定（後記ノオトその22）。
③ 　3132座の数え方不安定（前記ノオトその16）。
④ 　格付け不均衡（後記ノオトその19）。
⑤ 　地域表示に用いた郡名の変転廃絶をフォロウしない（施行時最新の郡名を用いない）。

⑥　郡、社の登載順に方針があったり、なかったりする。

　滝川政次郎氏によれば、式は律令の施行細則だが、ただ過去の盛儀を記録するだけの後ろ向きの法典で、将来全面施行できないことは、当時の編集官にわかっていた。とされる。

　盛儀の中核は、2月、天皇が神祇官名で2861社の神官を召集し、班幣し、奉幣せしめる事業、すなわち、国庫補助金の大々的散布ないし国家直轄事業費の一括支弁である。神官集合の前庭（広場）がどこで、どの門から出て（入口不明）、出てきた神官がもらったお供え酒をすぐに一気飲みし、馬を売り払ったことなど、ペリフェリックな情報はあるが、毎年の出席数がわからない。召集側、応召側、双方経済的負担が大きく、702年ピークのあと衰え、798年の全国召集は停止され、11世紀にはもう誰も来なかったと言われる。だから927年当時の編集意気は消沈し、所要の改訂は怠り、上記のような欠陥ないし限界をもたらしたのであろう。

一宮の延喜式における無視

　このような情況であったから、式は、あろうことか、備前と備後一宮の登載を洩らし、あまつさえ、登載された神社についても、それらが一宮かどうかに無関心をよそおったと私は考える。無関心なのは、このノオト冒頭に記したように、式は、神の祀り方の規定であるから、一宮かどうかで、祀り方が左右されない以上、式としては当然なのだ。しかしまさにその、祀り方を精緻な格付で分類するにあたり、一宮格付を無視するところが、味わい深い不思議である。

　通説は、式が一宮に触れないのは、一宮のスタートが、式の成立後だったからだと片づける。一方私見では、式の成立前から既にかなりの一宮が確定していた筈である（ノートその17）。だから式の編集官は、各地でボトムアップのランキングを経て、一宮が確定し、または確定しつつあるのを横目で見て、あえて知らん顔をしたのであろう。この、官民の情報交流を遮断する時に、知っていながら知らん顔をするやり口は、延喜の官僚が現代に贈ったレガシイであって、1991年、バブルがはじけるや、経済企画庁ははやくも93年末、「既に景気は回復した。」と発表、96年、「日本経済は自立的回復期に入った。」と宣言した。この間、民間各シンクタンクは、一貫して不況を予測していたのに、知って知らん顔をし続けたのであった。

　知らん顔をして格付けた延喜式が、結果として一宮をどう扱っていたか。あるいは、式の成立後に、一宮とされたケースがあったとして、式はそれをあらかじめどう格付けていたか。後世の吾々には、それを検証する特権がある。ノオトの19で述べる。

安芸一宮　巌島神社

　安芸は広島県西半、一宮は巌島（いつくしま）神社である。有名な海中大鳥居は、この社名を表記するが、裏側は、延喜式登載の社名伊都伎嶋（いつきしま）神社となっている。創立593年の古社、文献初出811年、一宮と認め

られはじめたのは11世紀、それでも平清盛が安芸守在任時に見出すまでは、代々の安芸国司は、当社を尊崇せず、いぶせき社殿ありしのみであった。清盛はその次の世紀に太政大臣にのぼり、熱烈信仰して、社殿を造営した。海に半ば浮かぶ国宝社殿は、比類なき美しさで、世界遺産に登録された現代、修学旅行生をはじめとする大量の観光客を、連日、吸い込み、吐き出し、参詣者数において、到底他の一宮の追随を許さない。

瀬戸内海上交通の覇権

7世紀以降平安初期まで、都と九州の連絡は陸路によった。律令制は古山陽道に重点投資したが、次第に海路が復活し、平氏が集約した航海技術によって、瀬戸内海利用が決定的となった。清盛が熱烈信仰を寄せたのは、この頃だから、時節柄、彼の信仰は、瀬戸内航海諸氏族統御の政治的パフォーマンスでもあったと思われる。というのは、当社が祀る宗像神は、神々の系譜からすると、スサノオ命の娘である。清盛はムナカタ神を祖神的に信仰したが、天皇家から出た平氏の祖がスサノオ系である筈はなく、また、清盛以前の平家首領が当社を祖神としていた事実は無い。そういうことなので、平家繁栄のどこかの段階で、ムナカタ族の、あるいは平氏の、祖神説は当然うすれ去り、海神としてのより広範な信仰に昇華した。それ故、平家を滅した源氏もまた、当社を尊信し、戦国大名もこれにならった。

清盛の社殿造営は12世紀で、毛利元就も16世紀、清盛の骨格を踏襲して改築した。しかるに、清盛以前の社殿構成が全く不明なのである。そもそも、社殿の無い神体山（神体島と言うべきか）だったとの説がある。この説は、現在でも島住の3000人を拘束し、島での死は許されず、対岸に送ってはじめて死に到る。出生もはばかる。更に古人は、神体山に足をいれることさえつつしみ、舟から島を拝んで満足した。そういう歴史なので、今でも宮島町総面積に、私有地は7％しかない。

宗像神の奉斉

満足は、やがてふくらみ、はじけて、古人は対岸に遥拝所を設けた。廿日市町の広電地御前駅前に鎮座する地御前神社は、今、厳島神社の摂社となっているが、創始同年、祭神も同一で、島の遥

海に浮かぶ厳島神社の国宝社殿は比類なき美しさである

別図・宗像神社位置概念図

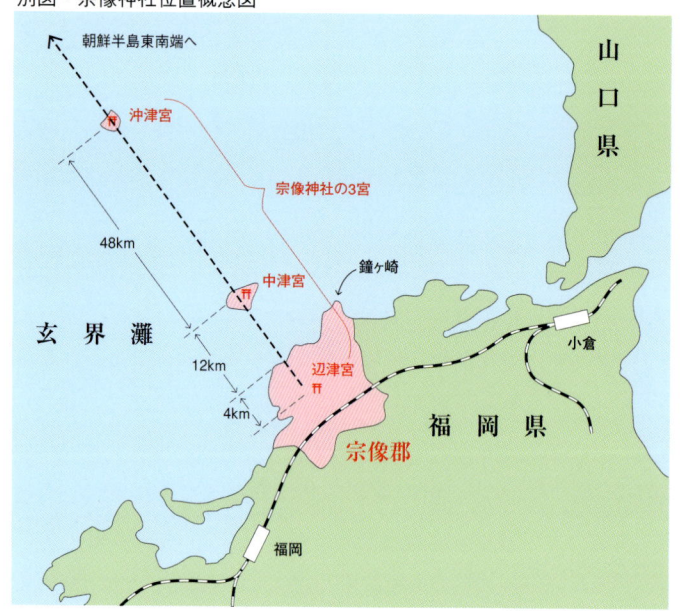

拝殿であった。現在、このお宮に詣っても、清盛以前の、厳島社殿の姿は見えてこない。

しかし祭神は一貫して宗像神である。ムナカタ氏族は、インドネシア系の海の民で、フィリピン経由、本邦福岡県鐘ヶ崎に定着し、そこから潜水漁撈と航海技術をたずさえて、各地に進出した。瀬戸内海も東遷したらしく、厳島神社のほか、古代海岸線（現在線よりもかなり北寄り）に、式内宗形(むなかた)神社等が点在する。

これらムナカタ系神社は、延喜式に10社、現在約7000社を数えるが、総本宮は、神郡とされた福岡県宗像郡に鎮まる宗像神社である。別図に示すように、ムナカタ3女神を3宮に分祀し、玄界灘に浮かぶ孤島で、古く5世紀頃から既に航路の安全祭祀を行なった。宮司宗像家は、天皇家とも通婚した古代の名族であったが、どういうものか、この神社が筑前一宮とみられた記録はない。

そこで、安芸一宮と、総本宮宗像神社の関係であるが、これが良くわからない。ムナカタ3女神、すなわち市杵島姫命(いちきしま)、田心姫命(たごり)、湍津姫命(たぎつ)を祀る点は同一なので、宗像神社から厳島への勧請説がある。しかし厳島神社は、3女神のうち、第1神の神名のみを社名にとりいれ、第1神名は3神の総称でもあるとする。ムナカタ族の斉(いつ)く神というよりも、ひろく海の神としての信仰なのであろう。従って社家は、在地豪族佐伯氏が掌握した。佐伯氏の氏族神は、後記速谷神社に祀られて、当社ではない。

国宝社殿の演舞

一宮社殿の国宝例はごく少ない。本稿冒頭の山城一宮と摂津一宮以後は、ずっと無くて、前回備中一宮でやっと国宝にめぐり逢った。山城と摂津は、古式相伝の国宝建築であるが、当社の国宝は、備中と同じく、ある時点で突然に出現した社殿形態で、当該時点以前の様相が判らないのが共通している。共通しているけれども、備中一宮では国宝本拝殿1棟なのに、当社では国宝6棟と数える。妙である。

本殿は、7間の大きな両流造、前面に扉は無く（異例である）、御簾(みす)、帳(とばり)で玉殿を隔てる。玉殿とは、安芸の地方語で、御神体を奉斉する小殿を言う。日本の神社で、当社が最も早く玉殿を本殿内陣に安置した。

この本殿前から、幣殿、拝殿、祓殿(はらえ)と順に、国宝4殿が海へせり出す。4殿いずれも白と朱の、背の低い王朝風の寝殿造で、それぞれ盛り上がった檜皮のカーブをいただく。国宝切妻廻廊東45間西62間をめぐらし、国宝摂社客神社(まろうど)を配する。背後に弥山(みせん)500mの緑。満干差が大きいので、スピードにのって、ひたひたとさしきたる汐(しお)の音(ね)。自然と構造が玄妙に結合する。ラビュリントス

社殿群以外の国宝に、平家納経1具がある。阿弥陀経、法華経など33巻、大部の豪奢華麗な美術品を、平家はなぜ仏寺ではなく、神社に納めたか。答は、清盛が仏教を厳島に導入したのである。12世紀末には、当社のすべての神事に仏僧が参加し、明治の神仏分離まで続いた。

　また、16mに達する楠両部鳥居ほか重文多数。好天ならば、鳥居を背に、祓殿テラスで舞楽が奏せられる。清盛が舞楽を持ちこんだ時の、都からの楽人全メンバーのリストがあり、それでみると、チームの編成上、既にこの時代この地方に、舞楽の受容体が形成されていた、との指摘がある。奏楽のポーズに、潮の響きが聴こえる。炯眼のステージ立地だ。

安芸二宮と三宮

　安芸の式内社は3社だけ。薩摩、志摩の2社、長門の3社と並んで、最も少ない。しかも驚くべきことに、安芸の3社はオール「名神大社」（ノオトその19参照）である。東隣の備後に、式内社17あっても、名神大社はゼロ、西隣の周防で、8社中同じくゼロと比較して、極端な少数精鋭ぶりだ。

　厳島以外の2社についてみよう。先ず多家神社。広島市にスッポリ包まれてもなお独立を保つ府中町にある。国分寺跡は西条だが、国府は後年ここに移転して来たのだろう。だから総社もあった。多家神社は8世紀迄厳島と同格だったのに、この総社と対立抗争し、明治に広島県当局は、両社を同時に廃し、所蔵古文書は後日紛争のタネになるべしとして、焼却し去った。当局はすごいことをやったものだ。その上で、「全神」合祀の新社を創立、現在に至る。式内三宮の表示がある。

　次に、廿日市の速谷神社。清盛以前は一宮であったのが、以後二宮に移ったと、慶長5年の文献にある。当社宮司はお認めにならない。鋼板葺入母屋造、唐破風千鳥破風付向拝を豪勢にせり出し、破風は入母屋の棟木よりもなお高々とあげる。

周防一宮　玉祖神社

　山口県は周防と長門の2国である。周防一宮は、国府のあった防府市所在の玉祖神社、古山陽道沿いだったが、毛利氏が干拓して、海岸線を南に押しさげたので、周辺は静かな田園地帯と化した。

　当社は、平安中期、一宮の形容詞を冠した最初の史料にあらわれるので著名である。しかし実は、その話というのは、当社の宮司が、一宮の宮司なのに、あろうことか、仏法に帰依し、社殿よりも仏堂を建てるという、冴えない話である。勿論当社に、今その仏堂の痕跡は無い。

　主神は玉祖神。それなのに、近くに玉作りの遺跡も出土層もない。そこへもってきて、延喜式は当社に2座を規定したので、玉祖神のほかに、も

周防一宮　玉祖神社

う1柱の無名の神がおはすのかが問題であった。昭和22年、宮司は結局2神同一と考証した。それでも式の規定通り、供物2座分を続けておられる。

　一宮としてはごく小社である。山口県文書館蔵

の萩藩毛利氏参勤交代記録によれば、1693年の藩主出府では、山口から防府に到着、すぐ国分寺、真光寺、安芸一宮、春日、八幡などの社寺に代参をたて、翌々日、毛利吉就自ら国分寺へ詣る。周防一宮には詣らない。かって国司の第一巡詣所であったのに、領主の仕打ちは随分冷たくなっていた。

長門一宮　住吉神社

　長門一宮住吉神社は、延喜式の正称住吉坐荒御魂神社で、住吉3神（摂津一宮の項参照）の荒魂を主神とする。荒魂というのは、当社の創祀が、住吉神の神託「わが荒魂を祀れ。」に由来する。荒魂と対をなす和魂の方は、摂津の住吉神社に祀られた（大和一宮も和魂祭祀だった）と当社では考えている。

　延喜式が当社に規定する3座は、住吉3神に対応するもので、3神とも当社第1殿に祀られる。更に当社は、第2殿から第5殿まで、応神天皇など4柱を併祀する。この為、檜皮葺9間社流造の長大な本殿の、正面5ヶ所に千鳥破風5連をあげ、一見春日造のようでもある5座をしきって、合ノ間でつないだ。つないだので、国宝は1棟に数える。1370年、守護大内氏奉建の、多神教神殿である。

　むかって左の西第1殿から、右へ順次、東第5殿まで並び、日供もこの順による。序列が神道の左（むかって右）上位と丁度逆転しているが、これは昔西面していた本殿を、南面に変更したからであって、当社の神前結婚式では、社前で新郎も左に立った由である。拝殿は、大内を倒した毛利の造営で重文。

　当社創建は、紀によれば、摂津の住吉神社に1年先立つ。それなのに維新で、摂津の社家津守氏が華族となった時、当社代々の山田大宮司家は、士族にとどめられた。都に近く、朝廷と千数百年の交誼密なりし摂津と、長門辺陬の地に位置した

長門一宮　住吉神社

当社との較差は、当時叙爵の枢機に参画していたであろう長州閥の力をもってしても、埋められなかったのであろうか。

辺陬と言えば、当社一帯は、かってJRが「ながといちのみや」駅を置いていた農村であった。しかるに新幹線が旧駅名を奪い、新下関駅を名乗る破目となった。現在かなり都市化されたが、それでもなお、94年5月、当社本殿屋根裏に貂（てん）が巣くった。夕刻、その日の宗務を終えた神官が、何気なく本殿の御屋根を仰いでいると、第2殿と第3殿の間の南屋根の穴から、顔を出して下界を眺めていたテンと眼が合った。本殿裏手社叢に居たのかもしれぬが、テンは国宝檜皮葺に径10cmの穴をあけて、神職を困らせたのである。

祭りは、祭礼と違って、騒ぐものでないことを、武蔵一宮の項で前記したが、ここの祭りは、ひたすら蟄居する厳格な古式を伝えていた。近郷歌舞音曲を慎み、セックスをはばかり、点火も避けた由である。近郷がながといちのみや駅を利用していた以前の話である。

石見一宮　物部神社

石見（いわみ）は、島根県の西半に横たわる長い国で、中心はどこにあったのだろう。柿本人麻呂終焉の地は、国の西端益田市、市内に柿本神社がふたつもある。それなのに、斉藤茂吉が邑智町（100km東）だと考証した。そこで人々は、そこでも祀った。そうしたら、梅原猛氏が水刑説をとなえて、益田に戻した。人麻呂は奈良時代、国司として当国に赴任したとする本が多い。しかし万葉集題詞が「死」の字を用いたので、官位6位以下の下級役人だったと判る。4～5位は「卒」、3位以上は「薨」を用いる。西欧語のような、人称による動詞変化はなくても、官位によって変化したのである。おかげで下級役人が益田に赴任していたことは判った。益田にどんな公務があったのだろうか。人麻呂は「死に臨み自らをいたみて作れる歌」を残したので、死去は724年だったと判るが、刑死かどうか、判らない。死後、歌道を志す人々により、上記の神社などで手厚く祭祀される。同じく古代文学を代表する万葉の大歌人大伴家持の祭祀は、手厚いとは思えない（越中の項参照）のに。

国府、国分寺は、益田市ではなくて、国の中央浜田市に置かれた（異説あり）。浜田市の、地元では「さんく」と発音する石見三宮大祭天石門彦神社（おおまつりあめのいわかどひこ）と大麻山神社（おおまやま）の祭神は、阿波一宮とほとんど共通していて、阿波忌部氏（いむべ）（阿波の項で後記）が建てた。彼等は、東隣の出雲族が、九州宗像族（出雲と同じくスサノオ系。安芸の項および別図参照）と連絡するのを遮断する為、遠路阿波から来た。

大和朝廷のご心配

それでもまだ、大和朝廷は、心配であった。島根県神職会要報所収『石見神祇史稿』によると、朝廷は、忌部族に加えて、物部族（もののべ）を「駆りて石見に分派せしめ」、石見東端大田市（おおだ）に植民して、出

石見の古代勢力

雲を強く牽制する。古代植民者が建てた石見一宮物部神社は、物部氏の祖宇摩志麻遅命、その父饒速日命(にぎはや)(河内の項参照)を祀り、祭祀権者は祭神の神裔物部氏(のち金子氏と改称)で、国造(こくぞう)を兼ねた。明治政府が、全国一宮のなかから、6国8家をえらんで爵位を贈った時、当国金子家もたまわった。長門一宮よりも辺陬でありながら、古代の名家と認められたのである。

物部族のプレゼンスは、当地に限らない。備前の式内石上布都之魂神社(いそのかみふつのみたま)は、一族の氏神社である大和石上神社の元宮をとなえ、宮司は物部氏(ものべ)である。播磨、上野、佐渡にも足跡が及び、また当社の社伝が、ウマシマジは丹波経由で石見平定に来たとするだけあって、日本海側に物部系式内社が多い。全16社のなかば以上がある。

当社は、大田市から三次(みよし)への国道を南下、左折した一段の高みに坐す。山陰では、出雲大社に次ぐという大規模の、素木の妻入変型春日造本殿は、江戸末期の気品あふれる作品で、高々として、ために、平入入母屋拝殿から奥をのぞいても、階段しか拝見できない。相殿(あいどの)に左座、右座、客座を祀り、境内摂末社11、境外摂末社8社を数える。物部氏一統の威勢をしのぶに足る。

石見二宮

江津市という市にも、柿本神社があるが、それよりも石見二宮多鳩神社である。江津の出雲族は、事代主命(ことしろぬし)終焉の地は美保関(出雲の項後記)ではなくて、当地だと信じて、市北の山腹を長々と徐昇する連続社殿群を建てあげて、そこにオオクニヌシの長子を祀った。出雲から西へ、石見にはいると、大田市、江津市、浜田市、益田市と並んでいるから、二宮出雲族は、一宮物部氏と上記三宮忌部氏にちょうどはさまれて、東方母国への思慕を妨げられ、西方ムナカタ同族との連携もかなわない。大和朝廷のご心配の地理的痕跡である。

大田市の一宮(物部氏)と、浜田市の三宮(忌部氏)にはさまれて、江津市に二宮(出雲族)の多鳩神社がある。社殿群が長々と山腹を徐昇する

ノオトその19　　一宮の延喜式での格付

　延喜式は一宮を格付するつもりが全然なかった。それなのに、ノオトその18で述べた事情で、結果として式は各種の観点から、一宮を格付する。

式内社の格付

　全体で何社のなかから式内2861社をトリアージュしたのか、判らない。残存国内神名帳の式外社（いわゆる田社）数等から類推すると4万社位かもしれない。となると、式内社に格付されるのは、結構値打ちである。それで、式編纂中から数々の雑音がはいった。斎部広成という人は、早くも807年に（式の奏進は927年だから、随分ノロノロと作業をしていた訳だが）、中臣氏が「ほしいままに」式内社をえらんでいるぞ、と非難した。たしかに式以前の良質の文献に引用されながら、式外にとどまった神社を勘定すると、380社もある。最も著名なのは、石清水八幡宮だが、私にとっては、備前と備後の一宮が選に洩れたのが、もっと残念だ。

　それでも、そのほかの一宮は全部式内社に格付されている。斎部氏の非難は、中臣氏と仲が悪かった分、割引きして良さそうだ。古制で斎部氏は、班幣を掌り、中臣氏は、祝詞を掌った（神祇令第9条）。祝詞は、本来は神に申上げる言葉で、小声で読んだのに、だんだん人に聞かせる為に、朗々と読んだ。それで後者が前者より勢いを得て、仲が悪くなった。会社でも大体、経理課長よりも広報課長の方が出世に有利である。

大社の格付

　式は2861社を大社と小社に分解した。何を基準に分解したかというと、官幣社では幣を案（ノオトその18参照）上に置くのが大社で、下に置くのが小社である。幣を受けるオケイジョン数にも差がある。とにかく分解していって、12％を大社とした。これに対し、一宮は83％が大社となった。だから、式の格付と一宮ランキングとでは、評価がかなり一致しているといえる。

　それでも12国の一宮は小社とされた。このうち10国には、そもそも大社がない（大社流亡を含む）ので、まあ仕方ないか。仕方はないが、たとえば安芸は大社ばかりで、上記10国は小社ばかりというのは、ひどくはないか。たとえば10国のひとつである加賀の一宮は、修験道開山の歴史も信仰の発展も、本邦随一であっても、小社とされた。それに追随した観のある出羽一宮や熊野は、大社とされた。アンバランスと思われるが、それを言い出すとキリがない。むしろ問題を限定して、12国のうち、残る2国においては、大社があるにもかかわらず、小社が一宮とされたのだから、これは、式の格付を一宮ランキングが真向から否定した訳である。伊勢と肥前である。

　先ず伊勢についてみる。この国では式内社数232の多数にのぼるが、式が大社に格付けた

のは、伊勢神宮とその別宮を別にすれば、松阪市と多度町にある2社だけだ。何故これら2社のうちのどちらかが一宮とならなかったのか知る手がかりは無い。伊勢には一宮が例外的にふたつあって、その訳を伊勢の項で憶測しておいたが、当該憶測がここでも通用するかもしれない。肥前については後述する。

名神社の格付

　式は、大社のうち、国家の事変に際し、臨時に奉幣する306社を名神社に格付ける。最高の格付である。一宮（上記の小社はのぞく）はほとんど名神大社だが、伊賀、志摩、土佐、豊後、大隅ははずれている。だからといって、これら5国に、ほかに名神大社がある訳ではない。故に、式と格付の逆転は生じない。

出雲一宮　出雲大社

　平成12年開通の都営大江戸線本郷3丁目駅に詩碑ができた。

　　……つくられた　神がたり　出雲
　　借りもの　まがいものの　出雲よ

ラフカデイオ・ハーンの感受性は、この詩人のようには捻れず、素直に「出雲は神々の国である」と讃美した。「神々」と言っても、勿論出雲の神がおはして、しかしハーンがそこまで理解していたかどうか、出雲の神のほか、高天原の神々も、外国渡来の神々も、つまり、天神地祇八百万、そこらじゅうに斎き祀られた、壮大なパンテオンを戴く国土なのである。

　「神々の国」の一宮は、出雲大社である。式で唯一の大社である。有名だけれど、この御名は、明治4年に改称される迄、千数百年間、杵築大社であった。大社は、いくつかの顕著な特徴をお持ちで、それらを統合して解釈することは、私の力では不可能である。謎は次のようである。

①鎮座縁起

　大社の創祀事情は、神話レベルではあるが、諸国一宮ではそれが多く不明であるのと比較すれば、歴然とシッカリしている。それは「国譲り」

稲佐の浜、神在月に神々が参集なさる

の代償として獲得した大国主命の宮殿である。その建設は、アマテラス大神が諸神に命じて造らせ給うたとか、建設現場監督の神名が明記されたりとかする一方で、作ったのは、垂仁天皇だとも誌される。出雲が国としてのまとまりを持ったのは、卑弥呼に約30年先立つ2世紀半ばとすれば（武光助教授）、大和朝廷に服属するのは、3～6世紀末（荒神谷の埋納祭器は560～620年）であろう。故に当社の創始は、4～7世紀（659年の造替記録がある）のタイムスパンに散らばってしまい、解釈が難しい。

出雲一宮関連地図

②神殿高大

上記①の故に、当社はそもそもの始めから、神が居住する為の宮殿として作られた。このパターンは決定的に例外的である。古神道は、年に数度だけ、神の降臨を迎える祭祀に始まり、ゼロ（無本殿、無拝殿）から次第に建築施設を発展させた。しかるに当社にあっては、神がいつもそこに居るところの、巨大神殿を先ず建て、漸次縮小の逆方向（後記）を辿る。つまり、自然アニミスムの性格は無く、人工施設からスタートした。

③祭祀権者

有力古社の祭祀権者は、たびたび前記したように、祭神の後裔が多い。当社にあってはそうでない。アマテラスの第2子天穂日命が、命じられて、当社に奉仕し、以来連綿、現84代国造千家尊祐氏に至る。国造家は南北朝に千家、北島2家に分かれ、現在両家は当社南側の東西に夫々館をかまえていられる。千家家では、武蔵一宮で前記した千家尊福氏が、神道大会議で敗北後の明治15年「出雲大社教」を創設、翌年北島家でも「出雲教」を組織なさったが、確執あって、教団独立は昭和27年まで延引した。両国造家いずれもわが国最古の社家である。このような国造系譜のつながりは、石見国造家が明治に一宮祠官を停止して以後は、当社のほかに紀伊一宮、肥後一宮及び隠岐総社に見るのみ。

出雲国造家の出自は、出雲族ではなくて、高天原系である。もっとも、始祖天穂日命は、大国主命にいたく心服してしまい（記の表現では「オオクニヌシに媚び附きて」）、国譲りのネゴを一向に進めないので、派遣元の高天原をヤキモキさせた前歴を持つ神だ。すると成程、これはアマテラスの名人事であったのかもしれないが、しからば、本来祖神を祀るべき大国主命の子孫は、どこに消えたのだろう。第2子タケミナカタについては前記（信濃一宮の項）した。長子コトシロヌシについては後記するが、御子はなにしろ全部で181柱もいらしたのだ。謎である。因幡一宮創建以来の社家伊福部氏は、大国主命を祖とするが、祭神は、大国主命ではない。

④国造西遷

上記③の祭祀権者が最初に国造になったのは7

出雲一宮　出雲大社

大社造（登向拝を省略して図示した）

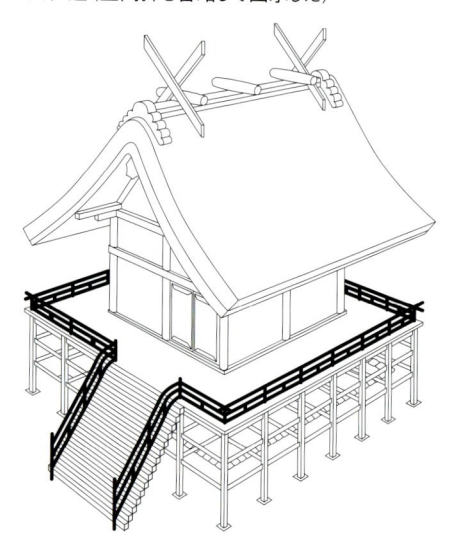

世紀（5世紀説あり）。8世紀には中央から国司が着任し、彼は政治権力を失うが、国造の称はとなえ続ける。

ところで、着任した国司の国庁も国分寺も、東出雲の意宇川（学者によってはいう川、地元ではゆう川と読む）流域である。国造の本貫地も意宇郡だと家譜にあって、その地の熊野神社（後記）に奉仕していた。大社はと言えば、それは西出雲の肥ノ河（記。紀では簸之川、風土記は斐伊川）下流にあり、50km近く離れている。国造は、西出雲の高大な大社には、出張奉仕していたのだろうか。

しかし8世紀にはいると、国造家一統あげて、西遷した（イヤ、東遷した、と八木教授は説くが）。その後荘園時代、新墾田を膨大な社領に組み入れ、社勢は西の大社が、東の熊野を完全に圧倒する。

国宝大社造の御本殿

出雲大社の祭神大国主命は、本殿右奥に西面され、左奥には南面の御客座があって、天ツ神5柱が並び坐す。他の古社によくあるように、ご家族が本殿に併祀されることはない。大国主命の祖（スサノオ命、クシナダ姫）や后（須勢理昆売ほか）御子達は、アマテラスなどとともに摂末社（境内又は境外に23社、うち式内7）に祀られている。つまり本殿の国ツ神は、主神1柱だけだ。

本殿は国宝であるが、同じ国宝でも、備中一宮、

福山教授の復元概念図

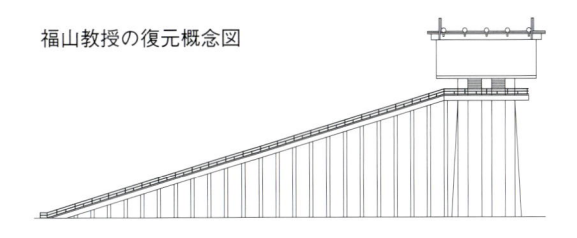

安芸一宮のような王朝気分がいまだ浸透せざりし時代の、神道古建築の純粋性を保つ。檜皮葺の反りはゆるく、切妻妻入正面2間の右側に、15階段をもつ向拝を付し、手前に急傾斜した切妻屋根をかける。出雲と周辺に多い大社造である。

正面が右に片寄ったアシンメトリであることと並んで、大社造の特色は高床である。駿河の項で前記したが、神は、複数階がお嫌いである。もっとも人（我々の先祖）も嫌っていて、2階で寝たのは、安土城の信長が日本人では初めてという。そういうことなので、1階建で高殿を作るには、床を高くするしかない。昔はもっと高くて、32丈（社伝）はともかくとして、16丈（48m）はあった。何故ならば、奈良の大仏殿45mより高かったと970年の史料にあるし、又、11世紀から12世紀にかけての140年間に、5回顚倒の記録がある。風の無い日だったらしい。ここでは顚倒相次いだことよりも、あきらめずに復元をくり返したことがだいじである。我々の先祖は結構ねばったのである。もっともこれより先、7世紀に8丈にちぢめたとみる説もあり、13世紀から更にちぢめた。1667年以降8丈に復した。

16丈の可能性につき、明治に早くも伊東忠太博士（明治神宮の設計者）等が論争した。戦後福山敏男教授が発表した復元図は衝撃的であった。成程複数階ならば内階段で昇る手がある。しかし16丈の平屋建ならば、引橋（取付階段）は100m以上となるほかないであろう。教授は関係者が意識下に押しやっていた疑惑を、復元図で白日下に剔抉したのである。そこで大林組が応力解析モデルによるシミュレーションに挑戦し、工期6年、作業員数12万7千人、総工費は平成元年価格で122億円と算出した。古代人の信仰エネルギーは、しばしば現代人の想像力を超越するのである。平成12年、千家家伝来の本殿絵図に描かれたとおり、3本の巨木を束ねた大径の主柱が境内から出土した。これで16丈社伝の正しさがほとんど証明された。

神在月（陰暦10月。出雲以外では神無月という）に神々は当国に参集なさるが、大社はご滞在中のホテルをご用意なさっている。当社の瑞垣外、荒垣内に東西2宇あって、十九社とよばれ、平素は八百万神遥拝所である。神々は、大社近くの稲佐浜に上陸（下降？）、お帰りは別のルートをとられる。斐伊川神立橋たもとの万九千社からご帰国されるので、社では、ご出発にあたり、神等去出祭を執行する。万九千社は、大社の摂末社ではない。全く別の式内社である。不思議である。

もうひとつの一宮

出雲大社の斐伊川流域から、東出雲意宇川に眼を転ずる時、そこにも又神々の気配濃く漂うのを人は感じるであろう。この川を遡ること40分、緑濃い山と水にはさまれた熊野神社は、延喜式吉

万九千社、神在月がすんで帰国なさる神々は、ここから出発される

133

田家本に一宮の注を振られ（式が一宮に言及するのは珍しい）、足利尊氏寄進状も肩書きを一宮とする。9世紀半ば迄宮中序列は当社が大社よりも上だった。しかしこれら諸史料よりもなによりも、現出雲一宮たる大社が、伝統神事において、当社をちゃんとたてていることが格別である。複数社が一宮とみられる他国の例では、攻撃的ではなくても、少なくとも互いによそよそしくなさる。当国ではそうでない。ふところが深いのだ。

　伝統神事には、年祭と国造代替り神事があり、前記両国造家ごとに、及び時代ごとに、礼式が違うが、基本は、当社で鑽り出す火を大社がもらうのである。当社の、銅板葺大社造本殿左に、苔むした茅葺素木の鑽火殿（きんくわでん）があって、発火神具が格納されている。

　祭神は素盞嗚尊（すさのお）で、斐伊川の川上、鳥髪の地に降臨、流域を平定後、当地に来て没したと信じられている。この神は、オオクニヌシの6代（記。紀では5代）前の祖で、アマテラスの弟でもあるが、娘のスセリヒメをオオクニヌシの妃にした。世代勘定のギャップは、神学的直観で解するしかない。このスサノオのほか当社では、古くイザナギを祀ってもいた。今は、後記神魂神社が祀る。

イザナギは、淡路の項で前記した学説では、ローカルの漁業神であったのを、オオヤシマ創造神に政治が格上げしたという。しかし政治が格上げした後に、このあたりの祭神となったと解するのは、当社の古さからみて不適当である。さりとて格上げ前から、淡路漁業神の祭祀がここであった筈がない。不思議である。

　また、社名からして、紀州熊野神社とのつながりを想定し、紀州と出雲を通じる「根の国（ねのくに）」が存在すると説く人がいる。日本経済新聞連載の『風の生涯』にも、99年12月、根の国が登場した。しかし熊野の社名は、神名帳でも5カ国にわたり、この時代としてはありふれたものだし、上記出雲大社の伝統神事からしても、これは単なる俗説だ。

出雲の韓国神式内社

　出雲は神々の国だから、韓国神の式内社が6社もある。韓国神社の称は、他国にもあるが、出雲では韓国伊太氏神社（からくにいたて）という特殊な同一社名を共有する。但馬では韓国神を一宮に仰いだが、出雲の6社は創祀の由来とその後の経緯が一切謎だ。現状は、ほとんどが他の式内社に併祀または相殿となったが、揖夜神社（いふや）（記。紀は言屋、風土記は

熊野神社鑽火殿（きんくわ）、出雲大社の火の根源はここに発する

伊布夜、JRはIya)では、本殿横の別棟に鎮座なさる。志賀剛は、「カラクニ」は新鮮な霊力の形容詞だと解し、又、佐渡一宮と同神説もあるが、私はすなおに、韓国から出雲への渡来神を、国内6カ所で祀り始めていたのだと考えたい。

渡来族の奉ずる神々は、筑前の項で後記するようなプロセスでヤマトの神となる。けれども当国では、そうならない。渡来ないし漂着の韓国神は、先住出雲族の祭祀に包摂されるかたちで、ヤマト国家の奉幣を受けた。上記のまことに特殊な同一社名の共有は、式が個別社名を確認出来なかったからだろうと思われる。

同社(おなじやしろ)の式内社

それというのも実は、神名帳標記は正確には、「同社(おなじやしろにいます)坐 韓国伊太氏(からくにいたて)神社」のようになっていて(「坐」の字を欠く例もあるが)いて、この同社(おなじやしろ)○○式標記の式内社は韓国神のほかにも35社、合計で41社、当国式内社総数187の22％を占める。神名帳の出雲の章だけにあらわれる標記法で、これは他国でたとえば、1社2座と記される場合の2座目の意味だとか、境内社だとか、相殿神の意味だとか、学説も色々だが、私は、延喜式編集官が、何故出雲だけに、この不思議な標記法を適用したのかが気になる。

さて、不思議な標記をされた41社のうち、7社は出雲大社の境内境外摂末社（摂末社総数は前記23）だ。境外といっても、同社(おなじやしろの)大穴持伊那西波伎(おおなもちいなせはぎ)神社は北に7kmも離れる。それでもオナジヤシロと称しても良いのだろうか。祭神は、大国主命が国譲りの可否を御子の事代主命(ことしろぬし)に尋ねるべく、三穂之碕(みほのさき)に急派した快速長距離ランナー（社名のハギは脚の意）である。コトシロヌシは美保関で漁(すなどり)をしていたが、使者イナセハギに接して事態を読み、海の水におかくれになった。そ

揖夜神社の韓国伊太氏(いたて)神社は方4尺の大社造

れ故同地の式内美保(みほ)神社は、神の水葬礼を模した蒼柴垣(あおふしがき)の神事を伝承する。松材の重文本殿は大社造並列2棟。

出雲二宮

奈良初期、各国司が国ごとの風土記を作らされたが、完本が伝わるのは、出雲国風土記のみ（部分現存は、前出播磨ほか3国）。それによれば、佐太大神は、中央神系から完全に独立し、もしくは無視された神であるが、出雲二宮佐太(さだ)神社では、佐太大神は猿田彦命であるとして折合いをつけてしまった。なお式の大社号は、出雲大社だけに捧げられる（ノオトその11）のであるが、九条家本は、当社にも大社号をつけている。現在の松江市北方にあって、主神は、ほか11柱の多くの神々とともに、大社造本殿3宇に座す。3宇のうち、南殿のみ左開口、他2殿は大社と同じ右開口の為、翼廊で連結した3門の間隔がふぞろいで、無拝殿なので一層迫力がある。徳川期の神社行政では、一貫して一宮の下風に立たなかった。

けれどもサルタヒコである。この神は伊勢の筈なのに、阿波一宮にもいたし、当社社伝では、宍道湖(しんじ)北の当地にもいた。神出鬼没ではあるが、それで出雲の国譲りでは、いったいどんな役目を果たしたか。イナセハギはご注進、タケミカズチ

出雲二宮佐太神社の大社造本殿3宇併立

大社造の左右対照図
出雲大社　神魂神社　佐太神社南殿

のご到着ですよ、と当地を西から東へ走りぬけた筈であるのに。

神さびた式外の国宝社

　神社建築の国宝が出雲にふたつあって、ひとつが大社本殿、もうひとつがなんと、式外社の神魂(かもす)神社である。上記国造西遷までの国造の邸地であった。16世紀の大社造だが、神座が大社と逆の右向きで、しかしそれが、意味があるのかどうか、判らない。ちょうど大社の半分程度のスケールで、玉垣も瑞垣(みずがき)もめぐらさないから、すぐそばで拝見できる。ひきしまった殿姿は神さびて、身が震えるようである。多分ここ神々の国の大気によって、研ぎ出された形象が、日本人のDNAにひそむ神々のやかたの記憶に、フィットするからだろう。それで、遠い日々の自分に出逢ったように感じるのだろう。しかし祀られているのは伊弉諾(いざなぎ)尊。アマテラスがこの邸地の主であった国造の祖に命じたのは、大国主命を祀ることだった筈である。西遷以前の国造は、上記のように、当地から遠く大社へ出張祭祀していたのかもしれないが、自邸では別神を祀っていたのか。

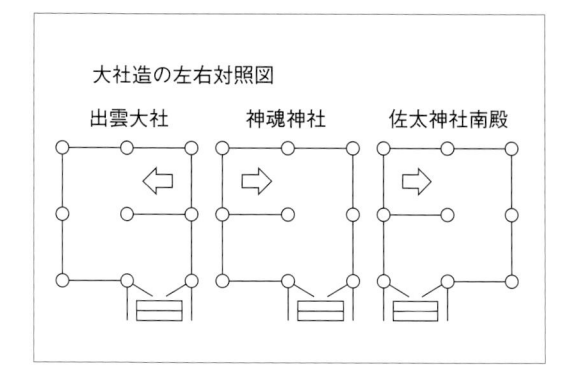

　本項冒頭におことわりしたように、出雲大社がお持ちのいくつかの顕著な特徴を、統合して解釈するには、私の力が及ばない。古代祭祀権掌握の政治史的側面を強調するには、しかし、国宝神魂神社があまりに厳しく美しいのである。

ノオトその20　一宮の延喜式後の格付

　人は、なぜ、そんなに格付を好むのか。神階（ノオトその12）や延喜式（ノオトその19）の格付のほかにも、沢山ある。たとえば、22社の制というのがあって、そこには伊勢神宮と、畿内の名社計22が選定され、皇室の最高の礼遇にあずかった。対象地域内の一宮はすべてこれにはいったが、近江一宮はいれてもらえなかった。近江の、二宮日吉神社ははいったのに。

　皇室の礼遇という観点では、例祭（毎年と式年）に勅使が奉幣する神社が、現在、伊勢神宮プラス16社ある。この格付を得た一宮は、7社（ただし山城一宮を2社に数えている）で、残る9社は一宮ではない。それでは、どういう非一宮が、他の一宮をおさえて、勅祭格付を得たかというに、歴代天皇を祭神とする5社（明治神宮のように）と、石清水、春日、熱田の3社。それから、靖国神社である。

一宮の明治社格制度での格付

　さて、明治の社格制度をみておこう。別表は、土岐昌訓教授『神社史の研究』による。その別表に、私の計算を割りこませて戴いた。どの範囲を一宮とみるかが異なるし、数え方にも流儀があるからで、対比願いたい。私の数え方は、ノオトその3による。一宮の合計数は、ノオトその4のとおり、72とする。5点コメント申し上げたい。

① 一宮に比較して、総社の社格が極めて低い。後記する。
② 別表の私の計算欄でみると、一宮72社のうち、7社だけが官社に格付されていない。

　7社の内訳は先ず、伊勢一宮2社と肥前一宮、及び越中一宮のうちの気多神社、計4社が県社にとどまった。伊勢と肥前では、延喜式も一宮ランキングを否定（ノオトその19）しており、明治の社格もそれによりかかったのであろう。越中では、気多を一宮とは認めない（越中の項参照）ようである。

　次に、村社は壱岐一宮と対馬一宮である。両国には、別に国幣中社に格付された神社があるのだから、一宮ランキングとは衝突した訳である。後記する。最後に、無格社は志摩一宮であるが、事情は前記した。

③ この社格制度には、昇格降格があった。昇格運動は、時に熾烈で、東京大空襲直前の昭和20年3月25日にも、帝国議会は昇格を可決採択すべきかどうかの、審議に熱中していた位である。

別表・明治の社格制度

内地鎮座の神社		式内社	一宮	私の計算	総社
官社	官幣大社　59	44	23	20	0
	国幣大社　6	6	4	4	0
	官幣中社　22	12	4	3	0
	国幣中社　47	39	25	27	0
	官幣小社　5	3	1	0	1
	国幣小社　39	25	14	11	2
	別格官幣社　28	0	0	0	0
	計　206	129	71	65	3
諸民社	府県社　約1100			4	
	郷社　約3600			0	
	村社　約45000			2	
	無格社　約60000			1	
	計		28	7	
	合計		99	72	

④　別表の官社206社は、戦後神社本庁の「別表神社」となった。明治社格制度の一種の保存形態であって、別表神社は、宮司、権宮司の人事につき、神社本庁の介入を受けない。当然昇格運動があり、その結果、別表神社は旧官社以外にも拡張され、347社（平成5年）にふえた。本庁所属社総数の0.4％が別表格付という訳である。

⑤　一宮は上記②のとおり、ほとんど官社だから、別表格付である。しかし単立神社（本庁に所属しない神社をいう。約2千社）たる一宮（紀伊一宮、丹波一宮）は、当然、別表神社ではない。

隠岐一宮　水若酢神社

　島根県には、石見と出雲に加えて、もう1国、隠岐がある。本土を北に去ること50km、島前島後の2地区間フェリーすら、75分もかかり、かなり不便な島国と言えるのに、出雲よりも早く大和朝廷と結び、古制、国を立て、駅制に参じた。隠岐国造であって、近世迄国造をとなえた億岐家に伝わる重文駅鈴は、古代駅制下、公務出張者の身分証明であった。配流の帝は当地の浪風を好まれなかったが、今日、集落は豊かなたたずまいで、島民はたおやかに語り、ふるまう。港も、海の水も綺麗だ。なかに雅びならざる風情がまじれば、それは本土ツアー客のたむろする処である。

　国府、国分寺があった西郷町の玉若酢神社は、上記億岐氏が祀る当国の惣社で、隠岐造の社殿とともに、宮司居宅も重文。簡素で厳しい社家造藁葺玄関に、47代目の表札があった。宮司の日常生活を営む場を平成5年重文に指定してしまったのである。

　しかし一宮は、島を北側に15kmはしって、五箇村（竹島はこの村の村域で海上160km北西）の水若酢神社。社殿は同じく重文隠岐造である。隠岐造と言うのは、大社造のヴァリエイションである。正面妻入階段のかわりに、軒庇状の向拝をつけるので、春日造のような風合がある。当社の高々とあがった茅葺妻入御屋根の下は、正面3間、中央に引違い格子戸をいれ、両脇は蔀戸。神門前に、隠岐古典角力（敗者がいない独特の上品なルールがある）の土俵を築く。社家は石見三宮と同系の忌部氏。

もうひとつの一宮

　西郷町の前に国府があった浦郷の港に近く、由良比女神社はもと一宮だった。17世紀の文献に、「小さく古りはてて亡きが如し」とひどいことを書かれた。その頃より半世紀も前から、社家は真野氏、代を継いで現宮司は元小学校長の剣道師範。風格に富む村屋敷に住んでおられる。祭神は女神。神在月には出雲へお出かけになる。当地お帰りは11月29日、神帰祭を斉行する。この日イカがよろこんで、「群集すること滝の響くごと

隠岐一宮　水若酢神社

し」だったそうだが、今イカはコンピュータ制御の自動捲揚機を舷側に装備した沖合漁に変わった。それでもまだ昭和43年、歳末警戒帰途の警察官が、社前の浜で、1万6千匹を拾った。浜におりると、驟雨が走り、姫神にまといつくイカの幻想がつむがれた。

隣の知夫里島に、式内天佐志比古命神社がある。13世紀以降の数々の文献に一宮と紹介され、地元では一宮神社と訓じる。この島だけの訓で、ほかではちゃんといちのみやと読む由、真野宮司のお話である。何故ここだけに土佐風の訓（後記）が残されたのだろうか。

伯耆一宮　倭文神社

鳥取県は西が伯耆、東が因幡。伯耆と言えば大山、1,711m。その北壁を背に豪然たる檜皮葺権現造を擁する大神山神社は、長大な（日本一という）幣殿が有名である。米子市南部に里宮を置き、こちらは整然たる大社造。二宮ながら、11世紀まで神階は一宮をしのいだ。

そこで伯耆一宮倭文神社である。有力な二宮のせいだけではなくて、当社には国内に同名の別社があった（のち三宮）ので、神階叙位と神祇官謹奏順がながらくトップに安定しなかった。それでも、国府のあった倉吉市に近く、総社を兼ねたりして、なんとか一宮とはされた。然るに明治初、いずれの倭文神社かの問題が再燃し、二宮だけが先に国幣社に列格した。大正4年、当社境内出土の銅経筒内願文に一宮とあって、やっと昭和14年国幣小社となり、二宮に追いついたのである。

このように当社は、国内ナムバーワンの地位を華麗に誇った歴史を有しない。東郷湖畔から丘を登り、山上の小集落をつきぬけて、少し降ると、山中なのに、なんだか広々と落ち着いた、無人のお宮が突然あらわれる。そのようなひかえ目の一宮である。銅板葺流造。

社名の倭文というのは、縦縞古代織物の1様式である。織物神建葉槌命を主神としたが、新しい織物技術がどんどん導入されて、かの織物神の方式は時代おくれとなった。村人はそれで、ある時

伯耆一宮　倭文神社

期、大国主命の娘（または妹）下照姫だけを祀った。出雲の項で前記したように、高天原が派遣した天穂日命は、オオクニヌシに心服してしまって、高天原の命令を履行しなかったのだが、実は天穂日命の前（または後）に、もうひとり別の神も派遣されていて、やはりオオクニヌシに籠絡されたとみられ、高天原に射殺された。その妻になっていたのがかあいそうな下照姫で、国譲りのあと出雲を脱出、舟で当地近くに着いた。姫の上陸地、化粧泉などが伝えられ、随行者の子孫を自称する村人も現存する。しかし姫と主神とは関係ない。

学者は例によって、これに、出雲族東進の意味を読みとる。しかし当社から東郷湖周辺の、のどかな景観を見おろしていると、ここはむしろ、里人たちの勝手な宗旨替えを素朴に肯定すべきと思われてくるのである。

因幡一宮　宇倍神社

　佐藤栄作総理の在位は、長期7年8ヵ月に及んだが、武内宿禰(すくね)は首相(内大臣)の座にあること244年。因幡(いなば)一宮宇倍(うべ)神社は、この桁はずれの長寿の神を祀り継いで来た。古社(648年創始)であるのに、はじめから一貫して、単数の1人格神だけを祀る(地神を合祀する末社が境内にひとつあるが)。こんな一宮はめったに無い。鳥取市南の国府跡に近く、総社を兼ねる。

　国府に国守大伴家持が赴任してきて、759年の正月を、あの「……いや重(し)け吉事(よごと)」を詠んで家臣と祝って、そして歌作の筆を折った。多分それで、彼がまえに220首を量産した高岡市ほどには、地元の町当局は家持に熱をあげないのだ。でもこの頃からずっと、当社の神官は、創始以来の伊福部(いふきべ)氏であった。武内宿禰の活躍は、4世紀から5世紀にかけてで、古代豪族蘇我氏も葛城氏もその後裔である。それなのにこの神を営々と祀り継いで来た伊福部氏は、蘇我、葛城の子孫ではない。伊福部氏の784年古家系図によれば、オオクニヌシが祖である。どうして自らの祖神は祀らず、武内氏と結びついたか、謎だ。

　その謎の伊福部氏であるが、65代の時、神職を離れ、札幌に移られた。67代の弟昭氏が作曲したゴジラは、現代の名曲で、フランスの子供も知っている。芥川也寸志はこの大国主命の末裔に心酔し、生涯の師と仰いだ。

　檜皮葺3間社流造の本殿前にある入母屋妻入拝殿の社頭風景は、宿禰の尊像とともに、戦前の1円と5円紙幣にデザインされたから、年長の日本人すべてになじみがある。裏手を少し登って、玉垣にかこわれてふたつの石が並んでいるが、それが宿禰の履(くつ)である。因幡国風土記によれば、時に宿禰360余歳、「双履を残して御陰所(みかくれどころ)知れず」で、昇天(そうり)したと解釈されている。キチンとハキモノを揃え残して消えたのであるから、謎の終焉だ。当社は丘上にあるのだが、別にとり立てて云う程の丘ではない。360歳翁は一体、何を考えて、よりによってこんな平凡な丘から、天に昇ったのか。

宇倍神社のふたつの石は宿禰のくつである

四国地方

大山祇神社
香川県 讃岐
田村神社
伊予
愛媛県
大麻比古神社
徳島県 阿波
土佐
高知県
土佐神社

讃岐一宮　田村神社

　中国を終えたので、讃岐から四国にはいろう。讃岐で最もポピュラーな神社は、西国屈指の宮、金刀羅大権現である。戦前丸亀港又は多度津港に上陸した参詣客は、琴参電車のそれぞれの港始発の2路線で運ばれた。高松港から敷設されたのは、名前が似ているが、別の、琴電であって、こちらは平成13年末、民事再生法を申請して健闘している。高松城の石垣沿いから出発して20分、いちのみや駅につく。単に「いちのみや」を称し、国名を冠しないのが異例だが、駅手前で、讃岐一宮田村神社正面を横切る時、昔は徐行し、乗客は礼拝した。今は違う。人々の関心は、隣接の83番札所、その名も一宮寺にむいてしまう。

　当社の社殿は、檜皮葺平入拝殿から北へ、幣殿、本殿、奥殿と、4殿が連続する特異な構成である。檜皮葺春日造本殿のうしろに、切妻妻入奥殿が一段さがって、低く接続し、この為本殿屋根後部が、奥殿にかぶさる。神座は、この低い奥殿内の深渕にあって、本殿には無い。神座は普通、高くせり上って作られるが、当社のように、神にむかってかえって低くさがる例は、上野一宮を除いて、知らない。

　深渕をのぞくのは、神官にも禁止されている。そのことから想うに、古人は実際に、低く深みに湧く水を、神と考えて祈ったのであろう。のち、神々の系譜に沿った信仰の要求があって、次のような祭神がとなえられるように発展した。すなわち倭迹々日百襲姫命（大和一宮主神の妃）、その弟五十狭芹彦命（吉備3国一宮の祭神と同神）、猿田彦命（阿波一宮の併祀神）他2神の5柱である。

神仏習合時代の変化

　当社の神仏分離は非常に早くて、1679年。神領50石中の5.5石を寺に与えて、切離した。もっ

讃岐一宮田村神社、神座は右端の奥殿内にある

て神社側の強いイニシァティヴがうかがわれる。戦後、神領の全面開放で当社は疲弊した。かなりの神社は、山に神領を持っていたのに、当社の立地は、なにせ、讃岐平野の坦々たる水田地帯の真中だからだ。上記深渕が周辺水田に与える水は、滾々と湧き、しかし明治に湧出が停止した。社家の田村氏も神職を去った。今、周辺は宅地化して、古人が水田の神に祈った風景を想像するのは難しい。

今の風景はこうである。先ず隣接一宮寺が、バスガイドにひきいられた県外遍路客で賑わいの主導権をとり返した。一方当社の社頭は、地元民が訪れる。県警察のパトカーがお祓いを受けている横で、市の移動図書館が店開きする。そこで讃岐民話集を立ち読みしてみた。屋島に住むジンゴロ狸が阿波狸との喧嘩に勝って、勢力が強くて、讃岐には稲荷社がめったに無い、と書いてあった。紙芝居の名作『満月狸ばやし』が似たシナリオであったように記憶する。

もうひとつの一宮

讃岐では、一宮と同様の水神信仰が多い。二宮大水上神社(おおみなかみ)は、県西の渓谷の水が、平地に突出する出口に鎮座する。県東にも似た立地の水主神社(みずし)があり、神階は一宮に先んじた。本来ならばこちらが一宮だ、と宮司がこぼしておられる由。更に名社神谷神社(かなたに)。やはり同様の立地で、国府、国分寺の北方にある。1219年の3間社流造、この様式としては本邦最古の造営記録をもつので、四国唯一の国宝社殿となった。

阿波一宮　大麻比古神社

古代史に忌部族(いむべ)という元気の良い一族がいた。彼等は神武天皇の勅命で阿波にくだり、又は、昔から阿波に居て、この国を造った。とても元気が良くて、隣国讃岐へも進出し、琴平近くに忌部神社を建て、そこから都へのぼった讃岐忌部氏は、奈良の広陵町に讃岐神社を建てた。かぐや姫の舞台である。他の一派は、遠く波浪を蹴って、安房国を拓き、先住の蝦夷を追い払った。かと思えば、朝廷の求めに応じて、石見国に植民し、東隣の出雲族牽制の任にも当たった。そこから隠岐に渡って、隠岐一宮の社家にもおさまった。

阿波一宮大麻比古神社(おおあさひこ)は、阿讃山脈の南東支脈南麓に鎮座する。忌部族のリーダー天富命(あめのとみ)が、阿波開発後に、祖父天太玉命(あめのふとだま)をここに斉(いつ)き祀ったのである。それは安房一宮と軌を一にするが、当社では併せて猿田彦命を祀る。この神も、本貫地は伊勢だが、当社では社背の大麻山(おおあさ)538mにおわし

阿波一宮　大麻比古神社

たと伝える。出雲二宮にもいらした。神出鬼没である。

社殿配置は権現造。境内に前接して、四国霊場88ヵ所第1番の霊山寺(りょうぜん)があり、札所めぐりの善女(善男は少数)で賑わう。当然彼女等は一宮に関心を払わない。社殿裏の境内にドイツ橋がある。第一次大戦の時の、板東(ばんどう)俘虜収容所跡が当社のすぐ近くで、ドイツ兵士約1,000人がここで3年を

過ごした。その間、ドイツ技術を伝授して橋を架けたり、地元民と交歓して「第九」本邦初演1918年の記録がある。

もうひとつの一宮

　吉野川に四国三郎の異名がある。三郎の氾濫は度重なり、河口は流路をしきりに変更して、徳島市を流れる川は、大小合わせて138本あったと言う。かの吉野川可動堰（第10堰）問題の歴史的背景である。国府はそれでも、主流を南に越えて、板野から徳島に引越したらしい。忌部神社もまた徳島市に引越した。当社はもと、忌部族の本拠山川町にあって、神階は一宮と並び、またはある時期、格上でさえあった。主神天日鷲命は、天太玉命と同じく、忌部族の祖である。当社は気宇壮大にも、四国一宮を称し、平成2年の天皇即位にあたり、山川町及び小屋平村の忌部関係者に呼びかけて、古式にのっとり、「麁服」を貢進した。

　吉野川支流を西遡して、一宮橋南詰一宮町に到れば、その昔一宮大宮司が構えた一宮城膝下に一宮神

一宮神社、天石門別入倉比売神社にあてられる

社がある。『一宮巡詣記』を書いた橘三喜も当社の方に来た。阿波国一宮と石柱に大書し、朱の残る古殿が13番札所と隣り合う。神職夫人によれば、当社が式内天石門別八倉比売神社に「充てられる」由。充てられると言うのは、北方国府町に、式の正称を保つ論社がある為だろう。当社は式の正称を失って、一宮神社を称しているが、かつ、大麻比古神社程社勢盛んでないが、歴史的には、当社が一宮なのですと、夫人は明言するのである。

ノオトその21　　一宮の社家

　古代日本では、ひとびとは主として西から東へ、時として別の方角へ向け、集団移動した。集団をここでは便宜氏族とよぶが、これは人種、民族とは別のまとまりで、同一集団への帰属意識が自然に育まれたひとびとのグループの意味である。育まれる触媒としては、先祖が同一であるとの観念や、文化の共有、特に、その集団の神を祀る祭祀テクノロジーに一致して従属していること、などがあろう。

　この、とらえどころなきかにみえる氏族の数を勘定したひとがいる。新撰姓氏録（しょうじろく）という文書には、京畿内の氏族が1182氏であるとして、814年全30巻に出自系譜の情報を満載した。ここでの氏族は血縁概念であって、祖先神を天神、地祇、外来神などに分類した。オオクニヌシを祖先神とする賀茂氏、宗像氏や、豊玉彦を祖先神とする安曇氏は、地祇族であるが、出雲氏は天穂日命を祖とするから、天神族である。この驚嘆すべきマニアックな記録は、部分抄本のみ現存だから、これを見て読者諸兄が自らを天神か、地祇か、に分類を試みるのは、やめておかれた方がよいと思われる。

　氏族集団は、一定の地域的ひろがりのなかで形成されるが、それがあるとき、果然、別の地域へ移動することがある。移動経路上に彼らは多様な痕跡を残す。古墳造成、装飾文様の傾向、葬祭習俗、出土品の材質、地名、姓氏分布などから、古代学者は移動の推認を施すが、氏族は氏族神を奉じて移動するから、神社と祭神の系統もまた、我々の先祖の旅を語ってくれる。

一宮祭祀権者の権威

　氏族集団は、多くの場合、氏族の祖神の神裔または神裔に近い血筋を祭祀権者として仰ぎ、氏族の求心力を保全するために、祭祀権は世襲されるのが穏当であった。氏族が移動中に、または移動前後に、神社を持つと、世襲祭祀権者は氏族の首長が勤める。大和朝廷が氏族を掌握するとき、有力古社の祭祀権者を地方行政の長、すなわち国造（こくぞう）に任じた。彼等の一部は、祭政一致時代を経て、政治権力を手放す時が来ても、ひき続き国造を称し続けた。近年まで、又は現在までに至るのは、すべて一宮の宮司家である。紀伊、石見、出雲、肥後がそうである。ただし隠岐では総社宮司家が、及び、熱田神宮では、非一宮ながらも、国造を称した。

　古社の祭祀主宰者は、神の託宣を伝え、神意の体現者として、生きながら神となることがあった。この、聖性を帯びた神官を祝（ほうり）、又は大祝と呼び、諏訪、伊予、肥後の各一宮において著名である。しかし祝は、本来は、神主、禰宜（ねぎ）の、次位の神職を意味した。

　他方、社領と武装社人を集団管理する社家の統領もあらわれた。この場合を大宮司と呼ぶが、大宮司は、本来は、大きな神社の神官の長を意味した。史上著名となったのは、越前（南朝を援けた）、駿河（富士大宮司を称した）、諏訪（戦国大名に転化した）、豊前、肥後（後

145

述する)の一宮である。ただし宗像神社は、非一宮ながら、10世紀に宗像大宮司を擁したが、16世紀に継嗣なく断絶した。

極めつけは爵位である。明治政府は、古来の名家である社家に爵位を贈った。選ばれたのは、一宮6社の8家(摂津、紀伊、石見、出雲2家、豊前2家、肥後)と、非一宮6家(伊勢神宮等)である。合計神道14家に対し、仏教は僅かに6家(僧籍にあって受爵した公卿を除く)で、この隔差は、社家のように世襲した僧侶が浄土真宗だけだからだ。神道が伝統を尊重する宗教文化であって、世襲も声望保持のツールにしてきたので、日本の、古来の多くの名家が、一宮の社家に集中したのである。世界の他の宗教において、このような現象をみることは無い。

宗像神社

一宮社家の世襲

先ず、キリスト教であるが、ローマ・カトリックの首長であるローマ教皇は、イエスの一番弟子ペテロの、正統な後継者とされるが、世襲ではない。選挙である。イスラム教にあっては「すべてのムスリムは同胞」として、世襲を否認する(シーア派に少し違った考え方がある)。それ故、マホメットの後裔は、ヨルダン国王が39代の末裔ではあるが、祭祀者としては、存在しない。儒教では、曲阜に孔子の後裔を自称するひとがいるが、指導的地位にいない。仏教では、釈迦の後裔は不在で、わが国では明治5年まで仏僧の妻帯は禁止されたから、世襲は困難であった。

しかし神道は、世界の宗教各派と異なり、血統を価値付けた。そもそも祭祀権発生のときから、祖神の後裔の世襲が前提であり、しかも累代世襲を継続するにつれて、世襲は、権利よりも義務の要素が強くなった。平成になっても、一宮社家の世襲は多く維持されている。非一宮でもたとえば、狭義の世襲ではないが、春日大社は藤原氏の氏神だから、花山院(かざのいん)宮司のあと、祖神の祭祀を継ぐべき人は、同社神職20名のなかからではなく、医師であった葉室氏に願った。世襲は宮司家に限らない。山城の項で、神輿を担ぐ神人(じにん)に触れたが、ここのご本殿の唐戸を開けるとき交代侍立する家系は、一乗寺地区渡辺姓13家である。武蔵大国魂神社では、5月2日に鏡を磨く役柄や、5月5日に献膳を催促する役柄の家系が固定している。このように、神事参与義務の承継でもあるところが、議員やタレントが世襲を有利として活用なさるのと異なる。

1999年11月、イギリスは世襲議員制を廃止した。そこで世襲貴族と言っても、せいぜい13世紀の後半に遡る家系にすぎない。そこへゆくと、日本では、上記一宮の社家が、その倍以上の時間をかけて、声望ある名家のステイタスを延々と伝えきたったのである。奇蹟である。

土佐一宮　土佐神社

　土佐人は頑固だ。一宮を「いっく」と読む。JRの土佐神社もより駅名も「とさいっく」であり、土佐中村市の一宮神社もいっく神社である。この土佐風の発音に他例がない訳ではない。島根県浜田市に三宮(さんく)があり、隠岐知夫里島(ちぶり)に一宮(いっく)がある。関連不明。

　祭神味鉏高彦根命(あじすきたかひこね)は、ニニギ命から当地の太守に任ぜられ、その子孫が国造(こくぞう)となり、祖神を祀ったと言う。祭神と同神の、又は、異母兄弟神の、一言主神(ひとことぬし)も祀る。この神は、古事記では、雄略天皇が葛城で狩をなさった時、向かいの山に同じ行列が見えたので、「名乗れ」と仰せられると、「吾はマガゴトも一言、ヨゴトも一言、葛城の一言主の大神なり」と答えたので、天皇は「かしこし」と恐れいった。古事記のなかでも、私がたいへん好きなくだりだ。ところが続日本紀は、この牧神詩のすてきな味わいを破壊してしまった。高鴨神が葛城山で天皇と獲物を争い、天皇怒って、土佐に流したことになっている。

　葛城に高鴨神社もあれば、一言主神社もある。祭神はまた、遠く、陸奥一宮にも鎮まっている。関連不明。推測するに、土佐一宮土佐神社は5世紀後半、在地豪族が祭祀をはじめていたところ、土佐国造になった賀茂氏が影響を与えて、土佐国風土記での神格が変動したのではないか。その後930年、国司として赴任した紀貫之は、当社に近く官舎を得た。しかし彼は古今集に君が代を撰びはしたが、一宮につき、彼の土佐日記に言及を遺さない。遺っているのは、土佐から京都への帰路の記述だけである。5年もいたのに、任地行政より、都のことばかり考えていた人ではないか。16世紀長曽我部が再建した。

　例によって、隣が神宮寺で、30番札所である。国府は南国市にあったが、そこの国分寺が29番で、別寺に「札を渡した」ので、当寺と30番の札争いが生じた。近年両寺兼務僧をつくっておさまった。おさまったとなると今度は、遍路巡礼バスの札所進入の邪魔になるとて、当社の太鼓橋は

土佐一宮土佐神社、拝殿後方左右につき出す翼廊がトンボの羽根にあたる

撤去されるわ、当社の参道は通行されるわ、バスから溢れた客が当社にも詣ろうとすれば、時間が気になるガイドが押しとどめる始末。さんざんである。

重文の社殿は、入蜻蛉様式と称する独特の構成である。先ず、入母屋朱塗向拝付本殿にむかって、幣殿と、切妻妻入素木の吹抜拝殿が連結する。拝殿左右に、横長の吹抜翼廊がクロスし、長い向拝をトンボの尾に見立てると、トンボが神座に入りこむ形になる。それで長曽我部元親が、当社を凱旋報賽社として寄進した。

入りトンボに出トンボ

勿論出陣式は、対照的に、出トンボ様式の社殿をもつところの、高知市桂浜の若宮八幡宮で執行した。出の、入との差は、クロス部分が手前にくることだけで、その気で拝観すれば、成程そう見えなくもないという程度の違いである。それでも、こと、軍団の士気に関わるならば、何でもありと、長曽我部は必死だったのであろう。そんなことで、入トンボは全国に当社だけだと宮司は強調なさる

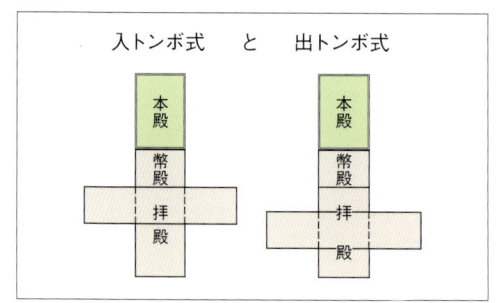

```
    入トンボ式    と    出トンボ式
    ┌──┐              ┌──┐
    │本│              │本│
    │殿│              │殿│
    ├──┤              ├──┤
    │幣│              │幣│
    │殿│              │殿│
 ┌──┼──┼──┐        ┌──┼──┼──┐
 │  拝 殿  │        │  拝 殿  │
 └──┴──┴──┘        └──┴──┴──┘
```
トンボが神殿に出入りする見立てで土佐軍団の士気を鼓舞した

が、実は、そうでもない。伊予西条の伊曽乃神社は、昭和15年に茅（現在銅板）葺白桧神明造に変える迄、入トンボであった。

社殿のクロス部分のみ、重層にして、切妻平入の屋根をかける。重層と言っても、床は無い。すなわちこれ、まさに屋上屋を架けたのである。部材は杉で、なにしろ台風の通り道だ。吹抜拝殿は毎度びしょぬれとなり、腐蝕が進んでいる。向拝に庇がないから、参詣客が濡れないよう、賽銭小屋を前置する。可動式で、小屋は横に移動する。レールが拝殿前に敷設してあるのは、その為である。

伊予一宮　大山祇神社

平成11年5月、しまなみ海道が開通した。海道沿いに、本四国間につらなるのが、芸予諸島で、北端の島を大三島と言う。この島に鎮まる大山祇神社は、従って、伊予一宮ではあっても、伊予の本土からは最も離れた神社である。

祭神は大山積命（社名と字が違う）で、南九州からお出になった（摂津の項）との説がある。ニニギ命の舅で、アマテラス大神の兄神だ。島に座するが、本来は山の神だから、伊豆や甲斐の一宮の祭神でもある。当社から分祀したのかどうかは、歴史的には検証できない。しかし全国大山積神の、御分社1万余の総本社とされる。

山の神でありながら、島に鎮まったので、海陸道中安全祈願の信仰が発達した。創祀は太古と言い、祭神の孫乎知命お手植の楠が、古来のご神木と伝えられ、境内に巨大なお姿を拝する。天然記念物、樹齢2600年と称しておられる。しかし現境内には、島東から719年に遷座したとの伝えもあり、そうすると、この驚嘆すべき神木は、はじめは境外にあったことになる。そこらへんのことは、なにしろ太古創始のお宮だから、そのままに信じるべきであろう。

伊予一宮大山祇神社、拝殿左端から出る廻廊の唐破風は下津社の拝所である

　神職は、神裔であるところの、三島大祝(おおはふり)家が世襲する。家系図は、上記のお手植なさった乎知命の、1代前から始まって、現宮司は81代、権宮司が82代。越智氏を名乗った時代もあって、そこから分かれた河野家は、秀吉の四国統一まで、伊予の守護大名であった。更に分かれたのが村上水軍である。

　三島大祝は、神に仕える神、すなわち現人神(あらひとがみ)と考えられた。盛時、身辺常駐の侍臣32人、大祝の聖性を保持する為、彼等は覆面して水火を浄(きよ)めて、現人神の食事を作った。今治に住み、祭時にのみ渡海したが、それは安芸一宮のように、島を神体視した訳ではなさそうである。侍臣多数で、ライフラインに問題があったのだろう。1675年、藩主が島住を命ずる。多分、神よりも人間に近いぞと殿様に見込まれてしまったのだろう。

諸殿の配置が独特である

　河野一族が14世紀に再建した重文本殿は、檜皮葺3間社流造。重文切妻造拝殿は、ほかの諸殿が丹塗なのに、素木である。本殿右に上津社(かみつやしろ)、左に下津社がある。いずれも本殿の小型版のような、12世紀流造の社殿で、それぞれ2神を祀る。拝殿両端から出る檜皮葺胡粉丹塗の廻廊が、本殿と一緒に両社殿を囲みこみ、両社殿の前で廻廊は唐破風付向拝をあげ、それが両社の拝殿のように見える。しかし両社に独自の例祭日はなく、拝殿もないので、従って日供も日供(にっく)もない。こうしてみると、当社では両社を摂社とされるけれど、実質は本殿の一部なのであろう。

　そのほかの摂末社はおびただしい。就中、十七神社と称される末社は、端正な本殿と対照的な、奔放なデザインで精彩を放つ。それは、入母屋の諸山積(もろやまずみ)神社に、切妻長棟の十六神社がくっつき、だから十七神社であるのだが、くっついて、檜皮葺のお屋根を無造作に一体化する。諸山積神社に5柱、十六神社に16柱、計21柱の木彫御神像を祀る。うち重文17体。長棟部分は、前面通し庇(ひさし)をタタキの外廊でつらぬき、3ヵ所に入口を設けて、他は格子窓を残してふさいであるが、中廊をへだてて、御扉(みとびら)をそなえた16殿が並び、上記の神像16体を奉安する。1302年、「もと越智7島

浦々鎮祭の神々に、隔絶して風雨の時、祭祀調(ととの)わず」として、諸山積神社とあわせ1棟を建てた。そのあわせ方が無造作だから、とにかくお祀りが大事と切迫した古人の気分が充分に想像できる。

当社は、地元の神々と人々に、このようなパトロナージュを与える一方で、全国制覇の武将達の祈りもまたかなえて来た。それで、彼等が奉納した武具が累積した。甲冑は全国現存の8割が、当社宝物殿に集中する。うち、鎧4領、太刀3口、鏡1面が国宝である。

なお四国の一宮は、土地柄札所が密着するが、当社のみそうでない。昔53番が密着したが、「住職が札を食った」由で、今は島に無い。

大山祇神社の十七神社
諸山積神社に十六神社をくっつけて十七神社とした

九州地方

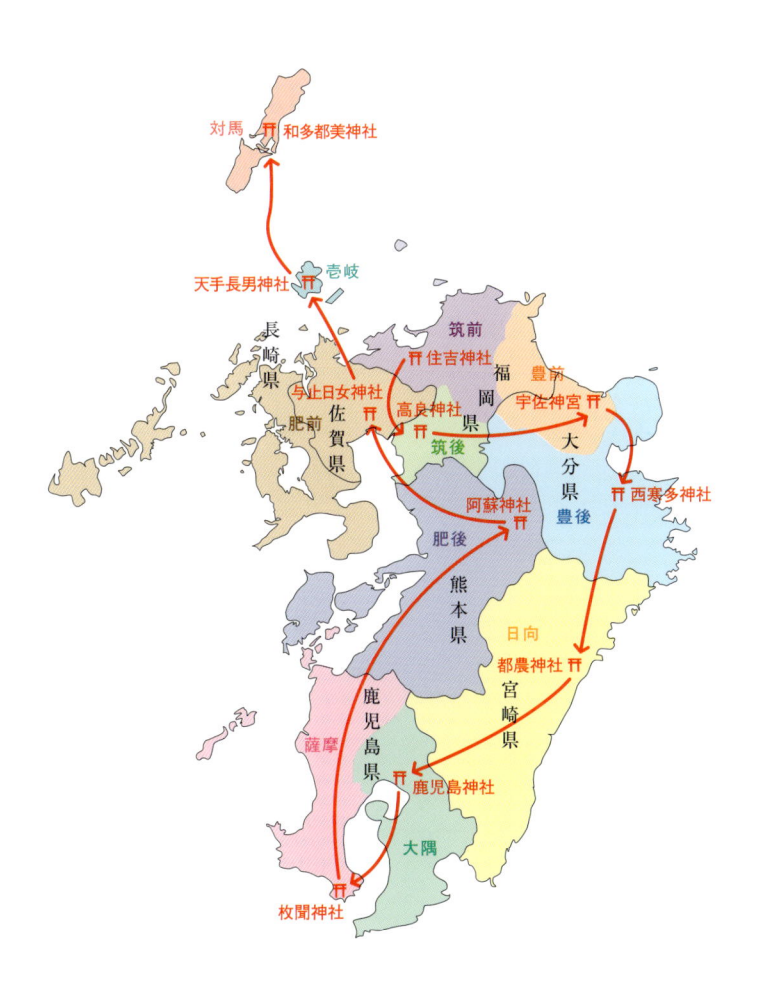

地図中の記載

県名: 長崎県、佐賀県、福岡県、大分県、熊本県、宮崎県、鹿児島県

旧国名: 対馬、壱岐、肥前、筑前、筑後、豊前、豊後、肥後、日向、薩摩、大隅

神社:
- 和多都美神社（対馬）
- 天手長男神社（壱岐）
- 住吉神社
- 与止日女神社
- 高良神社
- 宇佐神宮
- 西寒多神社
- 阿蘇神社
- 都農神社
- 鹿児島神社
- 枚聞神社

筑前一宮　住吉神社

　四国から九州に参る。先ず福岡県。この県は筑前と筑後及び豊前北半に及ぶ大県である。そのうちの筑前であるが、古代わが海の民の有力3氏族がそろってこの国に発した。北アジア寒流系縄文原日本海人を別にすれば、である。

　3氏族は先ず、インドネシア系の潜水漁撈と航海技術を招来した宗像氏族である。当国鐘ヶ崎に定着し（安芸一宮の項参照）、宗像3女神を奉じて、進出先の各地にたてた宗像または宗形神社は、式内10社、現在7千社。その総本宮宗像神社は、かつての神領である当国宗像郡に坐し、スケール雄渾である。新撰姓氏録によれば、出雲族と血縁し、事実、大和朝廷は両者の同盟成立をいたく警戒した（石見一宮の項）。

　次に阿曇族は、遼東半島へ北上してから、朝鮮西岸を南下、縄文期には当国糟屋郡に定着していた家船漁撈民である。一族は綿津見3神を奉じて、海の中道先端の志賀島に志賀海神社をたて、阿曇氏が宮司を継ぐが、各地に拡散する（信濃一宮の項）うち、祖神信仰は複線化する。信濃安曇郡では穂高見命（ワタツミの子）となり、対馬では安曇礒良（穂高見命と同神説または安曇氏初代）や豊玉姫（ワタツミの子）となる。大和朝廷は、阿曇氏の全海人支配を公認したが、のち、宮廷内紛争で高橋氏に敗れ、弱体化した。紛争は奉膳順序についてであって、高橋氏は『紀』の神話をうまく引用して勝った。

　最後に住吉族である。阿曇族と同根と言われるが、住吉3神（ツツノオはワタツミの弟とも云う）を奉じて（摂津一宮の項）、釣、網漁法の開発に秀でた。住吉神社は、現在2,069社に発展したが、式内は7社、うち一宮は3社で、摂津、長門と当国である。

筑前一宮　住吉神社

最古の住吉神社

　筑前一宮住吉神社は、福岡市央にもかかわらず、ひっそりと散林に鎮まるロウ・プロファイルのお宮である。それなのに、3大海人族の奉斉する各社のなかで、何故当社が一宮と認められるのであろうか。諸説あるが、推測の域を出ない。住吉族は東漸したので、当社の創祀は、当然摂津一宮より古い。摂津の4座4殿に比し、当社は3座1殿で、住吉3神を祀るのには、より純粋型である。もっとも、住吉信仰は摂津に発し、社家津守氏（摂津の項）の勢力とともに西漸して、九州に到達したとの説もあり、これによれば、摂津も当初3座3殿であった由。

　本殿は1623年、黒田長政の奉納した重文、檜皮葺朱塗の住吉造、ただし、摂津一宮と同様の2室神殿であるが、瑞垣外をしっかりと玉垣でかこい、妻入銅葺幣殿でつないでいるので、摂津のような開放的な雰囲気はない。1551年の造営計画の時、ファイナンスのパトロンを大内義隆と見定め、山口まで、伝来の宝物を派遣したところ、陶晴賢のクーデタに遭遇、散失してしまった。

もうひとつの一宮

当国の国府、国分寺は、外敵侵入に備えて、内陸の大宰府にひっこんでいたが、敵国降伏を祈願する筥崎宮（ノオト11に前記したように「神社」を称さない）は、海岸最前線に坐し給うた。神名帳は、「八幡（ハチマンの読みは平安初期には無い）大菩薩筥崎宮」で、このような、しかも仏教臭の強い形容詞がつくのは、式では、他に宇佐宮のみである。更に八幡宮が式にはいるのも、筥崎と宇佐だけで、石清水も、鶴岡も、式外である。当社創立921年（異説あり）とすれば、まさにスレスレで式に間に合ったことになる。

当社を筑前一宮とする諸本がある。私は、宇佐以外のすべての八幡宮を、「もうひとつの一宮」の方に分類させていただく。そうしないと、鶴岡の坐す相模をはじめ各国の、特に九州では豊後、大隈、薩摩、肥前、対馬の、諸国一宮へのスタンスがグラグラしてしまうからである。後述する。

ズングリムックリの、いわゆる筥崎鳥居をたて、縦長の重文拝殿に、9間社流造の重文本殿。式は1座だが、当社では3座3殿に八幡3神が1神あて座し給うとされる。

八幡3神については、豊前一宮の項でご説明す

別表・3神鎮座対比表

海人族	神社	主神の数	式の座の数	本殿の数
宗像氏族	宗像神社	宗像3女神	3	3宮に各1殿
阿曇族	志賀海神社	綿津見3神	3	1（※2）
住吉族	摂津一宮 住吉神社	住吉3神ほか	4	4
	長門一宮 住吉神社	住吉3神ほか	3	1棟5殿
	筑前一宮 住吉神社	住吉3神のみ	3	1（※3）
	壱岐の 住吉神社	住吉3神のみ	1	1
	対馬の 住吉神社	住吉神から綿津見遷移		1
	豊前一宮 宇佐宮	八幡3神	3（※1）	2宮に各3殿
	筥崎宮	八幡3神	1	3

（※1）3社各1座計3座。（※2）3神は3宮別祀（鎌倉期の絵図あり）であったが、今1殿奉斉となった。（※3）昔3殿説あり。

るが、当国に発する上記3大海人族が、それぞれ3神を奉斉するので、筥崎は式では1座なのに、八幡も3神として、歩調を合わせたのではないかと、私は憶測している。別表をご覧いただきたい。海人の3神は、信仰成立の当初から、記紀に示されたとおりの、ほとんどアイデンティカルな神格を3分した3神ワンセットで、ヒンズー教やキリスト教の、トリニティ思想と一脈通じるのかもしれない。しかし当社では、八幡3神の御神名をいれかえた。3神のうち、宇佐の地神的性格が強い比売大神にかえて、玉依姫命を祀る。

筑後一宮　高良神社

久留米にあった筑後国府のすぐ東南に、312mの高良山がそびえる。眼下の筑後平野を築紫次郎の異名をとる筑後川が悠々と西流する。交通の要衝で、戦略の拠点となった。有力武将が角逐し、秀吉も在陣した。西山腹220mに筑後一宮高良神社が鎮座する。

祭神は高良玉垂命。ご神名とご事蹟が不詳で、673年という遠い昔の神主が、物部氏（石見一宮の項）だったことから、物部氏の祖神とも言い、あるいは武内宿禰の説もある。後説は12世紀大江匡房が否定した。

檜皮葺権現造の重文社殿は、山上なのに、規模が大きくて（大社と称される）、眼下の平原と大河の光景に釣合いがとれている。昭和40年の地すべりで損傷した社殿は、国庫補助で、鉄筋コンクリートの人工基盤を造成して、補修した。

ノオトその22　　一宮の式内社数

　延喜式は、全国の式内社を2861と数えた（ノオトその18）が、その2861を構成する式内社のひとつひとつは、どういう風にひとつであるのか。これはかなり厄介な問題で、一宮の数え方（ノオトその3）とは一致しない。今かりに、一宮は各国にひとつだけ存在するとして、すなわち、陸奥一宮のようなデヴィエーションは解決されたものとして、そうすれば一宮の数＝国の数＝68である。この68は、延喜式でも68であるかと言うと、そうはならない。どういう風にそうならないかと言うと、

① 　境内が複数でも、近接していて、神事が共通すれば、ひとつに数えるのが私のルールである。信濃、若狭、出羽の一宮においては、式も私のルールに同調する。ところが山城一宮では、式は突如変調して、ふたつに数える。

② 　境内が単数でも、紀伊一宮のように1地2社（ノオトその13）であれば、私はひとつに数え、式はふたつに数える。

③ 　1地2社は、祭神間に由縁が無いか、不明のケースに限るとして、では、由縁明らかな複数主神を、単数の境内に祀る時、式はどうするかと言うと、単数の神社に複数の座を奉る（ノオトその16）方法によっている。しかるに豊前一宮と、肥後一宮では、式は突如変調して、単数境内の複数神社に各単数座を奉った。それ故豊前と肥後は、一宮としてはひとつなのに、式は豊前みっつ（3社各1座計3座）、肥後ふたつ（2社各1座計2座）と数える。

　式がこのように異例の登載方法をとったのは多分、式編集当時、複数神社が単数境内で同一信仰をはぐくむ過程が終結に近づいてはいたものの、なお1社複数座と観念してしまうのを、ためらったのだろう。そうではあっても、豊前と肥後の一宮を、みっつとか、ふたつに数える人はいないだろう（なお次項参照）。式の2861というのも、そういう2861なのだ。

④ 　備前と備後の一宮は、式はゼロと数える（前記備前の項）。

　以上を順次集計すると、68＋①1＋②1＋③3－④2＝71である。故に、式の一宮は71社ある。

豊前一宮　宇佐神宮

　大分県は、豊後1国のほか、国東半島つけ根を北に越えて、中津市北郊の山国川まで、豊前南半を取り込んだ形になっている。国府、国分寺は福岡県側だが、一宮は当県側の豊前の東南端宇佐市にある。JR駅名のローマ字標示はUSAで、昔、この駅を通過する進駐軍兵士が歓声をあげた。

　本稿では、豊前一宮を宇佐神宮と記する。神名帳の標記とは異なるが、その訳はあとで明らかになる。全国4万社を数える八幡宮の総本社である。4万は過大で、2万5千社説もあるが、神社の総

数8万からみて、また、伝統仏教最大の教団曹洞宗の寺院数1万5千とくらべて、八幡宮のプレゼンスは、これはもう断然、圧倒的に巨大である。しかるに、式内2861社のうち、八幡宮は筥崎と宇佐の2社だけだ。いったい、八幡信仰のこのアンバランスは、どこからくるのか。

八幡信仰の新興宗教性

しかし本当に2社だけなのか。確かに鶴岡八幡宮も石清水八幡宮も式外だ。でも前者は1063年の創建だから、式には当然間に合わなかったが、後者は860年鎮座で、筥崎宮より古いから、間に合わなかった筈はない。また式では八幡を称してはいないが、古来八幡祭祀であったと伝承する式内社は多い（和泉の桜井神社、甲斐の大井俣神社など）。が、創始以来ずっとそうであったのだろうか。式外社で6世紀八幡創祀を唱える社（平塚八幡宮など）についても同然である。

そういうなかで、前記2社だけしか登載されなかったのは、八幡信仰が、当時の感覚では、新興宗教だったからと考えたい。新興宗教たる要素としては、第一に、八幡神は、氏族の祖神というような、既存の祭神のタイプと異なることが挙げられる。

一宮の祭神で、最も多いのが氏族の祖神である。本貫地や進出先（たとえば前記安房一宮の例。以下同様。）の開拓地（武蔵）に一族がたてた一宮だ。次に自然信仰、すなわち山（加賀、出羽）や水（讃岐）、時に産業（美濃、伯耆）にかかわる神を祀った。更に、記紀神話に登場する神で、地名が示されるケース（淡路、信濃）もある。ところが八幡神は、奉斉する特定氏族が宇佐に居た（進出した、開拓した、）訳ではなく、また、応神天皇という人神をもって神祇に擬した以上、当地の自然神でもない。さればとて天皇は、その御生涯に一切宇佐とかかわりをお持ちでないから、神話神の地名明示例にもあたらない。

血縁も地縁もない神と鎮座地を結ぶ技法がある。示顕（じげん）である。仏教で垂迹（すいじゃく）（若狭）と云い、キリスト教でも、神が特定地にあらわれる宗教現象が認められる（たとえばフランスのルルドが有名）。応神天皇の神霊は宇佐にあらわれた（571年）ので、宇佐が八幡信仰発生の地となった。

天皇は、神話から歴史の世界に、一歩抜け出された方である。一宮としては、最も新しい時代の神で、ヤマトタケル（和泉）やキビツヒコ（備前、備中）より1〜2世紀はあとになる。勿論、記紀の神話にはあらわれず、氏族神でもない。だから、当時の優秀な神祇集団が、宇佐の地神の原始信仰と融合しつつ、創造した新興神道だと考えられる。

第二の新興宗教的要素は、八幡信仰が最も早く仏教と習合したことである。そこで八幡神は、東大寺大仏鋳造の神託を出して、聖武天皇をよろこばせたりした。神とコミュニケートする一般的方法は、啓示を得ることだが、託宣は、啓示と異なり、双方向の呼び出しが可能で、宇佐の神祇集団は、このような機能性に着目して、宇佐の神に、時に応じ、また、ひとの乞いをいれて、託宣を授けて、神威を高めたのである。かかる状況において、式の編集官は、これは一体神社なのかどうか、多分しきりにとまどった上で、次のような極めて異例の登載方法を採用した。

延喜式の異例の登載

①神社号

登載名は、八幡大菩薩宇佐宮（やわた うさのみや）とする。神社号は付さない。人神をもって神祇に擬したと上記したが、菅原道真の天満天神出現まで（式よりあとの947年）は、神は墓に葬られず、神社に祀られ、人間は神社に祀られず、墓に葬られるものとして、

豊前一宮　宇佐神宮　大楼門

峻別されていた（淡路一宮にイザナギの墓があるのは、松前博士によれば、イザナギははじめ人間とみなされていたから）。式は、墓（陵墓）を持つ（持つべき）天皇に神社号をつけなかったのではないか（式外香椎宮の例がある）。

②形容詞

仏と混淆した神であることを示す為、八幡大菩薩の形容詞を付する。筥崎宮も同様である。式にはほかに、常陸に薬師菩薩の形容詞を付する神社が2社あるが、祭神はオオナムチで、菩薩ではない。式にあるのは以上4例のみ。異例である。

③連記3社

式は、八幡大菩薩宇佐宮を筆頭に、後記2神社を連記し、各1座、計3座を捧げる。異例というのは、式でこの登載方法をとるのは、他に後記肥後一宮と、非一宮の香春神社があるだけだからだ。これらの連記社を何故1社複数座として登載しなかったか。ノオトその22で触れた。

このノオトその22は、私の真面目な解釈である。私の不真面目な解釈もある。すなわち、連記でなく、1社複数座の通常の登載方法によるならば、豊前には、当社と上記香春神社の2社しか式内社がないことになる。あまりに寂しい。そこで

2社6座を6社6座にひき伸ばしたのだ。

④連記次位以下

連記次位からの2神社には、②を付さない。整合しない。先ず、次位は、比売神社（ひめのかみ）。一般名だから、本来は地神であろうが、天皇の妃を祀るとされる。連記の最後は、大帯姫廟神社（おおたらしひめのびょう）。天皇の母を祀る。

以上八幡3神の組合せにつき、式は連記を介して表明しただけだが、中野幡能博士は、『八幡信仰史の研究』において、宇佐の原始祭祀集団は、巫女たる比咩神（ひめのかみ）に仕えていたのだけれど、別々の土地の別々の氏族の奉ずる神と結合したと解釈される。川村二郎教授は、八幡信仰が「蒼古の秘儀」で「難解幽晦」とされる。

八幡信仰の全国伝播

私の解釈は、八幡信仰の力強さは、組合せ3神の個々の御神名にとらわれないところにある。たとえば石清水、鶴岡においてこそ、3神名を宇佐にならったが、前記筥崎宮では玉依姫にいれかえ、いれかえ後の3神は、志賀海神社の相殿神でもある。もっとも志賀海神社は、八幡宮ではない。ちょうど反対に、後記新田八幡宮は、八幡宮ではあ

るが、八幡神を祀らない。玉依姫ではなくて、その姉をいれかえるのが、対馬海神神社である。また、仲哀天皇も八幡3神にはいることが多く、大隅一宮では、この八幡3神を相殿神に祀り、「正」八幡をとなえられる。このようにヴァリエイションは変幻自在。八幡大菩薩の御神威は、すでに御神名を超越していた。

　さて、御神威の発祥地宇佐で、ひとびとは8世紀から9世紀にかけ、3神の御本殿3宇を順次建設した。このうちの2宇が出来て30余年後に、あの、道鏡を帝位につけよ、との神託が出た。宇佐の神は、上記のように、託宣の神であったから、宮廷はあわてて和気清麻呂を派し、彼は偽りをあばく。それにしても、天皇家一族以外の者に天皇位を譲れと託宣したのが、八幡神である応神天皇だったのに、それを疑わなかったのだから、後から考えると、これは、深刻ではあっても、大変間の抜けたスキャンダルだった。それとも、深刻ではなかったのかもしれぬ。その証拠に、清麻呂は復命後、暫く流罪となっていた位である。道鏡も処刑されなかった。

　そういう訳で、宇佐の神威は一向にそこなわれず、そこが面白いが、3神の3宇完成30年後に、平安京守護に石清水八幡宮が勧請され、鎌倉幕府は鶴岡八幡宮を勧請し、八幡信仰の全国伝播がはじまる。敗者は華麗に復活したのである。この展開にのって、神武天皇から当地最初の国造に任ぜられていた宇佐氏は、11世紀には大宮司を称し、12世紀末、西日本最大の荘園領主となった。家系に分裂統合があったが、明治に2家が受爵した。

国宝八幡造

　上記御本殿3宇が、1863年再建の国宝3棟である。神域南端に南面するので、北からの参詣客は、廻りこんで大楼門前に出る。この門と、門から左右にのびる廻廊に2拝所が設けられ、計3拝所が3本殿に対応する。本殿3宇は西から1、2、3と並ぶ。神道のプロトコオルでは、西から3、1、2と並ぶ筈だ。それ故これが、第2主神である比売神（ひめのかみ）が、もとは第1主神だった証左だと説く人がいる。

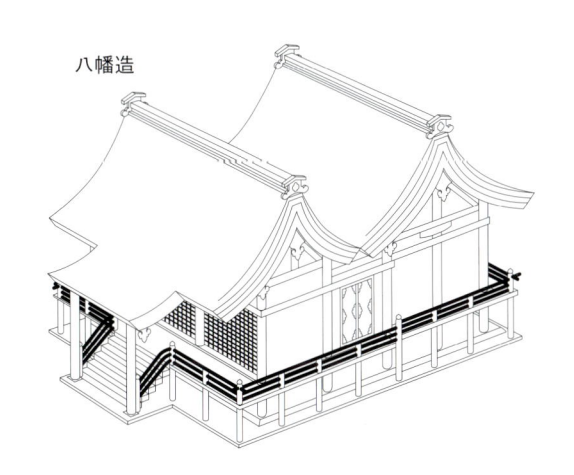

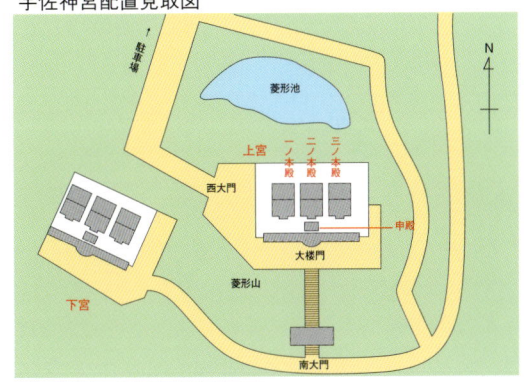

　それぞれの本殿は、同じスケールの切妻造平入棟を前後に接続し、接線に金銅の雨樋をかける（備中一宮は樋がなかった）。八幡造であって、それが横に3宇並ぶ。中央本殿と門の間に申殿（もうすでん）1宇を置き、ここ迄が檜皮葺白壁朱漆で、本殿には稍紫をかける。ここでの拝礼は4拍手で、上記3拝所を経たあと、この上宮（じょうぐう）と同神を祀る下宮（げぐう）が一寸離れてあって、やはり南面3宇だから、以上合

計24拍手を捧げるのである。

八幡造の内部は、実は、住吉造と並ぶ典型的な2室本殿(紀伊一宮の項参照)である。前後接続の前殿に倚子(いし)が、後殿に御帳台(みちょうだい)が置かれ、ともに神座である。同一の神が、ふたつの神座を1殿内にお持ちになるのは、日本の神社では、八幡造だけである。神は後殿でおやすみになり、時に応じて前殿にお出ましになって、人間どもに、正しき、又は曲った託宣を授け、又は授けたとされたのであろう。ひとはそう考えて、このようにこみいった神殿を、もはや8世紀に設計していたのである。

都内では、市谷八幡宮で八幡造を拝観できる。境内に、鬼平なじみの料理茶屋があった。

豊後一宮　西寒多神社

豊後一宮の西寒多神社は、「西」をサイレントにしてサムタと読み、またはササムタと訓じる。大分市南郊字寒田(そうだ)。祭神西寒多神、神系不明だが、社では天照大神という。舞拝殿と3間社流造の本殿御屋根に、とても足の長い千木をあげる。

当地は実は、式の地名と異なる。昔、遷祀されたのだろうが、式の地名の地にも、論社(ノオトその15参照)が現存するから、遷祀を疑う人がいる。この点がひとつ、当社のプロフィールを華やかにしない原因であるが、しかし何と言っても、後記柞原(ゆすばる)八幡宮との関係が問題であった。『一宮記』は、「寒多の社…また柞原八幡と名づく」とて、20km離れた両社を同一視した。『一宮巡詣記』は、柞原で「サムダの社を尋ねけれども社人知らず」と所在不明にした。『神名帳考証』は、いずれが一宮かの判断を保留した。諸文献の背景には、土地の古い神が、新来の八幡神に押されて、逼塞したようすが読みとれるのである。

もうひとつの一宮

前項豊前一宮の八幡信仰は、強力に発展し、九州一円はもとより、日本の政治権力の中枢に及んだ。その波及のタイミングは、延喜式の成立に明らかに遅れ、諸国一宮の成立ともずれがあった。

西寒多神社は本殿御屋根の千木の足を長くする

しかしずれがあっても、波及の影響力は強大で、特に九州諸国で、後来の八幡宮を一宮に推す力が強かった。私は、豊前を除いて(当然である)は、それらを本来の一宮に対するもうひとつの一宮とみてゆく立場をとる(筑前筥崎の項で前記)が、当国の柞原(ゆすばる)(いすはら、ゆのはら等の読みがある)八幡宮はその典型例である。

当社は9世紀の創建、または豊前からの勧請によるもので、八幡3神は豊前の項で前記したように、少し変化がある。1763年の八幡造が高崎山の東に坐す。国府、国分寺にも近く、12世紀の文書に一宮とあらわれ、西寒多神社と一宮の称を争った。

日向一宮　都農(つの)神社

　レヴィ・ストロウスは、1986年日向を訪れ、感動した。彼を招待した梅原猛国際日本文化研究センター所長によれば、それは、キリスト教聖地が多く後世に、300年以上断絶後に、発見された遺跡であるのに対して、日向では、神話と、歴史と、現代観光客を隔てる淵が無く、伝説と現代の感受性に生きた連続性が保たれていると、彼が評価したからである。しかしストロウスは、日向一宮を認識していない。日向一宮を守り伝えきたった人々の感受性は、日向の天孫降臨神話と連続しないのである。どういう風に連続しないか。

　天孫瓊瓊杵尊(ににぎのみこと)は、当国「日向の高千穂峯(ひむか)に天降(あまくだ)りま」した。猿田彦命が道案内したのに、何故当国を撰択なさったのかは、前記した(伊勢一宮の項)。その高千穂峯がどこかは、日本書紀自体に5種の異なる地名表記が混在するため、宮崎県高千穂峡と、宮崎鹿児島両県にまたがる霧島高千穂峰(地理上の名称は東霧島岳1574m)の両所が比定される。本居宣長『古事記伝』は、「皇孫命(すめらみこと)の天降りましし御跡(みあと)は、いずれならむ、さだめがたし」と匙を投げた。宣長は医師だったから、この表現が適切である。

　この日向と称する国における位置の特定は、宣長ならずとも難しいのである。後年日向から、薩摩と大隅が分立した(すなわち、日向は大国だった)が、俊寛すら、薩摩の鬼界島と、大隅の喜界島がそのゆかりを争う始末。なにしろ宮崎県では、東諸県郡(もろかた)と西諸県郡の「南」が北諸県郡だから、他県人はあっけにとられてしまう(東京だって、池袋東口に西武が、西口に東武があるが)。

　ところが延喜式編集官は、明快であって、高千穂峡の高千穂神社や、天岩戸神社を登載せず、霧島側の霧島神社のみに1座を奉った。しかし霧島山の数次の噴火で社地転々した間、高千穂峰周辺に論社4を生じる。これではならじと明治7年、うち1社(鹿児島県側)を霧島神宮と定め、他3社(全て宮崎県側)はその境外摂社とされた。

霧島岑(みね)神社。霧島神宮の境外の3摂社のひとつで、霧島4社の最古社という。小林市鎮座。背の高い朱塗鳥居が地方道から奥深い境内の森にふみこむ目印である。

　さて、ニニギ命は上記霧島神宮に祀られる。その子彦穂々出見命は隣国大隅一宮に、その子ウガヤフキアエズ命は当国鵜戸神社に、その子神武天皇は当国宮崎神宮に、それぞれ祀られる(次頁の別表参照)。すなわち、当国には神世3代の神都が置かれたにもかかわらず、これら3代と神武天皇を祀るお宮は、日向一宮ではない。日向一宮都農(つの)神社は、天孫の系譜にあらず、はたまた九州一円に神威を伸ばした八幡神にあらず、いずれとも無縁の神様大己貴命(おおむなち)(大国主命)を祀る。

天孫族が東へゆくとき

　国人が一宮として天孫系譜の宮々を撰ばなかったのは、なぜだろう。当地降臨の天孫族は、3世紀以前に(異説あり。卑弥呼が狗奴国(くな)と戦うのは247年)東遷するが、神武東征に先だち、ニギハヤヒが河内に先着して(先着法につき河内の項参照)いたから、神武はむしろ第2波の天孫族移動

別表・神世3代等御系譜

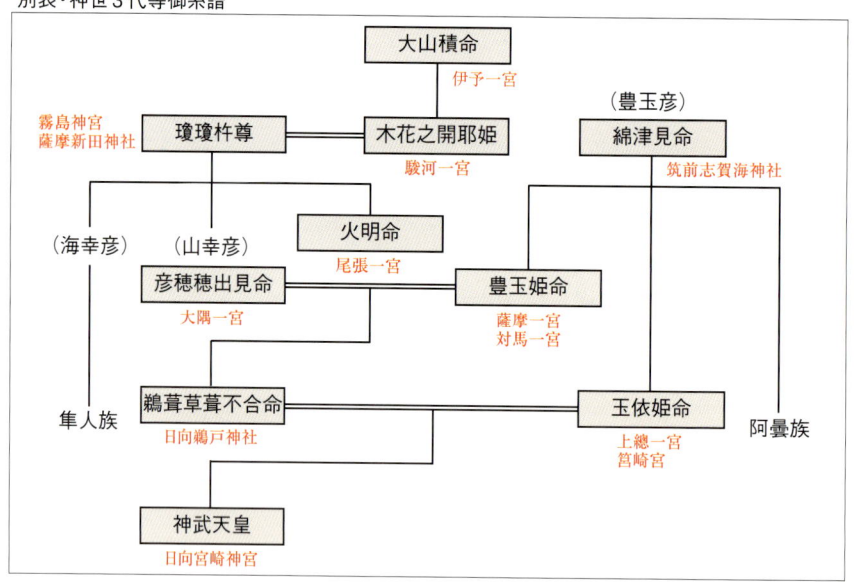

```
                           大山積命
                             │
                          (伊予一宮)
                             │
 霧島神宮      瓊瓊杵尊═══木花之開耶姫      (豊玉彦)
 薩摩新田神社    │         (駿河一宮)       綿津見命
           ┌──┴──┐                    (筑前志賀海神社)
        (海幸彦)(山幸彦)  火明命              │
                │       (尾張一宮)          │
           彦穂穂出見命═══════════豊玉姫命    │
           (大隅一宮)              (薩摩一宮   │
                │                 対馬一宮)   │
           鵜葺草葺不合命══════════玉依姫命────┤
           (日向鵜戸神社)           (上總一宮   │
                │                  筥崎宮)    │
           神武天皇                         阿曇族
           (日向宮崎神宮)
   隼人族
```

のリーダーであったのかもしれない。氏族は氏族神を奉じて移動する（ノオトその21）。たとえば出雲族や、わが国3大海人族について、前記したところである。が、天孫族の氏族神祭祀は一風かわっていて、そのことは、祖神アマテラスが伊勢に鎮祭されるまで、転々諸国を巡り（丹後の項）、その経路は氏族移動と無関係であったのをみても、また、三輪に天孫族の王権が成立すると、天皇は自らの祖神ではなくて、先住神を祭祀せしめた（大和の項）のをみても、そうであるように思われる。

　氏族移動の動機探索は、多く推測による。海人族の漁法伝播が移動エネルギーを起爆させたとするような推測がこれである。しかるに神武の東征動機は、神話に明示され、推測を要しない。動機は征服であった。天孫族は征服に向けて移動する際、当地に祖神を祭祀すべき彼等の後裔を残さなかった（肥後一宮につき後記）。神武天皇を祀る宮崎神宮でさえ、式外社にとどまり、朝廷の奉幣を受けたことはない。官社に昇格したのは明治8年である。だから、国人の一宮選定当時、天孫系には、しかるべきお社がなかったのではないか。

神武天皇のオオナムチ祭祀

　ここがまあ、日本古代史の実に面白いところだ。神武天皇は、東征出発に際し、当社（当時は多分古代祭祀場）に戦勝祈願をなさっているから、先住出雲族が既に、祖神の信仰拠点を当国に築いていたことになる。九州では、たとえば越後の出雲崎のように、地名や神社名、地域ごとの伝承をたどって、出雲族進出の道筋をチェックできない。それ故オオナムチは出雲族の神ではなく、単に、土地の神様の意味だとの主張がある。しかし、上記高千穂神社の地元に伝わる高千穂神楽は、降臨神話に材をとっているにしても、基本型は出雲系神代神楽で、それに陰陽道と国学の手が加わったものと指摘される。重文「備中神楽」が天の岩戸開き等の天孫系民俗芸能を忠実に伝えるのと違う。だから、当国に出雲族ないし出雲文化を支える先住族がいたことは確かであろう。当国周辺の式内社でオオナムチを祀る他例もあるし、第一そうでなければ、すなわち次項で述べる熊襲、隼人

東霧島岳高千穂峰

族だけが跋扈していたところならば、天孫が降臨する訳がない。

　都農神社は、地元でツノウと発音する。神武天皇が船出した地点の10km南で、JR日豊線に都農駅はあるが、列車着発時以外は森閑と人気なく、眠りを誘うような町だ。難波の津をめざす神武帝の軍船団は、それでも、ここのオオナムチに祭祀を捧げて纜を解いたのである。『記』には「日向より発たして」としか書いてない。しかし神武天皇腰掛石や、当社祈願の伝承がある。万巻の史書はこの光景の不思議を語らない。いや、語れない。しかし一宮研究家は不思議を受容できる。

　当社の社殿は、町並とともに、往古の静謐に沈み、銅葺流造の無人の境内に佇めば、1675年、橘三喜が探しあてたあげくに書きのこした状況と、たいして変りはないようである。彼は、肥後一宮から1ヶ月余を旅して、当社についた。彼の『一宮巡詣記』はこうなっている。「僅かの小社となり…宮守を尋ね出して古き事ども語らせ…一宮とは知りぬ。」

ノオトその23　　一宮の行政データ

　信教の自由が保障されている。一宮は国から特権を受け、又は政治上の権力を行使してはならない。憲法にそう書いてある。が、国の行政の各種の関与は別である。

　先ず、警察行政が初詣で客の混雑に注目する。しかし客数ベスト20にはいる一宮は、摂津、武蔵、出雲の3社しかない。他の17社はそれ故、明治神宮（平成13年の正月3ヶ日で326万人。なお、東京ディズニーランドは28万人）等の非一宮である。今の民衆にどれだけ親しまれているかは、古来の国ごとの神社ランキングとは、あまり関係ないことがこれで判る。

　次に、神体山信仰があったり、山頂に元宮を持つ一宮は、戦後国有財産行政との交渉があった。当然境内面積は広く、面積ベスト10にはいる一宮は、加賀（白山）、出羽（鳥海山）、大和（三輪山）の3社である。これに対して、朱印領面積は、政治権力とのアフィニティに左右され、ベスト10には出雲、山城、摂津、常陸の4一宮がはいっていた。

一宮の国宝社殿

　文化財行政の関与を概観しよう。2001年6月現在の国宝建築は209件、内訳は、仏教寺院163件、神社33件、その他13件である。このうち先ず、その他は、キリスト教建築物である大浦天主堂（浦上天主堂ではない）、茶室（如庵と待庵）、閑谷学校、と城である。次に、神社仏閣であるけれども、分類がややこしい。たとえば、最古の春日造2社殿は、柳生円成寺の所有であり、またたとえば、新羅善神堂は、神社建築としてはくろうと好みの第1級品、孤立した山中に埋もれ、観光客は訪れない。三井寺が所有するので、神殿であっても仏寺に分類される。逆に、羽黒山五重塔を拝観した読者は多いだろうが、正統和様の仏塔であるのに、出羽三山神社が所有するから、神社に分類される。

　分類の次にくる問題は、文化財当局が1件と数えたときの、その1件は、どのような1件であるのかである。つまりご当局におかれては、神社拝殿と本殿あわせて1件とした（備中一宮）り、別々の2件とした（宇治上神社）り、本拝殿以外の社殿も一括1件とした（北野天満宮）り、廻廊、透塀、門は独立の1件とした（東照宮）り、しなかった（安芸一宮）り、思うがままである。ここではエイヤと目をつぶって、ご当局のカウントに服すると、本拝殿国宝27件24社、うち一宮7国8社（山城を2社に数えるので）になる。すべてご紹介ずみである。神宝神具の国宝をお持ちの神社は、本稿では一部しか触れなかった。

　非一宮は、国宝本拝殿16社（摂社は併合して数えた）、その多くが古社の宝庫といわれる滋賀県にあるが、本稿では一部しか触れなかった。

　他方、仏教寺院がもつ建築国宝は163件もある。数がアンバランスだが、それは神道が、恒久的建築施設に、より少ない関心を払ってきた為であろう。あるいは、この世の恒久性に神は宿らないという、明確な思想があった。

登記行政について。宗教法人としての神社登記の数え方は、一宮としての数え方（ノオトその3）と関係ない。各神道団体固有の数え方による。神職が常住しない小社でも、ひとつの法人かと思えば、世帯数812万を擁する（99年の公称）創価学会も、ひとつの法人である。そういう数え方であることを前提にして、文部科学省『宗教年鑑』では、神社の宗教法人数81千社、うち神社本庁所属は79千社である由。

大隅一宮　鹿児島神社

鹿児島県は、大隅、薩摩の2国から成る。沖縄の手前までのびている奄美諸島は、大隅の方に属し、ためにこの国は、南北600kmに及ぶおそろしく長大な範囲をカバーする。古く、日向、薩摩とともに、熊襲国であった。

熊襲は王化に沿わず、神武天皇がそのままにして、東征に出てしまった。それで、3世紀頃（異説多し）の4道将軍は備後どまり。4世紀にかけて、景行天皇軍が九州にはいったが、大分県どまり。ヤマトタケルの熊襲征伐後、やっと5世紀に天皇直轄領を当国に置いた。辺境政策のはじまりで、政策によって畿内政権に服属した熊襲を隼人とよぶ（両者は居住地を異にするのみとの異説あり）。682年、天武天皇は飛鳥寺で隼人に饗宴の席を設け、懐柔につとめられた。どうも中央では、熊襲も隼人も自分達とは別種族と考えていたようで、インドネシア系非宗像族と思われる。サントリー元会長は、「東北は熊襲の産地だ」と発言したので、不買運動を招いたが、運動は発言の差別性をついたのであって、九州とまちがえたことには多分、気がつかなかった。これより先、司馬遼太郎氏は、「剽悍敏捷」と形容し、この剽悍な種族を手なづけるのに、8世紀の第1四半紀に度々中央から征隼の軍が出た。結局、薩摩、大隅、日向の各熊襲は割拠し、統一しなかったので、大和朝廷側が成功する。成功しかかるや、713年、日向から大隅は独立、当国の中心国分平野は、豊前

鹿児島神社拝殿天井、桃山風の花に野菜がまじっている

からの植民団によってひらかれ、国府、国分寺、一宮の3点セットがととのった。

一宮の先住の神々

このころ東北での対蝦夷戦は、まだまだ継続中だったから、こちらでは、かなり急いでヤマト文化の拠点を当地に築き、ヤマト神を一宮に奉祭したことになる。

隼人は、血液指数、指紋指数が特異な数値を示すことから、学界の定説は、これをインドネシア系とみる。しかし、同じインドネシア系でも、宗像族の奉ずる宗像神がわが国神道の中核に入った（安芸、筑前の項）のと異なり、非宗像族の隼人神には、アイヌ神、蝦夷神におけるようなヤマト化（陸奥の項）の形跡すら、なぜか、見出せない。隼人は、氏族祖神よりも、自然信仰、特に、山に祈ったと学者は考えるが、隼人流の祭祀具や祭祀跡は発見されていない。律令国家は、隼人神と

習合する別神としての八幡神、出雲神を勧請し、加えて、当国一宮の主神の兄が、隼人族の祖となった(日向の項の別表)との伝承を作出し、もって、在地先住神への信仰の特色を喪失させたのではないか。

大隅一宮鹿児島神社(神宮を称される)の主神は、彦穂穂出見尊。神武天皇の祖父君にあたり、宮趾に当社を立てた。中央正座に主神と妃神、相殿(あいどの)に仲哀天皇、神功皇后、応神天皇と妃神計6神を祀る。相殿神は、前記八幡3神いれかえ後の神々を網羅しているので、豊前からの植民団が奉遷したのかもしれない。事実当社は、明治初年までは、大隅正八幡宮と称しておられた。つまり当国では、一宮ご自身が八幡信仰を受容されたので、九州他国における式内古社と新興八幡神社の、一宮争いは生じなかったのである。

当社の社殿配置は、後記薩摩一宮や新田神社と共通する地方色に彩られる。すなわち、権現造に勅使殿を前置し、勅使殿左右に長庁(ながちょう)(社務所等に用いる横長の建物)を配する。切妻平入唐破風付勅使殿は高々とそびえるから、勅使参向時や例祭に宮司使用時、そのつど階段を仮設し、かつ、拝殿にわたる橋も架けなければならない。つまり建

屋久島の式内益救神社は拝殿が屋久杉の小杉(屋久では樹齢1000年未満を小杉という)に囲まれて立つ

築の象徴性が実用性と両立しないのである。普段の参詣者は、勅使殿を横からうしろに廻りこんで拝殿に達する。格天井に桃山風の花、野菜を可憐に画くが、左右に大破風をあげるので、平面はほとんど十字状となる。この幣拝殿に密着する本殿は、18世紀島津氏奉献、2手先組朱塗入母屋の巨大な桧皮葺だが、霧除板(きりよけ)で全面を覆い、壁絵は見えない。霧島山の霧が、天降谷(あもり)をおりてくるからだ。

山上山下神域内外摂末社多数。

もうひとつの一宮

本邦最南の一宮は、次項薩摩一宮である。しかし最南の式内社はもっと南、屋久島の益救神社で、多禰国(たね)が824年、大隅に併合されるまでは、多禰一宮だった。

多禰国は120年の短かい歴史であった。種子島(たねが)に国府、国分寺を置いて、715年、化外(けがい)の民(非文化人)ながら、方物(ほうもつ)(特産品)を貢した。明治に男爵となった種子島藩主は、島の西之表(にしのおもて)(沖縄の西表(いりおもて)とまぎらわしい)に拠(よ)っていたが、古代国庁は島南にあり、そこから神霊やどる屋久島宮

屋久島の山霊奉斎

之浦岳を遥拝した。そういう歴史があるので、大隅に式内社僅かに5を数えるだけなのに、式は、そのうち1社を屋久島東北の宮之浦に坐す益救神社にあてたのである。

九州最高峰1935mの宮之浦岳山頂は、年間1万ミリ（島平均6300ミリから類推）の降水を受け、海へむけて140本の川（チョー多い。宮古島の川はゼロ本だ）が流れ落ち、浦々に集落を作る。各集落からは、1000m級の前衛山にさえぎられて、主峯の山頂は見えない。そこで集落背後の峯々に神霊を移斉し、年祭にそれぞれ里宮におろしていた（現在も登拝の習俗あり）。むかいの国司遥拝地に近い当社が、おのずと全島各里宮の代表とみなされたらしい。

もともと島人は、神棲む山の杉を伐らなかったが、島津が課役徴発をはじめてから、脂肪分に冨む（従って腐らない）屋久杉が人間の手に触れ始めた。縄文屋久杉は、7000年の樹令の最後の僅か300年で、島津と帝室林野局による収奪にあった訳である。その屋久杉観光のため、季節には、島内全ホテルを満室にしてしまう現代大量の観光集団は、杉が神の樹であった昔の一宮益救神社には、一顧を与えない。

薩摩一宮　枚聞（ひらきき）神社

薩摩一宮は、本邦最南の一宮で、薩摩半島南端、開聞岳（かいもん）の麓に坐す枚聞（ひらきき）神社である。開聞岳もヒラキキと読めるから、宮イコール山と考えてよかろう。ほぼ北向きの鳥居をくぐって、参道から真直に見て、本殿背後の森の上に、正円錐形の山容の頂きを拝することができる。神代創祀と伝える古社で、当然祭神は多岐多数、南薩に土着の海人族の神々であったろうが、現在は8柱併祀、主神大日孁貴命（おおひるめむち）となっている。この神はどなたか。アマテラスの別名だという。しかしこんな南の半島の先で、天孫族の祖神を祀るものか。

開聞岳は922mながら、海面から直接そそり立つ正対称の火山姿で、南海を北上する舟人の、絶好の目印であった。事実、当社周辺に沖縄出身者が多い。大隅一宮の主神が、神話で山幸彦（やまさち）の称をとると話はこうなる。塩椎翁（しおづち）が山幸彦を舟に乗せて海に「押し流し」（記。紀では「押し沈め」）て、ワタツミ海神のイロコの宮の門前に着く。そしてカツラの樹にのぼっている状景を、夭折の天才画家青木繁が描いて、石橋美術館にある。宮殿内の豊玉姫が「門の外に人もやある」と尋ねると、従婢が「門（かど）の外（と）にいと麗しき壮夫（おとこ）がおわします」と答え、山幸彦は姫と結ばれる（日向の項の別表参照）。

そうなると、他の乙姫達も黙っていられない。北方に貴公子を送り出した島国ありと識った以上、開聞岳の裾に打寄せる浪に乗って、南海から漂着する。そこに彼女等の航海守護神を奉斉した。だから当社社殿は、古社ながら、少しく寸ずまりで、ディズニーランド風の明るさがある。総漆朱

枚聞神社の唐破風向拝付勅使殿ほか拝殿など

塗単層春日造の御屋根が低いのである。大隅一宮と同様、唐破風向拝付勅使殿が、左右に長庁をしたがえる方式であるのに、ここではおごそかというより、かあいらしく、その奥に拝殿、幣殿、本殿がくっつきあい、よりそい、つまり主神は、ここに竜宮を移設なさったのではあるまいか。

　もっとも開聞岳は、時に爆発し、噴火のたびに当社の神階が昇り、社領は増え、当国の一宮となった。歴史的現実はそうである。それは判っても、私の夢想はまだ続く。鎮座地名揖宿郡開聞町枚聞、エキゾチックである。近隣にも竜宮関連がある。姶良町。頴娃町。喜入町。

もうひとつの一宮

　薩摩には式内社が2社しかない。全国最少数である。延喜式の頃、まだ熊襲、隼人の遺風があって、名社ができてなかったのだろう。2社のうち、1社は上記一宮で、他の1社は、国の北端の加紫久利神社である。隼人征圧に動員された豊前の兵士が、8世紀はじめにたてた。

　そこから出水山脈を南に越えると、川内平野がひらけ、当国の中心であった。ニニギ尊もここで治政を終えられたし、国府、国分寺もある。鹿児島市に国の中枢機能が移るのは、桜島の文明噴火のあとではないか。

　川内市のニニギ山陵（明治7年教部省認定）の前で、ニニギ尊を祀る新田神社は、式外社ながら、八幡信仰のたかまりで社勢を伸ばし、町の人々は今でも新田八幡宮とよびならわしている。鎌倉時代に枚聞神社と一宮を争い、訴訟となった。島津家の文書も一宮とする。

　ところが神社では、八幡神はお祀りしていない。配祀神もすべて天孫系の神々である。前記大隅一宮も天孫系だが、相殿に八幡神が座したので、正八幡宮とよばれても、少くとも不自然ではなかった。新田神社の不自然さは、前記八幡信仰の特質（豊前の項）によるのであろうが、謎だ。

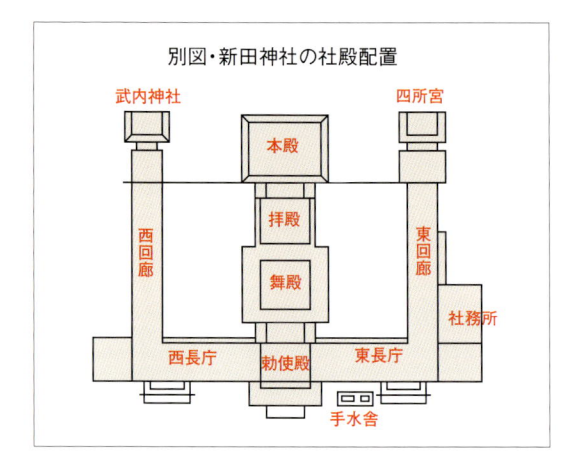

　社殿配置は、大隅一宮、薩摩一宮と同じく、この地方に多い、勅使殿前置方式である。別図のように、本殿左右に、武内神社と四所宮を置くのは、大隅一宮でも両社を末社としているのに等しい。このうち、武内神社祭神は、八幡神補佐の事績があるので、新田「八幡宮」の称はそう突飛でもないか。

　このような苦し紛れの解釈はさておき、当社背後の山稜がニニギ尊なのか、疑問視する有力説がある。これによれば、天孫族はカラクニから、弥生中期から後期にかけて、当地方に漂着した。薩摩半島南西部に、ニニギ尊上陸点の伝承がある。あたりの稲作適地は既に、先住「耕作」民が占有していたので、上陸の一行は、霧島シラス台地を経由して、高千穂山間部にわけいり、多水の適地を獲た、とする。それ故、当地でニニギ尊が没せられた筈はない。天孫降臨地点につき、懊悩のあげく、両論併記をしてしまった本居宣長がきいたら、がっかりすることであろう。

別図・新田神社の社殿配置

肥後一宮　阿蘇神社

　阿蘇山1592m、悠然と立つ噴煙、古人がこの山に神いますと信じたのは、当然であろう。神武天皇は東征に出る時、孫の健磐龍命(たけいわたつ)を九州の鎮めに残した。この神は、阿蘇にはいり、先住豪族の娘阿蘇比咩(ひめ)を娶って、この地を開拓した。延喜式に、健磐龍命神社と阿蘇比咩神社の名で、2社連記であらわれる肥後一宮阿蘇神社は、後裔の阿蘇氏が、祖神を火山神として奉斉したのが起源である。主神の子は、大和朝廷から阿蘇国造に任ぜられ、主神の孫は、当社と後記国造神社をあわせ、阿蘇3社3座の祭祀を掌握した。

　大和朝廷は、阿蘇の火口情報を阿蘇氏に依存し、旱魃疫癘の兆あれば、神階を累進し、阿蘇氏は強大となる。11世紀大宮司を称し、のち、鎌倉封建領主を兼ねる。南北朝に大宮司家は南朝方と北朝方に分裂し、戦国期は大友、島津にはさまれる。それで多くの国人層を失ない、小規模のローカル豪族に転落したが、なお本邦の名家として、明治に男爵を受けた。現宮司は91代である。

　この間神は、農業神、狩猟神に神格を拡げられた。狩の神事が多く、頼朝は冨士の大巻狩に際し、梶原景時を阿蘇大宮司家に派して、ノウハウを研修せしめた。期間中滞在の屋敷跡がある。

　上記阿蘇3社に、式は各1座計3座を奉った。しかし当社は、このうち2社を融合し、その上、近親総祭12神合祀の1社となった。12神には、一の宮から十二の宮までの称を奉るが、この一の宮などというのは祭神称である。神社称たる本稿の一宮とは別系統の概念（ノオトその8、その9）だ。健磐龍命を一の宮、阿蘇比咩を二の宮とし、三の宮以下は、奇数及び十二の宮を男神に、その他を女神にあてて、親等により序列化した。

おんだ祭。阿蘇神社の祭神が行宮所に神幸されて、稲の生育をチェックなさる時、14の社家から宇奈利(うなり)が白装で神々のランチを運ぶ。阿蘇谷に風がわたる。

神々は男女別席

　12神を祀るのに、古くは13殿、中世7殿が林立した伝えもあるが、現在は別図のように、1ノ本殿に5男神、2ノ本殿に5女神、別殿に2男神を祀る。1と2ノ本殿は流造平入総欅の入母屋風で、千鳥と唐破風付の1843年作。別殿は中央にあるが、少し遠くに、千鳥破風だけをあげる。それ故、外観上3本殿の序列は判定し難い。しかも1ノ本殿は、向って左で、神道プロトコオルに反する。阿蘇山に近い方を上位にしたとも言われる。拝殿は、中央別殿前の1殿だけで、12神3殿をいちどに拝礼する。つまり、豊前一宮方式とは考え方が全く異なるのだ。

　12神のうち、2座だけが式に規定された神である。それを想起させる手がかりは、4基の神輿である。一の宮と二の宮に各1基、ほかの神々は、残る2基に男女別に御同乗になる由である。序列の筋が通っている。

　当社の北3kmの国造（くにつくり）神社は、初代阿蘇国造とその御一統4神を祀る。主神は阿蘇神社の別殿にも十一の宮として祀られている。それ故、式3座のうちの1座がどちらに捧げられたか、実は判らない（阿蘇神社別殿は、国造神社の論社ということになるが）。現在宗教法人としては別法人だが、かつて年祭には、阿蘇大宮司が白い狩衣を着装、弓矢を携えた武士をしたがえて来臨した。これぞ、祭政一致である。

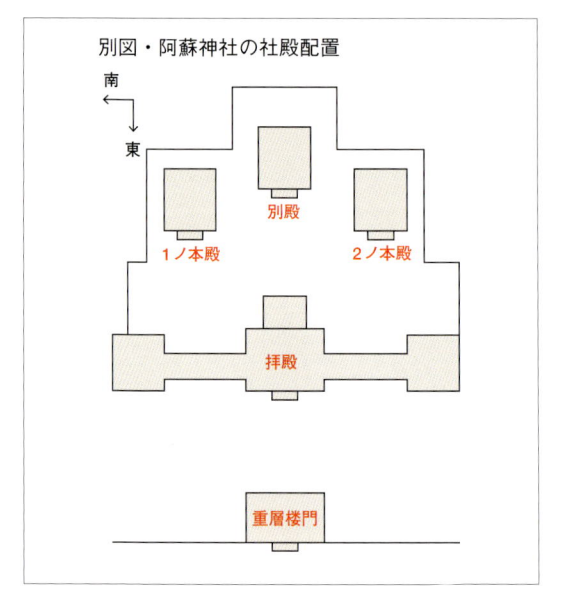

　総素木銅板葺流造、樹令千年の杉がある。

別図・阿蘇神社の社殿配置

（南、東、別殿、1ノ本殿、2ノ本殿、拝殿、重層楼門）

肥前一宮　与止日女（よどひめ）神社

　火の国が肥前と肥後に分解したのは696年。地図の都合で、肥後を先に扱ったが、肥前は、佐賀県と長崎県（壱岐、対馬を除く）にまたがる大国であった。大国であったのに、式内社僅かに4社。壱岐の1／6、対馬の1／7に過ぎない。

　式内4社のうち、田嶋坐（たしまにます）神社だけが大社とされたが、当国一宮の座には就かなかった。呼子（よぶこ）港先の、周囲5.7kmの小島に坐し、航海鎮護の宗像3女神を祀る。遣唐使が廃され、対外政策が消極化すると、当社が古文書に言及される頻度が落ちた。ノオトその19に前記のように、肥前では、式のレイティングと、式の小社を一宮としたランキングとが衝突した訳だが、それは、当社の神威が、古代朝鮮半島有事の際に、船揃え基地となる等、本邦全体の戦略にかかわって、肥前1国の国人の俗世的関心から遠ざかった為と思う。舟だまり水辺に鳥居を設け、神域堂々。

　さて肥前一宮であるが、明治以降河上神社と称した。宗教法人名は、式と同じ与止日女（よどひめ）神社を用いる。佐賀市北郊、背振（せぶり）山地に発する急流が、奇景をきざんで南下、当社の足元でふくらみ、淀み、緩流化して、佐賀平野を沃す。当然祭神は、水神

肥前一宮　与止日女神社

淀姫である。12世紀には本殿が無く、川淀に向けて、拝殿のみあった。今は鍋島が19世紀にたてた権現造。境内景勝すぐれて、遊客がとぎれない。

近世初期、後記千栗八幡宮と一宮を争い、明治の社格で県社にとどめられ（ノオトその20）、千栗におくれをとる。大正13年以降、社格昇格を運動したが、だめだった。

もうひとつの一宮

久留米から、国境筑後川を西に渡ったあたりに、千栗（チクリと読まない）八幡宮が宇佐から勧請された。八幡信仰の伸長と、鍋島家、天台宗、宇佐の応援を得て、与止日女神社と一宮を争う。既に1333年、後伏見上皇に「肥前国総廟一宮鎮守千栗八幡大菩薩」であると認められたが、対するに、与止日女も1609年、後陽成天皇から、もっと字数の多い勅額「大日本国鎮西肥前州第一之鎮守宗廟河上山正一位淀姫大明神一宮」を得た。こうして、争訟はどうしようもなくもつれ、さばきは、藩から幕府にあがったが、幕府担当官はあの格言にしたがうこととした。「さわらぬ神に祟り無し」である。1679年、両社とも一宮の称を許さず、と裁決した。

ノオトその24　　一宮のデリヴァティブ

　デリヴァティヴには、近年、金融派生商品という曲った訳語が横行しているが、薬業界では昔から、誘導体という正しい認識を共有していた。

　総社は、惣社とも綴るが、一宮と同じく、諸国の国ごとの、時に諸国の郡又は郷の、諸社を代表する神社である。一宮よりおくれて、11世紀から平安末にかけて成立した。一宮と違うのは、国ごとのランキングではなくて、国司が、国内諸社を勧請した神社である。国府周辺に新設（当然すべて式外社）し、または、一宮もしくは他の既存社に併設した。

　総社設置を指示した中央からの文書は発見されていないが、一宮がありながら、国司は何故こんな二重投資をやったか。勿論、一宮に兼ねてもらったり、国庁内の鎮守神（多く八幡宮であった）を総社に仕立ててすました、利口な国司もいたが、通説は、一宮が国司の巡拝順で、のち、地方豪族の割拠等で巡拝困難になったから、とする。それなら総社は、一宮のコロラリイである。

　私は度々巡拝順説に反対する理由をご説明して参った。管轄地域内の地方神の把握は、国司の重要公務であったが、度々前記したような一宮争いが生ずるようであれば、二宮以下の協力を得るのに、総社という別個のアプローチが有用であったのだと思う。それ故1099年『時範記』は、総社が一宮より上位であるとさえ記する。

　それでも総社は、人為的宗教施設であったからには、「その歴史的使命は脆弱かつ短命に終了した」（伊森邦彦『諸国一宮、惣社の成立』）のである。明治の官社にとどまり得た総社は、尾張、武蔵と駿河の３国にすぎず、それも、総社としての社格の結果ではなくて、これら３社本来の御由緒が官社たらしめたのだと思われる。つまりおよそ700年の間に、全国にあった（らしい）総社は、明らかに一宮の下位に転落し、又は消滅し去ったのである。

　総社市を名乗る市が岡山県にあって、同市の総社宮は、例外的に古格を保持なさる。当社は、備中国内304社（うち式内は備中一宮等18社）を相殿（あいどの）に祀る。成程304社もあったのでは、とても国司はお詣りし切れまい。この総社宮は式外だが、境内に式内の野俣神社がある。いやむしろ、野俣神社が先住の神社で、それに併設した総社が大きくなって、庇を貸して母屋を提供してしまったのかもしれない。播磨では12世紀、式内射楯兵主神社に国内174座を合祀、総社としたが、ここでは総社機能消滅後も、母屋は確保なさっている。

総社のデリヴァティブ

　昔、国というものに、魂があると信じられ（すばらしい哲学だ）、676年、国ごとに国造を任命したとき、彼等に国魂（くにたま）の祭祀をつかさどらせた。その後、総社を設けることとされたとき、クニタマ信仰の拠点であった尾張、武蔵の大国魂神社（いずれも前記）は、総社となった。大和の大国魂神社、浪速の生国魂（いくたま）神社などは、総社だったのか不詳である。しかし国造のク

ニタマ祭祀もしくは祭祀あとが、鎮座縁起だと推定される式内社は、これらのほか、陸奥をはじめ15国にある。

次に六所神社がある。国内6神を総社の境内もしくは相殿に合祀し、または、国府周辺に別祀し、のち、6神以上となっても、六所神社の称を変えず、または、総社自体と融合した。現在、

川西市多田神社境内の六所神社は御本社よりも古い由緒を伝える

少なくとも5国の総社は、六所神社である。摂津多田神社境内社の六所神社は、別祀の、もしくは、総社からの、勧請であるとみられ、ご本社よりも由緒が古いとして、鄭重な祭祀を受けていられる。総社と無関係の六所神社も各地に坐し、たとえば都内野毛の六所神社。神輿が多摩川を渡御なさる。六所神社の祭神は、何故6神か、どのようにお選び申し上げるのか、については6説ある。『府中市資料11』参照。

最後に、総社と並んで、国々にひとつずつ設けられた宗教施設であるところの、国分寺につき、触れさせていただきたい。国分寺は、総社以上にひどい壊滅の運命を辿った。遺跡はほとんどある。消滅したあと、遺跡上に建てられた仏寺が現存して、国分寺を名乗るケースもある。しかし創建時の宗教活動を、一宮がそうであるようには、継受していない。

国分寺が一宮と異なる運命を歩んだのは、成立がトップダウンだったからと思われる。創建を指令した奈良朝廷は、建立が遅れている国司に督促を発したり、位を与えて釣ったりした。平安朝に入ると、督励記録数が減少するので、まあ、当初計画は曲りなりに、一旦は貫徹したと思われている。それでもたとえば、大和の国分寺がどこにあったか判らない。全国の総国分寺と称された東大寺が、大和1国の国分寺を兼ねたとする説と、否定説がある。もし肯定説に立つならば、国分寺全消滅論は、東大寺において、重大な例外を残すことになる。何故ならそこでは、創建時の宗教活動がそのまま営まれているからだ。しかしそれでは、「総」国分寺だけは、傘下の諸国国分寺の全滅を座視し続けていたことになる。世界文化遺産に指定されて、今日参詣客ひきもきらざる盛況を拝するにつけても、1将功成りて万骨枯るの感なしとしない。

壱岐一宮　天手長男神社

　壱岐は福岡北西70km、既に3世紀、魏志倭人伝に「一支国」としてあらわれる。古く太宰府が直轄したが、13世紀元寇の時、守護代ほか玉砕、2度にわたり元軍の劫略を受けたので、島民は松浦党の進出を受容して平戸藩領となり、その因縁で長崎県に属する（税関管轄は長崎でなく、門司である）。しかし今、平戸との間に航路すら無い。

　国府を島央の芦辺町湯岳興触に置いた。国分寺はその地の豪族壱岐氏が、氏寺を提供した。なお

触と云うのは、当島独特の村落内小区画である。壱岐は農漁分離（兼業はしない）で、漁村は〇〇浦とよぶ集中型、農村は〇〇触とよぶ散居型である。案外、広大な田畑を擁し、諫早湾干拓前は、長崎県下1位の耕地があった。

当国には式内社が24もあり、現人口1,500人に1社という超過密ぶりで、本土側の肥前が1社あたり60万人に比較すれば、負担過重が明らかである（横浜市には式内社が1社しかない。したがって、1社あたりの人口は350万人である）。この過剰は、島が古代文明の通路にあったこと、及び、外敵防衛を神威に頼ったことから説明されている。しかし元軍は破壊した。ハードだけなら復興可能だが、古社を維持承継するソフトも塵滅し、多くの式内社は格調を喪失した。当国一宮はその典例である。

壱岐一宮天手長男神社（天の字はサイレント）は、1676年、橘三喜が平戸藩主からの委託調査の際、「国の宗廟たりといえども跡かたもなく」（『一宮巡詣記』）なっていたので、郷ノ浦町の小丘上を、ここだときめた。竹藪から発掘した石仏が当社の重文弥勒坐像である。出土状況の記録は無く、出土地天手長男神社とされているが、話は逆で、出土したからそこを神社ときめたのだ。現在、新建材でカバーした荒れた社殿があり、川村教授は、「無惨」と形容している。

壱岐式内7社めぐり

式は当社を名神大社に格付けたのに、明治政府は橘三喜を信用せず、一宮としては例外的に当社を村社にとどめた（ノオトその20）。島民も信用しない。実は、当地に7社めぐりの慣習があって、式内24社中の大社7社を巡詣する。この時島民が式内大社天手長男神社として詣るのは、興神社である。この神社は、国府、国分寺、総社に近い

壱岐一宮　天手長男神社

が、現状は、破れ覆屋に隠された流造小社殿が平地にたつだけだ。七社めぐりの札が貼ってある。

さて、話はややこしくなるのだが、興神社社標に、「神名帳の興神社也」と記すが、興神社は神名帳には無い。有るのは、輿神社で、興神社の少し東の、式内小社である。だからいっそ社標には「神名帳の天手長男神社也」と書いてほしかった。

一宮の先住の神々

一宮の祭神を天手長男命と申し上げる。一宮の先住の神々について、既に、陸奥（蝦夷、アイヌ）と大隅（熊襲、隼人）の項で触れ、ここでみたび触れるのは、祭神は、一支国時代の現住島民の神だと私が思っているからである。

わが本州先住の穴居人たる縄文人（古モンゴロイド）は、弥生人（新モンゴロイド）に比較すると、手足が長かった。神武東征の際、出現する土蜘蛛族や、天孫族東遷第1波のニギハヤヒ（日向の項）が提携した在地先住族首長のスネは、長かった。ナガスネヒコという名であった。弥生人は先住者の習俗と信仰を一部受け継ぎ、たとえば、宇陀の墨坂神社では、神武に負けた先住神がそのまま主神となった。その種の残照はなお、諏訪市の足長神社と天長神社にも映えている。十一面観音像のお手が長いのは、あるいは、南インドのドラヴィダ族の連想かもしれず、南アジアから本邦渡来の部族は、事実いたとされている。

天手長比売神社趾。夫婦神として一宮とむかい合った丘に坐していたらしい。鳥居だけ現存する。

　壱岐では、受容された先住手長族の神は、後来の神々より神威高く、一宮に祀られた。神名帖にはほかに天手長比売神社、及び、天の字を欠いた手長比売神社が登載される。前者は、一宮祭神の妃神として、当社と向かい合う小丘上に坐しておられた。双丘は遠からず、近からず、夫婦神のむつまじさを典型的に表現する距離にあるが、かつての国人の、かかるほほえましい配慮は、断絶した。今、妃神は一宮に合祀され、鳥居だけ旧社址に、一宮鳥居に向かい合って、たったままである。

　以上手長族の神が少なくとも３社で、毎年ヤマト朝廷からの、延喜式規定の幣を受けておられた筈である。島ではさだめし盛儀だったであろうその情景を偲ぶことは、元軍来寇が不可能にした。

もうひとつの一宮

　式の大社７社のうち、明治の官社と認められたのは、住吉神社だけだ。明治政府は橘三喜を信用せず、さりとて民衆の俗信も重視しなかったことが判る。元寇後、当国式内社は、上記例のように混乱し、疲弊したが、当社は例外的に、橘三喜の頃から厳然とあった。それ故近年の文献でも、当社が名実ともに当国一宮だとするむきが多い。

　国道から少しさがった窪地状の地形に坐し、住吉３神を祀るが、１座１殿である。摂津、長門、筑前の一宮たる住吉神社は、すべて海近く鎮祭するが、当社は、農漁分離の当国において、海と縁のない農村に坐す。不思議である。

　国学者折口博士も当地では、彼が能登一宮で得たような、神学上の啓示に恵まれなかった。彼は屈託して、当国の最高峰岳ノ辻に登って、かの絶唱を得る。

　　葛の花　ふみしだかれて　色あたらし
　　この山路を　行きし人あり

対馬一宮　和多都美神社

　釜山から対馬北端まで、僅か49.5kmである。博多から島の主邑厳原まで130kmあるので、古代地政学上、半島からの文物中継点で、かつ外敵の侵寇を受ける運命であった。しかし外敵ばかりではない。大和民族の先輩のかなりの部分も、この島を経由して九州に入った。たとえば阿曇族の

足跡は、志賀島→対馬ではなくて、対馬→志賀島だったと考証されている。対馬空港で銘菓"さいはての島"を売っているが、実は、文化の先進地だったのである。

そこで、対馬を通った海人族は、当国に彼等の神々を置いてきただろうし、逆に後世、国家鎮護の神佑を頼んで、当国に来て式内社を建てたでもあろう。建てた式内社総数は、なんと九州最多の29社。豊穣過ぎる神々が島にひしめいておはす感じがする。現人口僅かに42千人、それでどうなったかは、あとで述べる。

さて、大和朝廷であるが、664年、防人(さきもり)を派遣し、烽台(のろし)を置いた。8世紀初頭、厳原に国府、国分寺をひらかしめたが、13世紀、太宰府政庁の下士官クラスの宗氏が入島し、国司系豪族の阿比留(あびる)氏を急滅する。以来宗氏の統治は34代620年にわたる長期安定政権となった。壱岐松浦藩との交流は意外に薄く、宗氏の内政は、統制を保って延々と続いたのである。

島も宗氏も痩せる

16世紀迄、宗政権は貿易で結構もうけていて、征韓の秀吉から、15万石相応の兵員割当を強制された。その時、他藩から借りて員数合わせをやった。島内実高はたった2万石なのに、対馬一国の国持ち大名としての格式で10万石、プラス九州飛地5万石という訳だ。飛地は、鳥栖の田代(とすたじろ)領で、1732年、ウンカの大発生で佐賀藩に8万人の餓死者が出た時、鍋島氏は供手傍観して、幕府から逼塞の処分を受けた。直前に出した『葉隠』(歴代藩主言行記などの武士道論書)のように、恰好良くはゆかなかった。しかるに対馬藩は、本来朝鮮輸入米でしのぐ米不足国だったのに、対馬から飛地に送米して、死者はほとんど出してない。

それで又、幕府に目を付けられた。どうも金持らしいぞと、厳原の高台に目付(めつけ)を送り、貿易利潤を吸い上げ、宗財政をしめつけた。結果、廃藩時の藩債はかさんで、維持費がかかる居城はこわした。1998年、宗氏は遂に宗家文書を売りに出し、

対馬一宮和多都美神社、竜宮からおかえりの祭神が上陸した道筋に鳥居が並ぶ

在島の郷土史家が騒いだものである。学究詩人の宗武志氏は、『新対馬誌』で、

　島も痩せたが　友も痩せた。
　魚型(いおがた)を削りながら　黙って、海を見る。

とうたっている。

　痩せる島に、ひしめく式内の神々。当国は、南北朝や戦国期の戦乱とは無縁で、だから本土の一宮のように、実力者の手で焼亡したり、文書記録を失う悲運には逢わなかった。反面、凱旋奉賽等気前の良い寄進を受けられなかった。それで、式内社の記録は作られることが少なく、作られても散佚し、多過ぎる式内社それぞれの、信仰の継受を支える島民所得は不足した。その結果、式内社の伝承は分解したのである。甲斐と武蔵で、論社の数が多いことに言及したが、当国の論社率はこれらを凌駕する。

　式内29社のうち、現在社の継承が明白であるのは、わずか8社（対馬歴史民俗館永留久恵氏の計算）にすぎない。他の21社には、2ないし4の論社がある。あると言っても、そのほとんどが、他社に合祀の小祠であり、その他社自体も論社に分裂した小祠で、更には廃祠か、無祠（祭祀趾のみが伝承される）である。

対馬に座す神々のラビリンス

　対馬にひしめく式内神のうち、最も著名なのは、阿曇(あずみ)族の奉斉した綿津見(わたつみ)3神で、神名帖には、和多都美神社だけで4社（うち1社は和多都美御子神社）あり、このほか別の社名でワタツミ神を祀る式内社もある。別表に住吉神社を加えて5社を整理表示した。

　当国のワタツミ神は、筑前の項で前記した3神ではなくて、豊玉姫（ワタツミの子）、玉依姫（その妹）、ウガヤフキアエズ命の組合せ（日向一宮の項の別表参照）と、それに一族の祖磯良(いそら)を加えることが多い。つまり薩摩一宮や筥崎宮の祭神と結合し、それらが融合したのか、あるいはこちらが原型で、本土に入って分化したのかは、判らない。

　和多都美4社は、神名帖にとびとびに出現し、相互関係は読みとれない。のみならず、4社それぞれに論社があって、別表のとおりにいりくんだ。同表に加えた住吉神社であるが、この神社では本来の祭神たる住吉神が、ワタツミ神にいれかわり、住吉神は祀らない。住吉族は島内7社で住吉神を祀るが、当社以外は、いれかわってはいない。宮

別表・対馬のワタツミ神の式内社（論社は永留久恵氏による）

神名帖掲載順	式の格付	社名	論社数	論社	合祀等とワタツミ信仰の遷移
1番	名神大社	和多都美神社	2	和多都美神社	11番を合祀。他の式内2社を末社に。
				海神神社	11番及び25番を境内社に。八幡宮→現社名
11番	名神大社	和多都美御子神社	4	1番の和多都美神社	左に合祀
				1番の海神神社	左の境内社
				和多都美御子神社	天神宮→現社名
				他の1社	―
20番	名神大社	和多都美神社	2	厳原八幡宮	和多都美神社→現社名。他の式内2社を境内社に。
				他の1社	―
25番	小社	和多都美神社	3	1番の海神神社	左の境内社
				24番	左の脇宮
				他の1社	―
（付）24番	名神大社	住吉神社	―	―	25番を脇宮に。住吉信仰→ワタツミ信仰

天神多久頭魂神社、対馬の式内社には無社殿の例があって、鳥居の奥に建物はない

司は、宗氏入島前の支配者阿比留家である。

　次に八幡神がおはす。九州諸他国の例に洩れず、当国でも八幡信仰が優勢で、既存のワタツミ信仰と合体し（後記海神神社）、またはいれかわった。別表20番の和多都美神社の現在社は、厳原八幡宮と、他1社が論社であるが、この八幡宮は、明治23年までは、式内名神大社和多都美神社を称していたのに、今は祭神からワタツミ神をはずし、八幡神一色に固めた。

　更に当国には、壱岐と同様、スサノオ信仰が強力で、この神は韓国を「巡り給ひ」「往復遊ばし」たので、渡韓の要衝対馬に68座の奉祀がある。

　前置が長くなった。対馬一宮は別表1番の和多都美神社である。論社に海神神社がある。もうひとつの一宮である。

いよいよ対馬一宮の和多都美神社

　豊玉姫の一宮が坐すのは、「豊玉」町仁位の集落、旧名「海宮」から国道をそれ、人家の絶えた入江をくねくね辿ると、小波が近く響き、西むきの小さな湾でゆき止って、社地がある。無骨に石を積んで、海中鳥居を3本立て、更に汀に2本立て、沖の「海宮」から、姫と夫神があがってこられて、無人の渚にしずまるイメージがぴったりする。リアス式の入江を囲む小丘脈は重なり、縹渺たる神韻がみちている。無社殿であったが、今桟瓦葺春日造、本殿は昭和45年の銅板葺神明造で、社伝では、ワタツミのイロコの宮で配偶の2神が、「上国」にかえって営んだ宮跡である由。先代宮司長岡氏は磯良から数えて125代目で、それ故歴代の背に、鱗ありと俗説された。

　社格は、壱岐と同様、村社に過ぎない。明治政府は、当社を一宮と認めず、後記海神神社を国幣中社としたので、当社も昇格を運動したが、駄目であった。それでもひとは、ひと気無き入江の当社海中鳥居が正面から夕陽を浴びる時、夫婦神が雫をふるって、浜に踏みあがる想像の方を、より愛するであろう。

もうひとつの一宮

　上記の少し北、木坂の海神神社（地元ではカイジン）を一宮と紹介する類書が多い。地元でも、司馬遼太郎氏も、そう考えている。社伝によれば、応神天皇の御神霊が宇佐に示顕するより早く、6

世紀初、豊玉姫に加えて、神功皇后と応神天皇を祀り、大化改新の前に、宇佐に分祀した。それ故八幡信仰発祥の地也、として、神名帖の和多都美神社の名を捨てて、「八幡宮」名の記録や棟札を残している。燈籠も八幡名が現存する。その後、現社名海神神社を名乗られ、ワタツミと八幡信仰がミックスした。

整備ゆきとどいた幅広の石段200級を昇ると、桟瓦葺入母屋妻入拝殿と、総檜流造本殿に達する。和多都美神社に比較して、さすがに旧国幣社たる当社は格段に立派だが、八幡信仰発祥の地として、或いは、八幡信仰混入の結果として、立派になったのだから、他の九州諸国の八幡宮一宮説と同様、もうひとつの一宮としてのみ、考えるべきだろう。

ノオトその25　　一宮の手鞠唄

　　あらゆる神々を祀るパンテオンの一宮もあれば、単一主神への収斂性が濃い一宮もあった。神系、神階も様々で、社家は、神裔もあれば、かっての反対勢力が奉仕する一宮もある。一宮が諸国に洩れなく成立したのが奇蹟であるならば、その一宮がこんなに一様でないのも、もっと奇蹟的だ。一宮は、諸国での神社ランキングナンバーワンのステイタスだけは共有するが、全体的な連関や、一体性を欠ぐのである。かかる表象の形式には、もはやアレゴリィをたのむしかない。それ故ここでは、五島雄一郎教授におそわった手鞠歌を掲げて、日本人の信仰の渾然たるを示しつつ、稿を閉じる。

　　　イチバンはじめは　一宮
　　　ニィは　日光東照宮
　　　三は　佐倉の宗五郎
　　　四は　柴又帝釈天
　　　五ツ　出雲の大社（おおやしろ）
　　　六ツ　村々お地蔵さん
　　　七ツ　成田のお不動さん
　　　八ツ　八幡（やわた）のハチマンさん
　　　九ツ　高野の弘法宮（こうほうぐう）
　　　十で　東京二重橋

◆著者略歴◆

齋藤盛之（さいとう　もりゆき）
1930年　岡山県生
1953年　東京大学法学部卒大蔵省入省
1960年　日本貿易振興会サイゴン駐在員
1976年　在フランス日本国公使
1980年　大蔵大臣官房審議官
1987年　日本ベーリンガーインゲルハイム株式会社入社
1989年　同社社長
1995年　同社会長
2002年　全国一の宮巡拝会会員

◆著者のお願い◆

このノオトに対するご叱正、ご批判、あるいはご質疑は、メールで頂戴できれば、幸甚です。

moco@fd.catv.ne.jp

◆写真撮影◆
米沢登・関口行弘
立木寛彦(55頁：諏訪神社の御柱祭)・芳賀日出男(94頁：玉前神社の十二社祭)
広渡孝(167頁：阿蘇神社のおんだ祭)
◆写真提供◆
籠神社(12頁)・出雲大社(132頁)・住吉神社(152頁)
◆企画◆
日本ベーリンガーインゲルハイム株式会社『インゲルハイマー』編集室

一宮ノオト（いちのみや）
───────────────────────
2002年（平成14年）12月20日発行
　　　　　　定価：本体2,200円（税別）

著　者　　齋藤盛之
発行者　　田中周二
発行所　　株式会社思文閣出版
　　　　　606-8203　京都市左京区田中関田町2-7
　　　　　電話　075－751－1781（代表）

印　刷　　株式会社　図書　同朋舎
製　本　　　　　　　印刷

©M.Saito　　　　　　　　ISBN4-7842-1138-1 C0017